Dramas De Guillermo Shakespeare: El Mercader De Venecia ; Macbeth ; Romeo Y Julieta ; Otelo : Dibujos Y Grabados Al Boj De Los Principales Artistas Alemanes

William Shakespeare

SHAKSPEARE.

ES PROPIEDAD.

DRAMAS

DE

GUILLERMO SHAKSPEARE.

EL MERCADER DE VENECIA.— MACBETH.— ROMEO Y JULIETA. OTELO.

TRADUCCION DE

D. MARCELINO MENENDEZ PELAYO.

Catedrático de literatura en la Universidad central y Académico de la Española.

Dibujos y grabados al boj de los principales artistas alemanes.

BARCELONA.

BIBLIOTECA «ARTE Y LETRAS».

Administracion: Ausias March, 95.

1881.

TIPO-LIT. DE C. VERDAGUER. — BARCELONA.

ADVERTENCIA PRELIMINAR.

Sale á luz este primer tomo de la version de Shakspeare, sin la biografía y juicio del autor que debian encabezarle. Ocupaciones y tareas de todo género, falta de reposo, y áun obstáculos literarios que fuera largo enumerar, nos hacen diferir para remate del último volúmen lo que debió ir en el primero. Quizá con la tardanza resulte menos imperfecto nuestro estudio.

En la traduccion he procurado, ante todo, conservar el sabor del original, sin mengua de la energía, propiedad y concision de nuestra lengua castellana. Muchas veces he sido más fiel al sentido que á las palabras, creyendo interpretar así la mente de Shakspeare mejor que aquellos traductores que crudamente reproducen hasta los ápices del estilo del ori-

ginal, y las aberraciones contra el buen gusto, en que
á veces incurria el gran poeta. Como la gloria de
Shakspeare, el más grande de los dramáticos del
mundo (aunque entren en cuenta Sófocles y Calderon), no consiste en estas pueriles menudencias, sino
en el vigor y verdad de la expresion, y sobre todo en
el maravilloso poder de crear caractéres y fisonomías
humanas, reales y vivas, que es entre todas las facultades artísticas la que más acerca al hombre á su
divino Hacedor, pareceria mezquindad y falta de gusto entretenerse en recoger las migajas de la mesa del
gran poeta, cuando nos brindan en el centro de ella
los más sabrosos y fortificantes manjares. Mi traduccion no es *literal ó interlineal,* como puede
hacerla quienquiera que sepa ingles, con seguridad
ó de no ser entendido ó de adormecer á lectores es-
pañoles. Yo he querido hacer, bien ó mal, una traduccion literaria, en que comprendiendo á mi modo
los personajes de Shakspeare, colocándome en las
situaciones imaginadas por el gran poeta, y sin omitir
á sabiendas ninguno de sus pensamientos, ninguno
de los matices de pasion ó de frase, que esmaltan el
diálogo, he procurado decir á la española y en estilo
de nuestro siglo lo que en ingles del siglo XVI dijo el
autor. No he añadido ni un vocablo de mi cosecha,
ni creo haber suprimido nada esencial, característico
y bello. En conservar las rudezas de expresion y las

brutalidades de color he puesto especial ahinco, como quiera que forman parte y muy esencial de la índole del poeta. Algo he moderado el pródigo lujo de su expresion, sobre todo cuando degenera en antítesis, conceptillos y *phebus* extravagante. Sírvame de disculpa el que lo mismo han hecho los alemanes que han traducido á Calderon, y por análogas razones los extraños que sólo ven en el gran poeta la alteza del pensamiento, y no la expresion casi siempre falsa y desconcertada, ponen á Calderon sobre su cabeza mucho más que los nuestros. Quizá me haya llevado demasiado lejos mi amor á la sencillez, á la sobriedad y al nervio del estilo. Por si fuese así, anticipadamente pido perdon, declarando que mi principal objeto ha sido hacer una traduccion que pueda leerse seguida con facilidad y sin tropiezo de notas y comentarios, en suma, popularizar á Shakspeare en España.

De las cuatro obras dramáticas incluidas en este tomo hay excelentes traducciones castellanas. El *Macbeth* fué puesto en versos castellanos, algo duros y parafrásticos, pero fidelísimos y robustos, por D. José García de Villalta (que escribia el ingles con tanta facilidad como el castellano), y *silbada* estrepitosamente (para vergüenza nuestra debe decirse, aunque muy bajo y de modo que no lo oigan los extranjeros) por el público del teatro del Príncipe en 1835. Des-

pues le ha traducido con mayor fluidez y armonía
D. Guillermo Macpherson, á quien debemos otra
elegante version de *Julieta y Romeo*. Villalta publicó
tambien un fragmento de *Otelo,* y así ésta como el
Mercader de Venecia y *Julieta* fueron bien interpre-
tadas, con ciertas escabrosidades de diccion pero con
mucho sabor shaksperiano, por el malogrado Jaime
Clark. Tambien hemos oido aplaudir, aunque sin llegar á verlas, las traducciones del Marques de Dos
Hermanas.

De todas las demas nos hemos aprovechado en la
interpretacion de los pasajes difíciles, así como de la
comparacion de algunos textos ingleses y de varios
comentadores.

M. M. P.

· EL MERCADER
DE VENECIA.

TRADUCCION

DE

D. M. MENENDEZ PELAYO.

Ilustracion de *Adolfo Schmitz*, grabados de *C. H. Schulze.*

PERSONAS DEL DRAMA.

EL DUX.
EL PRÍNCIPE DE MARRUECOS. ⎫
EL PRÍNCIPE DE ARAGON. ⎭ Pretendientes de Pórcia.
ANTONIO, mercader de Venecia.
BASANIO, su amigo.
SALANIO. ⎫
SALARINO. ⎪
GRACIANO. ⎬ Amigos de Antonio.
SALERIO. ⎭
LORENZO, amante de Jéssica.
SYLOCK, judío.
TUBAL, otro judío, amigo suyo.
LANZAROTE GOBBO, criado de Sylock.
EL VIEJO GOBBO, padre de Lanzarote.
LEONARDO, criado de Basanio.
BALTASAR. ⎫
ESTÉFANO. ⎭ Criados de Pórcia.
PÓRCIA, rica heredera.
NERISSA, doncella de Pórcia.
JÉSSICA, hija de Sylock.

SENADORES de Venecia, OFICIALES del Tribunal de Justicia,
CARCELEROS, CRIADOS y otros.

———————————

**La escena es parte en Venecia, parte en Belmonte, quinta
de Pórcia, en el continente.**

ACTO I.

ESCENA PRIMERA.

Venecia. — Una calle.

ANTONIO, SALARINO y SALANIO.

ANTONIO.

O entiendo la causa de mi tristeza. Á vosotros y á mí igualmente nos fatiga, pero no sé cuándo ni dónde ni de qué manera la adquirí, ni de qué orígen mana. Tanto se ha apoderado de mis sentidos la tristeza, que ni áun acierto á conocerme á mí mismo.

SALARINO.

Tu mente vuela sobre el Océano, donde tus naves, con las velas hinchadas, cual señoras ó ricas ciudadanas de las olas, dominan á los pequeños traficantes, que cortésmente les saludan cuando las encuentran en su rápida marcha.

SALANIO.

Créeme, señor: si yo tuviese confiada tanta parte de mi fortuna al mar, nunca se alejaria de él mi pensamiento. Pasaria las horas en arrancar el césped, para conocer de dónde sopla el viento; buscaria continuamente en el mapa los puertos, los muelles y los escollos, y todo objeto que pudiera traerme desventura me seria pesado y enojoso.

SALARINO.

Al soplar en el caldo, sentiria dolores de fiebre intermitente, pensando que el soplo del viento puede embestir mi bajel. Cuando viera bajar la arena en el reloj, pensaria en los bancos de arena en que mi nave puede encallarse desde el tope á la quilla, como besando su propia sepultura. Al ir á misa, los arcos de la iglesia me harian pensar en los escollos donde puede dar de traves mi pobre barco, y perderse todo su cargamento, sirviendo las especias orientales para endulzar las olas, y mis sedas para engalanarlas. Creeria que en un momento iba á desvanecerse mi fortuna. Sólo el pensamiento de que esto pudiera suceder me pone triste. ¿No ha de estarlo Antonio?

ANTONIO.

No, porque gracias á Dios no va en esa nave toda mi fortuna, ni depende mi esperanza de un solo puerto, ni mi hacienda de la fortuna de este año. No nace del peligro de mis mercaderías mi cuidado.

SALANIO.

Luego, estás enamorado.

ANTONIO.

Calla, calla.

SALANIO.

¡Conque tampoco estás enamorado! Entonces diré que estás triste porque no estás alegre, y lo mismo

podias dar un brinco, y decir que estabas alegre porque no estabas triste. Os juro por Jano el de dos caras,

amigos mios, que nuestra madre comun la Naturaleza se divirtió en formar séres extravagantes. Hay
hombres que al oir una estridente gaita, cierran estú-
pidamente los ojos y sueltan la carcajada, y hay otros
que se están tan graves y sérios como niños, aunque
les digas los más graciosos chistes.

(Salen Basanio, Lorenzo y Graciano.)

SALANIO.

Aquí vienen tu pariente Basanio, Graciano y Lorenzo. Bien venidos. Ellos te harán buena compañía.

SALARINO.

No me iria hasta verte desenojado, pero ya que tan
nobles amigos vienen, con ellos te dejo.

ANTONIO.

Mucho os amo, creedlo. Cuando os vais, será porque os llama algun negocio grave, y aprovechais este pretexto para separaros de mí.

SALARINO.

Adios, amigos mios.

BASANIO.

Señores, ¿cuándo estareis de buen humor? Os estais volviendo ágrios é indigestos. ¿Y por qué?

SALARINO.

Adios: pronto quedaremos desocupados para serviros.

(Vanse Salarino y Salanio.)

LORENZO.

Señor Basanio, te dejamos con Antonio. No olvides, á la hora de comer, ir al sitio convenido.

BASANIO.

Sin falta.

GRACIANO.

Mala cara pones, Antonio. Mucho te apenan los cuidados del mundo. Caros te saldrán sus placeres, ó no los gozarás nunca. Noto en tí cierto cambio desagradable.

ANTONIO.

Graciano, el mundo me parece lo que es: un teatro, en que cada uno hace su papel. El mio es bien triste.

GRACIANO.

El mio será el de gracioso. La risa y el placer disimularán las arrugas de mi cara. Abráseme el vino las entrañas, antes que el dolor y el llanto me hielen el corazon. ¿Por qué un hombre, que tiene sangre en las venas, ha de ser como una estatua de su abuelo en mármol? ¿Por qué dormir despiertos, y enfermar de capricho? Antonio, soy amigo tuyo. Escúchame. Te hablo como se habla á un amigo. Hombres hay en el mundo tan tétricos que sus rostros están siempre, como el agua del pantano, cubiertos de espuma blanca, y quieren con la gravedad y el silencio adquirir fama de doctos y prudentes, como quien dice: «Soy un oráculo. ¿Qué perro se atreverá á ladrar, cuando yo hablo?» Así conozco á muchos, Antonio, que tienen reputacion de sabios por lo que se callan, y de seguro que si despegasen los labios, los mismos que hoy los ensalzan serian los primeros en llamarlos necios. Otra vez te diré más sobre este asunto. No te empeñes en conquistar por tan triste manera la fama que logran muchos tontos. Vámonos, Lorenzo. Adios. Despues de comer, acabaré el sermon.

LORENZO.

En la mesa nos veremos. Me toca el papel de sabio mudo, ya que Graciano no me deja hablar.

GRAGIANO.

Si sigues un año más conmigo, desconocerás hasta el eco de tu voz.

ANTONIO.

Me haré charlatan, por complacerte.

GRACIANO.

Harás bien. El silencio sólo es oportuno en lenguas

en conserva, ó en boca de una doncella casta é indomable. *(Vanse Graciano y Lorenzo.)*

ANTONIO.

¡Vaya una locura!

BASANIO.

No hay en toda Venecia quien hable más disparatadamente que Graciano. Apenas hay en toda su conversacion dos granos de trigo entre dos fanegas de paja: menester es trabajar un dia entero para hallarlos, y aún despues no compensan el trabajo de buscarlos.

ANTONIO.

Dime ahora, ¿quién es la dama, á cuyo altar juraste ir en devota peregrinacion, y de quien has ofrecido hablarme?

BASANIO.

Antonio, bien sabes de qué manera he malbaratado mi hacienda en alardes de lujo no proporcionados á mis escasas fuerzas. No me lamento de la pérdida de esas comodidades. Mi empeño es sólo salir con honra de los compromisos en que me ha puesto mi vida. Tú, Antonio, eres mi principal acreedor en dineros y en amistad, y pues que tan de veras nos queremos, voy á decirte mi plan para librarme de deudas.

ANTONIO.

Dímelo, Basanio: te lo suplico; y si tus propósitos fueren buenos y honrados, como de fijo lo serán, siendo tuyos, pronto estoy á sacrificar por tí mi hacienda, mi persona y cuanto valgo.

BASANIO.

Cuando yo era muchacho, y perdia el rastro de una flecha, para encontrarla disparaba otra en igual direccion, y solia, aventurando las dos, lograr entrambas. Pueril es el ejemplo, pero lo traigo para muestra de lo candoroso de mi intencion. Te debo mucho, y quizá lo hayas perdido sin remision; pero puede que si disparas con el mismo rumbo otra flecha, acierte yo las dos, ó lo menos pueda devolverte la segunda, agradeciéndote siempre el favor primero.

ANTONIO.

Basanio, me conoces y es perder el tiempo traer ejemplos, para convencerme de lo que ya estoy persuadido. Todavía me desagradan más tus dudas sobre lo sincero de mi amistad, que si perdieras y malgastaras toda mi hacienda. Dime en qué puedo servirte, y lo haré con todas veras.

BASANIO.

En Belmonte hay una rica heredera. Es hermosísima, y ademas un portento de virtud. Sus ojos me han hablado, más de una vez, de amor. Se llama Pórcia, y en nada es inferior á la hija de Caton, esposa de Bruto. Todo el mundo conoce lo mucho que vale, y vienen de apartadas orillas á pretender su mano. Los rizos, que cual áureo vellocino penden de su sien, hacen de la quinta de Belmonte un nuevo Cólcos ambicionado por muchos Jasones. ¡Oh, Antonio mio! Si yo tuviera medios para rivalizar con cualquiera de ellos, tengo el presentimiento de que habia de salir victorioso.

ANTONIO.

Ya sabes que tengo toda mi riqueza en el mar, y que hoy no puedo darte una gran suma. Con todo eso, recorre las casas de comercio de Venecia; empeña tú mi crédito hasta donde alcance. Todo lo aventuraré por tí: no habrá piedra que yo no mueva, para que puedas ir á la quinta de tu amada. Vé, infórmate de dónde hay dinero. Yo haré lo mismo y sin tardar. Malo será que por amistad ó por fianza no logremos algo.

ESCENA II.

Belmonte. — Gabinete en la quinta de Pórcia.

PÓRCIA y NERISSA.

PÓRCIA.

Por cierto, amiga Nerissa, que mi pequeño cuerpo está ya bien harto de este inmenso mundo.

NERISSA.

Eso fuera, señora, si tus desgracias fueran tantas y tan prolijas como tus dichas. No obstante, tanto se padece por exceso de goces como por defecto. No es poca dicha atinar con el justo medio. Lo superfluo cria muy pronto canas. Por el contrario la moderacion es fuente de larga vida.

PÓRCIA.

Sanos consejos, y muy bien expresados.

NERISSA.

Mejores fueran, si álguien los siguiese.

PÓRCIA.

Si fuera tan fácil hacer lo que se debe, como conocerlo, las ermitas serian catedrales, y palacios las cabañas. El mejor predicador es el que, no contento con decantar la virtud, la practica. Mejor podria yo enseñársela á veinte personas, que ser yo una de las veinte y ponerla en ejecucion. Bien inventa el cerebro leyes para refrenar la sangre, pero el calor de la juventud salta por las redes que le tiende la prudencia, fatigosa anciana. Pero si discurro de esta manera, nunca llegaré á casarme. Ni podré elegir á quien me guste ni rechazar á quien me enoje: tanto me sujeta la voluntad de mi difunto padre.

NERISSA.

Tu padre era un santo, y los santos suelen acertar, como inspirados, en sus postreras voluntades. Puedes creer que sólo quien merezca tu amor acertará ese juego de las tres cajas de oro, plata y plomo, que él imaginó, para que obtuviese tu mano el que diera con el secreto. Pero, dime, ¿no te empalagan todos esos príncipes que aspiran á tu mano?

PÓRCIA.

Vete nombrándolos, yo los juzgaré. Por mi juicio podrás conocer el cariño que les tengo.

NERISSA.

Primero, el príncipe napolitano.

PÓRCIA.

No hace más que hablar de su caballo, y cifra todo su orgullo en saber herrarlo por su mano. ¿Quién sabe si su madre se encapricharia de algun herrador?

NERISSA.

Luego viene el conde Palatino.

PÓRCIA.

Que está siempre frunciendo el ceño, como quien dice: «Si no me quieres, busca otro mejor.» No hay chiste que baste á distraerle. Mucho me temo que quien tan femenilmente triste se muestra en su juventud, llegue á la vejez convertido en filósofo melancó-

lico. Mejor me casaria con una calavera que con ninguno de esos. ¡ Dios me libre !

NERISSA.

¿ Y el caballero francés, Le Bon ?

PÓRCIA.

Será hombre, pero sólo porque es criatura de Dios.
Malo es burlarse del prójimo, pero de éste... Su caballo es mejor que el del napolitano, y su ceño toda-

vía más arrugado que el del Palatino. Junta los defectos de uno y otro, y á todo esto añade un cuerpo que
no es de hombre. Salta en oyendo cantar un mirlo, y
se pelea hasta con su sombra. Casarse con él, seria
casarse con veinte maridos. Le perdonaria si me
aborreciese, pero nunca podria yo amarle.

NERISSA.

¿ Y Falconbridge, el jóven baron inglés ?

PÓRCIA.

Nunca hablo con él, porque no nos entendemos.
Ignora el latin, el frances y el italiano. Yo, puedes

jurar que no sé una palabra de ingles. No tiene mala figura, pero ¿quién ha de hablar con una estatua? ¡ Y qué traje más extravagante el suyo! Ropilla de Italia, calzas de Francia, gorra de Alemania, y modales de todos lados.

NERISSA.

¿ Y su vecino, el lord escoces?

PÓRCIA.

Buen vecino. Tomó una bofetada del ingles, y juró devolvérsela. El frances dió fianza con otro bofeton.

NERISSA.

¿ Y el jóven aleman, sobrino del duque de Sajonia?

PÓRCIA.

Mal cuando está en ayunas, y peor despues de la borrachera. Antes parece menos que hombre, y despues más que bestia. Lo que es con ése, no cuento.

NERISSA.

Si él fuera quien acertase el secreto de la caja, tendrias que casarte con él, por cumplir la voluntad de tu padre.

PÓRCIA.

Lo evitarás, metiendo en la otra caja una copa de vino del Rhin : no dudes que, andando el demonio en ello, la preferirá. Cualquier cosa, Nerissa, antes que casarme con esa esponja.

NERISSA.

Señora, paréceme que no tienes que temer á ninguno de esos encantadores. Todos ellos me han dicho que se vuelven á sus casas, y no piensan importunarte más con sus galanterías, si no hay otro medio de conquistar tu mano que el de la cajita dispuesta por tu padre.

PÓRCIA.

Aunque viviera yo más años que la Sibila, me moriria tan vírgen como Diana, antes que faltar al testamento de mi padre. En cuanto á esos amantes, me alegro de su buena resolucion, porque no hay entre ellos uno solo cuya presencia me sea agradable. Dios les depare buen viaje.

NERISSA.

¿Te acuerdas, señora, de un veneciano docto en letras y armas que, viviendo tu padre, vino aquí con el marqués de Montferrato?

PÓRCIA.

Sí. Pienso que se llamaba Basanio.

NERISSA.

Es verdad. Y de cuantos hombres he visto, no recuerdo ninguno tan digno del amor de una dama como Basanio.

PÓRCIA.

Mucho me acuerdo de él, y de que merecia bien tus elogios. *(Sale un criado.)* ¿Qué hay de nuevo?

EL CRIADO.

Los cuatro pretendientes vienen á despedirse de vos, señora, y un correo anuncia la llegada del principe de Marruecos que viene esta noche.

PÓRCIA.

¡Ojalá pudiera dar la bienvenida al nuevo, con el mismo gusto con que despido á los otros! Pero si tiene el gesto de un demonio, aunque tenga el carácter

de un ángel, más quisiera confesarme que casar con
él. Ven conmigo, Nerissa. Y tú, delante *(al criado)*.
Apenas hemos cerrado la puerta á un amante, cuando
otro llama.

ESCENA III.

Plaza en Venecia.

BASANIO y SYLOCK.

SYLOCK.

Tres mil ducados. Está bien.

BASANIO.

Sí, por tres meses.

SYLOCK.

Bien, por tres meses.

BASANIO.

Fiador Antonio.

SYLOCK.

Antonio fiador. Está bien.

BASANIO.

¿Podeis darme esa suma? Necesito pronto contestacion.

SYLOCK.

Tres mil ducados por tres meses: fiador Antonio.

BASANIO.

¿Y qué decis á eso?

SYLOCK.

Antonio es hombre honrado.

BASANIO.

¿Y qué motivos tienes para dudarlo?

SYLOCK.

No, no: motivo ninguno: quiero decir que es buen pagador, pero tiene muy en peligro su caudal. Un barco para Trípoli, otro para las Indias. Ahora me acaban de decir en el puente de Rialto, que prepara un navío para Méjico y otro para Inglaterra. Así tiene sus negocios y capital esparcidos por el mundo. Pero, al fin, los barcos son tablas y los marineros hombres. Hay ratas de tierra y ratas de mar, ladrones y corsarios, y ademas vientos, olas y bajíos. Pero repito que es buen pagador. Tres mil ducados... creo que aceptaré la fianza.

BASANIO.

Puedes aceptarla con toda seguridad.

SYLOCK.

¿Por qué? Lo pensaré bien. ¿Podré hablar con él mismo?

BASANIO.

Vente á comer con nosotros.

SYLOCK.

No, para no llenarme de tocino. Nunca comeré en casa donde vuestro profeta, el Nazareno, haya introducido sus diabólicos sortilegios. Compraré vuestros géneros: me pasearé con vosotros; pero comer, beber y orar... ni por pienso. ¿Qué se dice en Rialto? ¿Quién es éste?   (Sale Antonio.)

BASANIO.

El señor Antonio.

SYLOCK.

(Aparte.) Tiene aire de publicano. Le aborrezco porque es cristiano, y ademas por el necio alarde que hace de prestar dinero sin interes, con lo cual está arruinando la usura en Venecia. Si alguna vez cae en mis manos, yo saciaré en él todos mis odios. Sé que es grande enemigo de nuestra santa nacion, y en las reuniones de los mercaderes me llena de insultos, llamando vil usura á mis honrados tratos. ¡Por vida de mi tribu, que no le he de perdonar!

BASANIO.

¿Oyes, Sylock?

SYLOCK.

Pensaba en el dinero que me queda, y ahora caigo en que no puedo reunir de pronto los tres mil ducados. Pero ¿qué importa? Ya me los prestará Tubal, un judío muy rico de mi tribu. ¿Y por cuántos meses quieres ese dinero? Dios te guarde, Antonio. Hablando de tí estábamos.

ANTONIO.

Aunque no soy usurero, y ni presto ni pido prestado, esta vez quebranto mi propósito, por servir á un amigo. Basanio, ¿has dicho á Sylock lo que necesitas?

SYLOCK.

Lo sé: tres mil ducados.

ANTONIO.

Por tres meses.

SYLOCK.

Ya no me acordaba. Es verdad... Por tres meses... Pero antes decias que no prestabas á usura ni pedias prestado.

ANTONIO.

Sí que lo dije.

SYLOCK.

Cuando Jacob apacentaba los rebaños de Laban... Ya sabes que Jacob, gracias á la astucia de su madre, fué el tercer poseedor despues de Abraham... Sí, el tercero.

ANTONIO.

¿Y Jacob prestaba dinero á usura?

SYLOCK.

No precisamente como nosotros, pero fíjate en lo que hizo. Pactó con Laban que le diese como salario todos los corderos manchados de vario color que nacieran en el hato. Llegó el otoño, y las ovejas fueron en busca de los corderos. Y cuando iban á ayuntarse los lanudos amantes, el astuto pastor puso unas varas delante de las ovejas, y al tiempo de la cria todos los corderos nacieron manchados, y fueron de Jacob. Este fué su lucro y usura, y por él le bendijo el cielo, que bendice siempre el lucro honesto, aunque maldiga el robo.

ANTONIO.

Eso fué un milagro que no dependia de su voluntad sino de la del cielo, y Jacob se expuso al riesgo. ¿Quieres con tan santo ejemplo canonizar tu abominable trato? ¿ó son ovejas y corderos tu plata y tu oro?

SYLOCK.

No sé, pero procrean como si lo fueran.

ANTONIO.

Atiende, Basanio. El mismo demonio, para disculpar sus maldades, cita ejemplos de la Escritura. El espíritu infame, que invoca el testimonio de las santas leyes, se parece á un malvado de apacible rostro ó á una hermosa fruta comida de gusanos.

SYLOCK.

Tres mil ducados... Cantidad alzada, y por tres meses... Suma la ganancia...

ANTONIO.

¿ Admitís el trato: sí ó no, Sylock ?

SYLOCK.

Señor Antonio, innumerables veces me habeis reprendido en el puente de Rialto por mis préstamos y usuras, y siempre lo he llevado con paciencia, y he doblado la cabeza, porque ya se sabe que el sufrimiento es virtud de nuestro linaje. Me has llamado infiel y perro: y todo esto sólo por tu capricho, y porque saco el jugo á mi hacienda, como es mi derecho. Ahora me necesitas, y vienes diciendo: «Sylock, dame dineros.» Y esto me lo dice quien derramó su saliva en mi barba, quien me empujó con el pié como á un perro vagabundo que entra en casa extraña. ¿ Y yo qué debia responderte ahora? «No: ¿ un perro cómo ha de tener hacienda ni dinero? ¿ Cómo ha de poder prestar tres mil ducados?» ó te diré en actitud humilde y con voz de siervo: «Señor, ayer te plugo escupirme al rostro: otro dia me diste un puntapié y me llamaste perro, y ahora, en pago de todas estas cortesías, te voy á prestar dinero.»

ANTONIO.

Volveré á insultarte, á odiarte y á escupirte á la cara. Y si me prestas ese dinero, no me lo prestes como amigo, que si lo fueras, no pedirias ruin usura por un metal estéril é infecundo. Préstalo, como quien presta á su enemigo, de quien puede vengarse á su sabor si falta al contrato.

SYLOCK.

¡Y qué enojado estais! ¿Y yo que queria granjear vuestra amistad, olvidando las afrentas de que me habeis colmado? Pienso prestaros mi dinero sin interes alguno. Ya veis que el ofrecimiento no puede ser más generoso.

ANTONIO.

Así parece.

SYLOCK.

Venid á casa de un escribano, donde firmaréis un recibo prometiendo que si para tal dia no habeis pagado, entregaréis en cambio una libra justa de vuestra carne, cortada por mí del sitio de vuestro cuerpo que mejor me pareciere.

ANTONIO.

Me agrada el trato: le firmaré, y diré que por fin he encontrado un judío generoso.

BASANIO.

No firmarás, en ventaja mia, esa escritura; prefiero no salir nunca de mi desesperacion.

ANTONIO.

No temas que llegue el caso de cumplir semejante escritura. Dentro de dos meses, uno antes de espirar el plazo, habré reunido diez veces más de esa suma.

SYLOCK.

¡Oh, padre Abraham! ¡Qué mala gente son los cristianos! Miden á todos los demas con la vara de su mala intencion. Decidme: si Antonio dejara de pagarme en el plazo convenido, ¿qué adelantaba yo con exigirle que cumpliera el contrato? Despues de todo, una libra de carne humana vale menos que una de buey, carnero ó cabra. Creedme, que si propongo tal condicion, es sólo por ganarme su voluntad. Si os agrada, bien: si no, no me maltrates, siquiera por la buena amistad que te muestro.

ANTONIO.

Cierro el trato y doy la fianza.

SYLOCK.

Pronto, á casa del notario. Dictad ese chistoso documento. Yo buscaré el dinero, pasaré por mi casa, que está mal guardada por un holgazan inútil, y en seguida soy con vosotros.

(Se va.)

ANTONIO.

Véte con Dios, buen judío. Este se va á volver cristiano. Me pasma su generosidad.

BASANIO.

Sospechosas se me antojan frases tan dulces en boca de semejante malvado.

ANTONIO.

No temas. El plazo es bastante largo, para que vuelvan mis navíos antes de cumplirse.

ACTO II.

ESCENA PRIMERA.

Sala en la quinta de Pórcia.

Salen el PRÍNCIPE DE MARRUECOS y su servidumbre: PÓRCIA,
NERISSA y sus doncellas.

EL PRÍNCIPE.

O os enoje, bella Pórcia, mi color moreno,
hijo del sol ardiente bajo el cual nací. Pero
venga el más rubio de los hijos del frio Norte, cuyo hielo no deshace el mismo Apolo:
y ábranse juntamente, en presencia vuestra, las venas
de uno y otro, á ver cuál de los dos tiene más roja la
sangre. Señora, mi rostro ha atemorizado á los más
valientes, y juro por el amor que os tengo que han
suspirado por él las doncellas más hermosas de mi
tierra. Sólo por complaceros, dulce señora mia, con-
sintiera yo en mudar de semblante.

PÓRCIA.

No es sólo capricho femenil quien me aconseja y
determina: mi eleccion no depende de mi albedrío.
Pero si mi padre no me hubiera impuesto una condicion y un freno, mandándome que tomase por esposo

á quien acertara el secreto que os dije, tened por seguro, ilustre príncipe, que os juzgaria tan digno de mi
mano como á cualquier otro de los que la pretenden.

EL PRÍNCIPE.

Mucho os lo agradece mi corazon. Mostradme las
cajas: probemos el dudoso empeño. ¡Juro, señora,
por mi alfanje, matador del gran Sofí y del príncipe
de Persia, y vencedor en tres batallas campales de todo el poder del gran Soliman de Turquía, que con el
relámpago de mis ojos haré bajar la vista al hombre
más esforzado, desafiaré á mortífera lid al de más
aliento, arrancaré á la osa ó á la leona sus cachorros,
sólo por lograr vuestro amor! Pero ¡ay! si el volver
de los dados hubiera de decidir la rivalidad entre
Alcides y Licas, quizá el fallo de la voluble diosa seria
favorable al de menos valer, y Alcides quedaria siervo
del débil garzon. Por eso es fácil que, entregada mi

suerte á la fortuna, venga yo á perder el premio, y lo alcance otro rival que lo merezca mucho ménos.

PÓRCIA.

Necesario es sujetarse á la decision de la suerte. O renunciad á entrar en la prueba, ó jurad antes que no dareis la mano á otra mujer alguna si no salis airoso del certámen.

EL PRÍNCIPE.

Lo juro. Probemos la ventura.

PÓRCIA.

Ahora á la iglesia, y luego al festin. Despues entrareis en la dudosa cueva. Vamos.

EL PRÍNCIPE.

¿Qué me dará la fortuna: eterna felicidad ó triste muerte?

ESCENA II.

Una calle de Venecia.

Sale LANZAROTE GOBBO.

LANZAROTE.

¿Por qué ha de remorderme la conciencia cuando escapo de casa de mi amo el judío? Viene detras de mí el diablo gritándome: «Gobbo, Lanzarote Gobbo, buen Lanzarote, ó buen Lanzarote Gobbo, huye, corre á toda prisa.» Pero la conciencia me responde: «No, buen Lanzarote, Lanzarote Gobbo, ó buen Lanzarote Gobbo, no huyas, no corras, no te escapes;» y prosigue el demonio con más fuerza: «Huye, corre, aguija, ten ánimo, no te detengas.» Y mi conciencia

echa un nudo á mi corazon, y con prudencia me replica : «Buen Lanzarote, amigo mio, eres hijo de un
hombre de bien...» ó más bien, de una mujer de bien,
porque mi padre fué algo inclinado á lo ajeno. É in-
siste la conciencia : «Detente, Lanzarote.» Y el demonio me repite : «Escapa.» La conciencia : «No lo hagas.» Y yo respondo : «Conciencia, son buenos tus
consejos!... Diablo, tambien los tuyos lo son.» Si yo
hiciera caso de la conciencia, me quedaria con mi amo
el judío, que es, despues de todo, un demonio. ¿Qué
gano en tomar por señor á un diablo en vez de otro?
Mala debe de ser mi conciencia, pues me dice que
guarde fidelidad al judío. Mejor me parece el consejo
del demonio. Ya te obedezco y echo á correr.

(Sale el viejo Gobbo.)

GOBBO.

Decidme, caballero : ¿ por dónde voy bien á casa del
judío ?

LANZAROTE.

Es mi padre en persona ; pero como es corto de
vista más que un topo, no me distingue. Voy á darle
una broma.

GOBBO.

Decidme, jóven, ¿ dónde es la casa del judío ?

LANZAROTE.

Torced primero á la derecha : luego á la izquierda :
tomad la callejuela siguiente, dad la vuelta, y luego
torciendo el camino, topareis la casa del judío.

GOBBO.

Á fe mia, que son buenas señas. Difícil ha de ser
atinar con el camino. ¿ Y sabeis si vive todavia con él
un tal Lanzarote ?

LANZAROTE.

¡Ah sí, Lanzarote, un caballero jóven? ¿ Hablais de ese ?

GOBBO.

Aquel de quien yo hablo no es caballero, sino hijo de humilde padre, pobre aunque muy honrado, y con buena salud á Dios gracias.

LANZAROTE.

Su padre será lo que quiera, pero ahora tratamos del caballero Lanzarote.

GOBBO.

No es caballero, sino muy servidor vuestro, y yo tambien.

LANZAROTE.

Ergo, oidme por Dios, venerable anciano.... *ergo* hablais del jóven Lanzarote.

GOBBO.

De Lanzarote sin caballero, por más que os empeñeis, señor.

LANZAROTE.

Pues sí, del caballero Lanzarote. Ahora bien, no pregunteis por ese jóven caballero, porque en realidad de verdad, el hado, la fortuna ó las tres inexorables Parcas le han quitado de en medio, ó dicho en términos más vulgares, ha muerto.

GOBBO.

¡Dios mio! ¡Qué horror! Ese niño que era la esperanza y el consuelo de mi vejez.

LANZAROTE.

¿Acaso tendré yo cara de báculo, arrimo ó cayado? ¿No me conoces, padre?

GOBBO.

¡Ay de mí! ¿qué he de conoceros, señor mio? Pero decidme con verdad qué es de mi hijo, si vive ó ha muerto.

LANZAROTE.

Padre, ¿pero no me conoces?

GOBBO.

No, caballero; soy corto de vista: perdonad.

LANZAROTE.

Y aunque tuvieras buena vista, trabajo te habia de costar conocerme, que nada hay más difícil para un padre que conocer á su verdadero hijo. Pero en fin, yo os daré noticias del pobre viejo. (*Se pone de rodillas.*) Dame tu bendicion: siempre acaba por descubrirse la verdad.

GOBBO.

Levantaos, caballero. ¿Qué teneis que ver con mi hijo Lanzarote?

LANZAROTE.

No más simplezas : dame tu bendicion. Soy Lanzarote , tu hijo, un pedazo de tus entrañas.

GOBBO.

No creo que seas mi hijo.

LANZAROTE.

Eso vos lo sabeis, aunque no sé qué pensar ; pero
en fin , conste que soy Lanzarote, criado del judío, y
que mi madre se llama Margarita, y es tu mujer.

GOBBO.

Tienes razon : Margarita se llama. Luego, si eres
Lanzarote, estoy seguro de que eres mi hijo. ¡Pero
qué barbas , más crecidas que las cerdas de la cola de
mi rocin! ¡Y qué semblante tan diferente tienes! ¿Qué
tal lo pasas con tu amo ? Llevo por él un regalo.

LANZAROTE.

No está mal. Pero yo no pararé de correr hasta verme en salvo. No hay judío más judío que mi amo. Una
cuerda para ahorcarle, y ni un regalo merece. Me
mata de hambre. Dame ese regalo, y se lo llevaré al
señor Basanio. ¡Ese sí que da flamantes y lucidas libreas! Si no me admite de criado suyo, seguiré corriendo hasta el fin de la tierra. Pero ¡felicidad nunca
soñada! aquí está el mismísimo Basanio. Con él me
voy, que antes de volver á servir al judío, me haria
judío yo mismo.   (*Salen Basanio, Leonardo y otros.*)

BASANIO.

Haced lo que tengais que hacer, pero apresuraos : la
cena para las cinco. Llevad á su destino estas cartas,
apercibid las libreas. A Graciano, que vaya luego á
verme á mi casa.   (*Se va un criado.*)

LANZAROTE.

Padre, acerquémonos á él.

GOBBO.

Buenas tardes, señor.

BASANIO.

Buenas. ¿Qué se os ofrece?

GOBBO.

Señor, os presento á mi hijo, un pobre muchacho.

LANZAROTE.

Nada de eso, señor: no es un pobre muchacho, sino criado de un judío opulentísimo, y ya os explicará mi padre cuáles son mis deseos.

GOBBO.

Tiene un empeño loco en serviros.

LANZAROTE.

Dos palabras: sirvo al judío.... y yo quisiera.... mi padre os lo explicará.

GOBBO.

Su amo y él (perdonad, señor, si os molesto) no se llevan muy bien que digamos.

LANZAROTE.

Lo cierto es que el judío me ha tratado bastante mal, y esto me ha obligado... pero mi padre que es un viejo prudente y honrado, os lo dirá.

GOBBO.

En esta cestilla hay un par de pichones, que quisiera regalar á vuestra señoría. Y pretendo...

LANZAROTE.

Dos palabras: lo que va á decir es impertinente al

asunto.... El, al fin, es un pobre hombre, aunque sea mi padre.

BASANIO.

Hable uno solo, y entendámonos. ¿Qué quereis?

LANZAROTE.

Serviros, caballero.

GOBBO.

Ahí está, señor, todo el intríngulis del negocio.

BASANIO.

Ya te conozco, y te admito á mi servicio. Tu amo Sylock te recomendó á mí hace poco, y no tengas esto por favor, que nada ganas en pasar de la casa de un hebreo opulentísimo á la de un arruinado caballero.

LANZAROTE.

Bien dice el refran: mi amo tiene la hacienda, pero vuestra señoría la gracia de Dios.

BASANIO.

No has hablado mal. Vete con tu padre: di adios á Sylock, pregunta las señas de mi casa. *(Á los criados.)* Ponedle una librea algo mejor que las otras. Pronto.

LANZAROTE.

Vámonos, padre. ¿Y dirán que no sé abrirme camino, y que no tengo lindo entendimiento? ¿Á qué no hay otro en toda Italia que tenga en la palma de la mano rayas tan seguras y de buen agüero como estas *(Mirándose las manos)*. ¡Pues no son pocas las mujeres que me están reservadas! Quince nada menos: once viudas y nueve doncellas... bastante para un hombre solo. Y ademas sé que he de estar tres veces en peligros de ahogarme y que he de salir bien las tres, y que estaré á punto de romperme la cabeza contra una cama. ¡Pues no es poca fortuna! Dicen que es diosa muy inconsecuente, pero lo que es conmigo, bien amiga se muestra.

(Vanse Lanzarote y Gobbo).

BASANIO.

No olvides mis encargos, Leonardo amigo. Compra todo lo que te encargué, ponlo como te dije, y vuelve en seguida para asistir al banquete con que esta noche obsequio á mis íntimos. Adios, no tardes.

LEONARDO.

No tardaré.   *(Sale Graciano.)*

GRACIANO.

¿Dónde está tu amo?

LEONARDO.

Allí está patente.

GRACIANO.

¡Señor Basanio!

BASANIO.

¿Qué me quereis, Graciano?

GRACIANO.

Tengo que dirigiros un ruego.

BASANIO.

Tenle por bien acogido.

GRACIANO.

Permíteme acompañarte á Belmonte.

BASANIO.

Vente, si es forzoso y te empeñas. Pero á la verdad, tú, Graciano, eres caprichoso, mordaz y libre en tus palabras: defectos que no lo son á los ojos de tus amigos, y que están en tu modo de ser, pero que ofenden mucho á los extraños, porque no conocen tu buena índole. Echa una pequeña dósis de cordura en tu buen humor: no sea que parezca mal en Belmonte, y vayas á comprometerme y á echar por tierra mi esperanza.

GRACIANO.

Basanio, oye: si no tengo prudencia, si no hablo con recato, limitándome á maldecir alguna que otra vez aparte; si no llevo, con aire mojigato, un libro de devocion en la mano ó el bolsillo: si al dar gracias despues de comer, no me echo el sombrero sobre los ojos, y digo con voz sumisa: «amen»: si no cumplo, en fin, todas las reglas de urbanidad, como quien aprende un papel para dar gusto á su abuela, consentiré en perder tu aprecio y tu cariño.

BASANIO.

Allá veremos.

GRACIANO.

Pero no te fies de lo que haga esta noche, porque es un caso excepcional.

BASANIO.

Nada de eso: haz lo que quieras. Al contrario, esta noche conviene que alardees de ingenio más que nunca, porque mis comensales serán alegres y regocijados. Adios: mis ocupaciones me llaman á otra parte.

GRACIANO.

Voy á buscar á Lorenzo y á los otros amigos. Nos veremos en la cena.

ESCENA III.

Habitacion en casa de Sylock.

JÉSSICA y LANZAROTE.

JÉSSICA.

¡Lástima que te vayas de esta casa, que sin tí es un infierno! Tú, á lo ménos, con tu diabólica travesura la animabas algo. Toma un ducado. Procura ver pronto á Lorenzo. Te será fácil, porque esta noche come con tu amo. Entrégale esta carta con todo secreto. Adios. No quiero que mi padre nos vea.

LANZAROTE.

¡Adios! Mi lengua calla, pero hablan mis lágrimas. Adios, hermosa judía, dulcísima gentil. Mucho me temo que algun buen cristiano venga á perder su alma por tí. Adios. Mi ánimo flaquea. No quiero detenerme más, adios.

JÉSSICA.

Con bien vayas, amigo Lanzarote. *(Se va Lanzarote.)* ¡Pobre de mí! ¿qué crímen habré cometido? ¡Me avergüenzo de tener tal padre, y eso que sólo soy suya por la sangre, no por la fe ni por las costumbres. Adios, Lorenzo, guárdame fidelidad, cumple lo que prometiste, y te juro que seré cristiana y amante esposa tuya.

ESCENA IV.

Una calle de Venecia.

GRACIANO, LORENZO, SALARINO y SALANIO.

LORENZO.

Dejaremos el banquete sin ser notados: nos disfrazaremos en mi casa, volveremos dentro de una hora.

GRACIANO.

Mal lo hemos arreglado.

SALARINO.

Todavía no tenemos preparadas las hachas.

SALANIO.

Para no hacerlo bien, vale más no intentarlo.

LORENZO.

No son más que las tres. Hasta las seis sobra tiempo para todo. *(Sale Lanzarote).* ¿Qué noticias traes, Lanzarote?

LANZAROTE.

Si abris esta carta, ella misma os lo dirá.

LORENZO.

Bien conozco la letra, y la mano más blanca que el papel en que ha escrito mi ventura.

GRACIANO.

Será carta de amores.

LANZAROTE.

Me iré, con vuestro permiso.

LORENZO.

¿Á dónde vas?

LANZAROTE.

Á convidar al judío, mi antiguo amo, á que cene esta noche con mi nuevo amo, el cristiano.

LORENZO.

Aguarda. Toma. Di á Jéssica muy en secreto, que no faltaré. *(Se va Lanzarote.)* Amigos, ha llegado la hora de disfrazarnos para esta noche. Por mi parte, ya tengo paje de antorcha.

SALARINO.

Yo buscaré el mio.

SALANIO.

Y yo.

LORENZO.

Nos reuniremos en casa de Graciano dentro de una hora.

SALARINO.

Allá iremos.   (*Vanse Salarino y Salanio.*)

GRACIANO.

Dime por favor. ¿Esa carta no es de la hermosa judía?

LORENZO.

Tengo forzosamente que confesarte mi secreto. Suya es la carta, y en ella me dice que está dispuesta á huir conmigo de casa de su padre, disfrazada de paje. Me dice tambien la cantidad de oro y joyas que tiene. Si ese judío llega á salvarse, será por la virtud de su hermosa hija, tan hermosa como desgraciada por tener de padre á tan vil hebreo. Ven, y te leeré la carta de la bella judía. Ella será mi paje de hacha.

ESCENA·V.

Calle donde vive Sylock.

Salen SYLOCK y LANZAROTE.

SYLOCK.

Ya verás, ya, la diferencia que hay de ese Basanio al judío.—Sal, Jéssica.—Por cierto que en su casa no devorarás como en la mia, porque tiene poco.—Sal, hija.—Ni te estarás todo el dia durmiendo, ni tendrás cada mes un vestido nuevo. — Jéssica, ven, ¿ cómo te lo he de decir?

LANZAROTE.

Sal, señora Jéssica.

SYLOCK.

¿ Quién te manda llamar ?

LANZAROTE.

Siempre me habiais reñido, por no hacer yo las cosas hasta que me las mandaban.

(Sale Jéssica.)

JÉSSICA.

Padre, ¿ me llamabais ? ¿ qué me quereis ?

SYLOCK.

Hija, estoy convidado á comer fuera de casa. Aquí tienes las llaves. Pero ¿ por qué iré á ese convite ? Cierto que no me convidan por amor. Será por adulacion. Pero no importa, iré, aunque sólo sea por aborrecimiento á los cristianos, y comeré á su costa. Hija, ten cuidado con la casa. Estoy muy inquieto. Algun daño me amenaza. Anoche soñé con bolsas de oro.

LANZAROTE.

No falteis, señor. Mi amo os espera.

SYLOCK.

Y yo tambien á él.

LANZAROTE.

Y tienen un plan. No os diré con seguridad que vereis una funcion de máscaras, pero puede que la veais.

SYLOCK.

¿ Funeion de máscaras ? Oye, Jéssica. Echa la llave á todas las puertas, y si oyes ruido de tambores ó de

Sylock y su hija.

clarines, no te pongas á la ventana, ni saques la cabeza á la calle, para ver esas profanidades de los cristianos que se untan los rostros de mil maneras. Tapa, en seguida, todos los oidos de mi casa : quiero decir, las ventanas, para que no penetre aquí ni áun el ruido de semejante bacanal. Te juro por el cayado de Jacob, que no tengo ninguna gana de bullicios. Iré, con todo eso, al convite. Tú delante para anunciarme.

LANZAROTE.

Así lo haré. *(Aparte á Jéssica.)* Dulce señora mia, no dejes de asomarte á la ventana, pues pasará un cristiano que bien te merece.

SYLOCK.

¿Qué dirá entre dientes ese malvado descendiente de Agar?

JÉSSICA.

No dijo más que adios.

SYLOCK.

En el fondo no es malo, pero es perezoso y comilon, y duerme de dia más que un gato montes. No quiero zánganos en mi colmena. Por eso me alegro de que se vaya, y busque otro amo, á quien ayude á gastar en pocos dias su improvisada fortuna. Vé dentro, hija mia. Quizá pueda yo volver pronto. No olvides lo que te he mandado. Cierra puertas y ventanas, que nunca está más segura la joya que cuando bien se guarda : máxima que no debe olvidar ningun hombre honrado. *(Vase.)*

JÉSSICA.

Mala ha de ser del todo mi fortuna para que pronto no nos encontremos yo sin padre y tú sin hija.

(Se va.)

ESCENA VI.

GRACIANO y SALARINO , de máscara.

GRACIANO.

Á la sombra de esta pared nos ha de encontrar Lorenzo.

SALARINO.

Ya es la hora de la cita. Mucho me admira que tarde.

GRACIANO.

Sí , porque el alma enamorada cuenta las horas con más presteza que el reloj.

SALARINO.

Las palomas de Vénus vuelan con ligereza diez veces mayor cuando van á jurar un nuevo amor, que cuando acuden á mantener la fe jurada.

GRACIANO.

Necesario es que así suceda. Nadie se levanta de la mesa del festin con el mismo apetito que cuando se sentó á ella. ¿ Qué caballo muestra al fin de la rápida carrera el mismo vigor que al principio? Así son todas las cosas. Más placer se encuentra en el primer instante de la dicha que despues. La nave es en todo semejante al hijo pródigo. Sale altanera del puerto nativo, coronada de alegres banderolas, acariciada por los vientos, y luego torna con el casco roto y las velas hechas pedazos, empobrecida y arruinada por el vendaval.   (*Sale Lorenzo.*)

SALARINO.

Dejemos esta conversacion. Aquí viene Lorenzo.

LORENZO.

Amigos: perdon, si os he hecho esperar tanto. No me echeis la culpa: echádsela á mis bodas. Cuando para lograr esposa, tengais que hacer el papel de ladrones, yo os prometo igual ayuda. Venid: aquí vive mi suegro Sylock.   *(Llama.)*

(*Jéssica disfrazada de paje se asoma á la ventana.*)

JÉSSICA.

Para mayor seguridad decidme quién sois, aunque me parece que conozco esa voz.

LORENZO.

Amor mio, soy Lorenzo, y tu fiel amante.

JÉSSICA.   .

El corazon mé dice que eres mi amante Lorenzo. Dime, Lorenzo, ¿y hay alguno, fuera de tí, que sospeche nuestros amores?

LORENZO.

Testigos son el cielo y tu mismo amor.

JÉSSICA.

Pues mira: toma esta caja, que es preciosa. Bendito sea el oscuro velo de la noche que no te permite verme, porque tengo vergüenza del disfraz con que oculto mi sexo. Pero al amor le pintan ciego, y por eso los amantes no ven las mil locuras á que se arrojan. Si no, el Amor mismo se avergonzaria de verme trocada de tierna doncella en arriscado paje.

LORENZO.

Baja: tienes que ser mi paje de antorcha.

JÉSSICA.

¿Y he de descubrir yo misma, por mi mano, mi

propia liviandad y ligereza, precisamente cuando me importa más ocultarme?

LORENZO.

Bien oculta estarás bajo el disfraz de gallardo paje. Ven pronto, la noche vuela, y nos espera Basanio en su mesa.

JÉSSICA.

Cerraré las puertas y recogeré más oro. Pronto estaré contigo. *(Vase.)*

GRACIANO.

¡ Á fe mia que es gentil, y no judía!

LORENZO.

¡ Maldito sea yo si no la amo! Porque mucho me equivoco, ó es discreta, y ademas es bella, que en esto no me engañan los ojos, y es fiel y me ha dado mil pruebas de constancia. La amaré eternamente por hermosa, discreta y fiel. *(Sale Jéssica.)* Al fin viniste. En marcha, compañeros. Ya nos esperan nuestros amigos. *(Vanse todos menos Graciano.) (Sale Antonio.)*

ANTONIO.

¿ Quién?

GRACIANO.

¡ Señor Antonio!

ANTONIO.

¿ Solo estais, Graciano? ¿ y los demas? Ya han dado las nueve, y todo el mundo espera. No habrá máscaras esta noche. El viento se ha levantado ya, y puede embarcarse Basanio. Más de veinte recados os he enviado.

GRACIANO.

¿ Qué me decis? ¡ Oh felicidad! ¡ Buen viento! Ya siento ganas de verme embarcado.

ESCENA VII.

Quinta de Pórcia en Belmonte.

PÓRCIA y el PRÍNCIPE DE MARRUECOS.

PÓRCIA.

Descorred las cortinas, y enseñad al príncipe los cofres; él elegirá.

EL PRINCIPE.

El primero es de oro, y en él hay estas palabras: « Quien me elija, ganará lo que muchos desean.» El segundo es de plata, y en él se lee : « Quien me elija, cumplirá sus anhelos.» El tercero es de vil plomo, y en él hay esta sentencia tan dura como el metal: « Quien me elija, tendrá que arriesgarlo todo.» ¿ Cómo haré para no equivocarme en la eleccion ?

PÓRCIA.

En uno de los cofres está mi retrato. Si le encontrais, soy vuestra.

EL PRÍNCIPE.

Algun dios me iluminará. Volvamos á leer con atencion los letreros. ¿ Qué dice el plomo ? « Todo tendrá que darlo y arriesgarlo el que me elija.» ¡ Tendrá que darlo todo! ¿ Y por qué ?... Por plomo... ¿ Aventurarlo todo por plomo ? Deslucido premio en verdad. Para aventurarlo todo, hay que tener esperanza de alguna dicha muy grande, porque á un alma noble no la seduce el brillo de un vil metal. En suma, no doy ni aventuro nada por el plomo. ¿ Qué dice la plata del blanco cofrecillo ? « Quien me elija logrará lo que merece...» Lo que merece... Despacio, Príncipe : pensémoslo bien. Si atiendo á mi conciencia, yo me estimo en mucho. No es pequeño mi valor, aunque quizá lo sea para aspirar á tan excelsa dama. De otra parte, seria poquedad de ánimo dudar de lo que realmente valgo... ¿Qué merezco yo? Sin duda esta hermosa dama. Para eso soy de noble nacimiento y grandes dotes de alma y cuerpo, de fortuna, valor y linaje; y sobre todo la merezco porque la amo entrañablemente. Sigo en mis dudas. ¿Continuaré la eleccion ó me pararé aquí? Voy á leer segunda vez el rótulo de la caja de oro: «Quién me elija logrará lo que muchos desean.» Es claro: la posesion de esta dama: todo el mundo la desea, y de los cuatro términos del mundo vienen á postrarse ante el ara en que se venera su imágen. Los desiertos de Hircania, los arenales de la Libia se ven trocados hoy en animados caminos, por donde acuden innumerables príncipes á ver á Pórcia. No bastan á detenerlos playas apartadas, ni el salobre reino de las ondas que lanzan su espuma contra el cielo. Corren el mar, como si fuera un arroyo, sólo por el ansia de ver á Pórcia. Una de estas cajas encierra su imágen, pero ¿cuál? ¿Estará en la de plomo? Necedad seria pensar que tan vil metal fuese sepulcro de tanto tesoro. ¿Estará en la plata que vale diez veces menos que el oro? Bajo pensamiento seria. Sólo en oro puede engastarse joya de tanto precio. En Inglaterra corre una moneda de oro, con un ángel grabado en el anverso. Allí está sólo grabado, mientras que aquí es el ángel mismo quien yace en tálamo de oro. Venga la llave: mi eleccion está hecha, sea cual fuere el resultado.

PÓRCIA.

Tomad la llave, y si en esa caja está mi retrato, seré vuestra esposa.

EL PRÍNCIPE (*abriendo el cofre*).

¡ Por vida del demonio ! sólo encuentro una calavera, y en el hueco de sus ojos este papel : « No es oro todo lo que reluce : así dice el refran antiguo : tú verás si con razon. ¡ Á cuántos ha engañado en la vida una vana exterioridad ! En dorado sepulcro habitan los gusanos. Si hubieras tenido tanta discrecion y buen juicio como valor y osadía, no te hablaria de esta suerte mi hueca y apagada voz. Véte en buen hora , ya que te ha salido fria la pretension. » Sí que he quedado frio y triste. Toda mi esperanza huyó, y el fuego del amor se ha convertido en hielo. Adios , hermosa Pórcia. No puedo hablar. El desencanto me quita la voz. ¡ Cuán triste se aleja el que ve marchitas sus ilusiones !

PÓRCIA.

¡ Oh felicidad ! Quiera Dios que tengan la misma suerte todos los que vengan , si son del mismo color que éste.

ESCENA VIII.

Calle en Venecia.

SALARINO y SALANIO.

SALARINO.

Ya se ha embarcado Basanio , y con él va Graciano , pero no Lorenzo.

SALANIO.

El judío se quejó al Dux , é hizo que le acompañase á registrar la nave de Basanio.

SALARINO.

Pero cuando llegaron , era tarde , y ya se habian hecho á la mar. En el puerto dijeron al Dux que poco antes habian visto en una góndola á Lorenzo y á su amada Jéssica, y Antonio juró que no iban en la nave de Basanio.

SALANIO.

Nunca he visto tan ciego, loco, incoherente y peregrino furor como el de este maldito hebreo. Decia á voces: «¡ Mi hija, mi dinero, mi hija... ha huido con

un cristiano... y se ha llevado mi dinero... mis ducados... Justicia... mi dinero... una bolsa... no... dos, llenas de ducados... Y ademas joyas y piedras preciosas... Me lo han robado todo... Justicia... Buscadla... Lleva consigo mi dinero y mis alhajas.

SALARINO.

Los muchachos le persiguen por las calles de Venecia, gritando como él: «Justicia, mis ducados, mis joyas, mi hija.»

SALANIO.

¡ Pobre Antonio si no cumple el trato !

SALARINO.

Y fácil es que no pueda cumplirlo. Ayer me dijo un francés que en el estrecho que hay entre Francia é Inglaterra habia naufragado un barco veneciano. En seguida me acordé de Antonio, y por lo bajo hice votos á Dios para que no fuera el suyo.

SALANIO.

Bien harias en decírselo á Antonio, pero de modo que no le hiciera mala impresion la noticia.

SALARINO.

No hay en el mundo alma más noble. Hace poco ví cómo se despedia de Basanio. Díjole éste que haria por volver pronto, y Antonio le replicó: «No lo hagas de ningun modo, ni eches á perder, por culpa mia, tu empresa. Necesitas tiempo. No te apures por la fianza que dí al judío. Estáte tranquilo, y sólo pienses en alcanzar con mil delicadas galanterías y muestras de amor el premio á que aspiras.» Apenas podia contener el llanto al decir esto. Apartó la cara, dió la mano á su amigo, y se despidió de él por última vez.

SALANIO.

Él es toda su vida, segun imagino. Vamos á verle, y tratemos de consolar su honda tristeza.

SALARINO.

Vamos.

ESCENA IX.

Quinta de Pórcia en Belmonte.

NERISSA.

(*A un criado.*) Anda, descorre las cortinas, que ya el

Infante de Aragon ha hecho su juramento y viene á la prueba.

(Salen el Infante de Aragon, Pórcia y acompañamiento. Tocan cajas y clarines.)

PÓRCIA.

Egregio Infante: ahí teneis las cajas: si dais con la que contiene mi retrato, vuestra será mi mano. Pero si la fortuna os fuere adversa, tendreis que alejaros sin màs tardanza.

EL INFANTE.

El juramento me obliga á tres cosas: primero, á no decir nunca cuál de las tres cajas fué la que elegí. Segundo, si no acierto en la eleccion, me comprometo á no pedir jamas la mano de una doncella. Tercero, á alejarme de vuestra presencia, si la suerte me fuere contraria.

PÓRCIA.

Esas son las tres condiciones que tiene que cumplir todo el que viene á esta dudosa aventura, y á pretender mi mano indigna de tanta honra.

EL INFANTE.

Yo cumpliré las tres. Fortuna, dame tu favor, ilumíname. Aquí tenemos plata, oro y plomo. «Quien me elija, tendrá que darlo todo y aventurarlo todo.» Para que yo dé ni aventure nada, menester será que el plomo se haga antes más hermoso. ¿Y qué dice la caja de oro? «Quien me elija, alcanzará lo que muchos desean.» Estos serán la turba de necios que se fia de apariencias, y no penetra hasta el fondo de las cosas: á la manera del pájaro audaz que pone su nido en el alero del tejado, expuesto á la intemperie y á todo género de peligros. No es mio pensar como piensa el vulgo. No elegiré lo que muchos desean. No seré como la multitud grosera y sin juicio. Vamos á tí, arca brillante de precioso metal: «Quien me elija, alcanzará lo que merece.» Está bien, ¿qué alma bien nacida querrá obtener ninguna ventaja ni triunfar del hado, sin un mérito real? ¿A quién contentará un honor inmerecido? ¡Dichoso aquel dia en que no por subterráneas intrigas, sino por las dotes reales del alma, se consigan los honores y premios! ¡Cuántas frentes, que ahora están humilladas, se cubrirán de gloria entonces! ¡Cuántos de los que ahora dominan querrian ser entonces vasallos! ¡Qué de ignominias descubriríamos al traves de la púrpura de reyes, emperadores y magnates! ¡Y cuánta honra encontraríamos soterrada en el lodo de nuestra edad! Siga la eleccion: «Alcanzará lo que merece.» Mérito tengo. Venga la llave, que esta caja encierra sin duda mi fortuna.

PÓRCIA.

Mucho lo habeis pensado para tan corto premio como habeis de encontrar.

EL INFANTE.

¿Qué veo? La cara de un estúpido que frunce el entrecejo y me presenta una carta. ¡Cuán diverso es su semblante del de la hermosísima Pórcia! Otra cosa aguardaban mis méritos y esperanzas! «Quien me elija, alcanzará lo que merece.» ¿Y no merezco más? ¿La cara de un imbécil? ¿Ese es el premio que yo ambicionaba? ¿Tan poco valgo?

PÓRCIA.

El juicio no es ofensa: son dos actos distintos.

EL INFANTE.

¿Y qué dice ese papel? (Lee.) «Siete veces ha pasado este metal por la llama: siete pruebas necesita el juicio para no equivocarse. Muchos hay que toman por realidad los sueños : natural es que su felicidad sea sueño tambien. Bajo este blanco metal has encontrado la faz de un estúpido. Muchos necios hay en el mundo que se ocultan así. Cásate á tu voluntad, pero siempre me tendrás por símbolo. Adios.» Todavía sería estupidez mayor, no irme ahora mismo. Como un necio vine á galantear, y ahora llevo dos cabezas nuevas, la mia y otra ademas. Quédate con Dios, Pórcia : no faltaré á mi juramento.

PORCIA.

Huye, como la mariposa que se quema las alas escapa del fuego. ¡Qué necios son por querer pasarse de listos!

NERISSA.

Bien dice el proverbio : Sólo su mala fortuna lleva al necio al altar ó á la horca.

UN CRIADO.

¿ Dónde está mi señora ?

PÓRCIA.

Aquí.

EL CRIADO.

Se apea á vuestra puerta un jóven veneciano, anunciando á su señor, que viene á ofreceros sus respetos y joyas de gran valía. El mensajero parece serlo del amor mismo. Nunca amaneció en primavera, anunciadora del ardiente estío, tan risueña mañana como el rostro de este nuncio.

PÓRCIA.

Silencio. ¡ Por Dios ! tanto me lo encareces, que recelo si acabarás por decirme que es pariente tuyo. Vamos, Nerissa : quiero ver á tan gallardo mensajero.

NERISSA.

Su señor es Basanio, ó mucho me equivoco.

ACTO III.

Calle de Venecia.

SALANIO y SALARINO.

SALANIO.

Ué se dice en Rialto?

SALARINO.

Corren nuevas de que una nave de Antonio, cargada de ricos géneros, ha naufragado en los estrechos de Goodwins, que son unos escollos de los más temibles, y donde han perecido muchas orgullosas embarcaciones. Esto es lo que sucede, si es que no miente la parlera fama, y se porta hoy como mujer de bien.

SALANIO.

¡Ojalá que por esta vez mienta como la comadre más embustera de cuantas comen pan! Pero la verdad es, sin andarnos en rodeos ni ambages, que el pobre Antonio, el buen Antonio... ¡Oh si encontrara yo un adjetivo bastante digno de su bondad!

SALARINO.

Al asunto, al asunto.

4

SALANIO.

¿Al asunto dices? Pues el asunto es que ha perdido un barco.

SALARINO.

¡Quiera Dios que no sea más que uno!

SALANIO.

¡Ojalá! No sea que eche á perder el demonio mis oraciones, porque aquí viene en forma de judío. *(Sale Sylock).* ¿Cómo estás, Sylock? ¿Qué novedades cuentan los mercaderes?

SYLOCK.

Vosotros lo sabeis. ¿Quién habia de saber mejor que vosotros la fuga de mi hija?

SALARINO.

Es verdad. Yo era amigo del sastre que hizo al pájaro las alas con que voló del nido.

SALANIO.

Y Sylock no ignoraba que el pájaro tenia ya plumas, y que es condicion de las aves el echar á volar en cuanto las tienen.

SALARINO.

Por eso la condenarán.

SALANIO.

Es claro: si la juzga el demonio.

SYLOCK.

¡Ser infiel á mi carne y sangre!

SALANIO.

Más diferencia hay de su carne á la tuya que del marfil al azabache, y de su sangre á la tuya que del vino del Rhin al vino tinto. Dinos: ¿sabes algo de la pérdida que ha tenido Antonio en el mar?

SYLOCK.

¡Vaya otro negocio! ¡Un mal pagador, que no se atreve á comparecer en Rialto! ¡Un mendigo que hacia alarde de lujo, paseándose por la playa! A ver cómo responde de su fianza. Para eso me llamaba usurero. Que responda de su fianza. Decia que prestaba dinero por caridad cristiana. Que responda de su fianza.

SALARINO.

De seguro que si no cumple el contrato, no por eso te has de quedar con su carne. ¿Para qué te sirve?

SYLOCK.

Me servirá de cebo en la caña de pescar. Me servirá para satisfacer mis odios. Me ha arruinado. Por él he perdido medio millon: él se ha reido de mis ganancias y de mis pérdidas: ha afrentado mi raza y linaje, ha dado calor á mis enemigos y ha desalentado á mis amigos. Y todo ¿por qué? Por que soy judío. ¿Y el judío no tiene ojos, no tiene manos ni órganos ni alma, ni sentidos ni pasiones? ¿No se alimenta de los mismos manjares, no recibe las mismas heridas, no padece las mismas enfermedades y se cura con iguales medicinas, no tiene calor en verano y frio en invierno, lo mismo que el cristiano? Si le pican ¿no sangra? ¿No se rie si le hacen cosquillas? ¿No se muere si le envenenan? Si le ofenden, ¿no trata de vengarse? Si en todo lo demas somos tan semejantes ¿por qué no hemos de parecernos en esto? Si un judío ofende á un cristiano ¿no se venga éste, á pesar de su cristiana caridad? Y si un cristiano á un judío, ¿qué enseña al judío la humildad cristiana? A vengarse. Yo os imitaré en todo lo malo, y para poco he de ser, si no superó á mis maestros.

UN CRIADO.

Señores: mi amo Antonio os espera en su casa, para hablaros de negocios importantes.

SALARINO.

Largo tiempo hace que le buscamos. *(Sale Túbal)*.

SALANIO.

Hé aquí otro de su misma tribu: no se encontraria otro tercero que los igualase como no fuese el mismísimo demonio. *(Vanse)*.

SYLOCK.

Túbal, ¿qué noticias traes de Génova? ¿qué sabes de mi hija?

TÚBAL.

Oí noticias de ella en muchas partes, pero nunca la ví.

SYLOCK.

Nunca ha caido otra maldicion igual sobre nuestra raza. Mira: se llevó un diamante que me habia costado dos mil ducados en la feria de Francfort. Dos mil ducados del diamante, y ademas muchas alhajas preciosas. Poco me importaria ver muerta á mi hija, como tuviera los diamantes en las orejas, y los ducados en el ataud. ¿Pero nada, nada has averiguado de ellos? ¡Maldito sea yo! ¡Y cuánto dinero he gastado en buscarla! ¡Tanto que se llevó el ladron, y tanto cómo llevo gastado en su busca, y todavía no me he vengado! Cada dia me trae una nueva pérdida. Todo género de lástimas y miserias ha caido sobre mí.

TÚBAL.

No eres tú el solo desgracido. Me contaron en Génova que tambien Antonio...

SYLOCK.

¿Qué, qué? ¿le ha sucedido alguna desgracia?

TÚBAL.

Se le ha perdido un barco que venia de Trípoli.

SYLOCK.

¡Bendito sea Dios! ¿Pero eso es cierto?

TÚBAL.

Me lo han contado algunos marineros escapados del naufragio.

SYLOCK.

¡Gracias, amigo Túbal, gracias! ¡Qué felices nuevas! ¿Con qué en Génova, eh, en Génova?

TÚBAL.

Dicen que tu hija ha gastado en Génova ochenta ducados en una noche.

SYLOCK.

¡Qué daga me estás clavando en el corazon! ¡Pobre dinero mio! ¡En una noche sola ochenta ducados!

TÚBAL.

Varios acreedores de Antonio, con quienes vengo desde Génova, tienen por inevitable su quiebra.

SYLOCK.

¡Oh! qué felicidad! Le atormentaré. Me he de vengar con creces.

TÚBAL.

Uno de esos acreedores me mostró una sortija, con que tu hija le habia pagado un mono que compró.

SYLOCK.

¡ Cállate, maldecido ! ¿ Quieres martirizarme ? Es mi turquesa. Me la regaló Lia, cuando yo era soltero. No la hubiera yo cedido por todo un desierto henchido de monos.

TÚBAL.

Pero no tiene duda que Antonio está completamente arruinado.

SYLOCK.

Eso me consuela. Eso tiene que ser verdad. Túbal, avísame un alguacil para dentro de quince dias. Si no paga la fianza, le sacaré las entrañas; si no fuera por él, haria yo en Venecia cuantos negocios quisiera. Túbal, nos veremos en la sinagoga. Adios, querido Túbal.

ESCENA II.

Quinta de Pórcia.

BASANIO, PÓRCIA, GRACIANO, NERISSA y criados.

PÓRCIA.

Os ruego que no os deis prisa. Esperad siquiera un dia ó dos, porque si no acertais en la eleccion, os pierdo para siempre. Hay en mi alma algo que me dice (no sé si será amor) que seria para mí un dolor que os fueseis. Odio ya veis que no puede ser. Si no os parecen bastante claras mis palabras (porque una doncella sólo puede hablar de estas cosas con el pensamiento) os suplicaria que permanecieseis aquí uno ó dos meses. Con esto tendré bastante tiempo para enseñaros el modo de no errar. Pero ¡ ay ! no puedo, porque seria faltar á mi juramento, y no he de ser perjura aunque os pierda. Si errais, hareis que me lamente mucho de haber faltado á mi juramento. ¡ Ojalá nunca hubiera yo visto vuestros ojos! Su fulgor me ha partido el alma : sólo la mitad es mia, la otra mitad vuestra... He querido decir mia, pero no es mia, vuestra es tambien, y toda yo os pertenezco. Este siglo infeliz en que vivimos pone obstáculos entre el poseedor y su derecho. Por eso, y á la vez, soy vuestra y no lo soy. El hado tiene la culpa, y él es quien debe pagarla é ir al infierno, yo no. Hablo demasiado, pero es por entretener el tiempo, y detenerle, y con él vuestra eleccion.

BASANIO.

Permitid que la suerte decida. Estoy como en el tormento.

PÓRCIA.

¿Basanio en el tormento? pues qué, ¿ hay algun engaño en vuestro amor?

BASANIO.

Hay un recelo, que me presenta como imposible mi felicidad. Antes harán alianza el fuego y el hielo, que mi amor y la traicion.

PÓRCIA.

Me temo que esteis hablando desde el tormento, donde el hombre, bien contra su voluntad, confiesa lo cierto.

BASANIO.

Pórcia, mi vida consiste en vos. Dádmela, y os diré toda la verdad.

PÓRCIA.

Decidmela y vivireis.

BASANIO.

Mejor hubierais dicho: « decídmela y amad, » y con esto seria inútil mi confesion, ya que mi único crímen es amar, delicioso tormento en que sólo el verdugo puede salvar al reo. Vamos á las cajas, y que la suerte nos favorezca.

PÓRCIA.

A las cajas, pues. En una de ellas está mi efigie. Si me amais, la encontrareis de seguro. Atrás, Nerissa: atrás, todos vosotros, y mientras elige, resuene la música. Si se equivoca, morirá entre armonías como el cisne, y para que sea mayor la exactitud de la comparacion, mis ojos le darán sepulcro en las nativas ondas. Si vence (y no es imposible), oirá el son agudo de las trompetas, semejante al que saluda al rey que acaba de ser ungido y coronado, ó á las alegres voces que, al despuntar la aurora, penetran en los oidos del extasiado novio. Vedle acercarse con más amor y más vigorosos alientos que Hércules, cuando fué á salvar á Troya del nefando tributo de la doncella que tenia que entregar á la voracidad del monstruo marino, en luctuoso dia. Yo soy la víctima. Vosotros sois como las matronas dárdanas que con llorosos ojos han salido de Troya á contemplar el sacrificio. Adelante, noble Alcides: sal vencedor de la contienda. En tu vida está la mia. Todavía tengo yo más interés en el combate, que tú que vas á pelear, dando celos al mismo Áres. (*Miéntras Basanio elige, canta la música:* « ¿ Dónde nace el amor, en los ojos ó en el alma ? ¿ Quién le dá fuerzas para quitarnos el sosiego ? Decídnoslo, decidnoslo.—El amor nace en los ojos, se alimenta de miradas, y muere por desvíos en la misma cuna donde nace. Cantemos dulces himnos en alabanza del amor. ¡ Viva el amor, viva el amor ! »

La eleccion entre las tres cajas.

BASANIO.

Muchas veces engañan las apariencias. ¿Ha habido causa tan mala que un elocuente abogado no pudiera hacer probable, buscando disculpas para el crímen más horrendo? ¿Hay alguna herejía religiosa que no tenga sectarios, y que no pueda cubrirse con citas de la Escritura ó con flores retóricas que disimulen su fealdad? ¿Hay vicio que no pueda disfrazarse con la máscara de la virtud? ¿No habeis visto muchos cobardes, tan falsos y movedizos como piedra sobre arena, y que por fuera muestran la belicosa faz de Hércules y las híspidas barbas de Marte, y por de dentro tienen los hígados tan blancos como la leche? Fingen valor, para hacerse temer. Medid la hermosura: se compra al peso, y son más ligeras las que se atavian con los más preciados arreos de la belleza. ¡Cuántas veces los áureos rizos, enroscados como sierpes al rededor de una dudosa belleza, son prenda de otra hermosura que yace en olvidado sepulcro! Los adornos son como la playa de un mar proceloso: como el velo de seda que oculta el rostro de una hermosura india: como la verdad, cuya máscara toma la fraude para engañar á los más prudentes. Por eso desdeño los fulgores del oro, alimento y perdicion del avaro Midas, y tambien el pálido brillo de la mercenaria plata. Tu quebrado color, oh plomo que pasas por vil y anuncias más desdichas que felicicidad, me atrae más que todo eso. Por tí me decido. ¡Quiera Dios cumplir mi amoroso deseo!

PÓRCIA.

(*Aparte.*) Como el viento disipa las nubes, así huyen de mi alma todos los recelos, tristezas y desconfianzas. Cálmate, amor; ten sosiego: templa los ímpetus del alma, y dáme el gozo con tasa, porque si no, el corazon estallará de alegría.

BASANIO.

(Abre la caja de plomo.) ¿Qué veo? El mismo rostro de la hermosa Pórcia? ¿Qué pincel sobrehumano pudo acercarse tanto á la realidad? ¿Pestañean estos ojos, ó es que los mueve el reflejo de los mios? Exhalan sus labios un aliento más dulce que la miel. De sus cabellos ha tejido el pintor una tela de araña para enredar corazones. ¡Ay de las moscas que caigan en ellos! ¿Pero cómo habrá podido retratar sus ojos, sin cegar? ¿Cómo pudo acabar el uno sin que sus rayos le cegaran de tal modo que dejase sin acabar el otro? Toda alabanza es poca, y seria afrentar al retrato tanto como el retrato al original. Veamos lo que dice la letra, cifra breve de mi fortuna. *(Lee.)* « Tú á quien no engañan las apariencias, consigues la rara fortuna de acertar. Ya que tal suerte tuviste, no busques otra mejor. Si te parece bien la que te ha dado la fortuna, vuélvete hácia ella, y con un beso de amor tómala por tuya, siguiendo los impulsos de tu alma.» ¡Hermosa leyenda! Señora, perdon. Es necesario cumplir lo que este papel ordena. A la manera que el gladiador, cuando los aplausos ensordecen el anfiteatro, duda si es á él á quien se dirigen, y vuelve la vista en torno suyo; así yo, bella Pórcia, dudo si es verdad lo que miro, y ántes de entregarme al gozo, necesito que lo confirmen vuestros labios.

PÓRCIA.

Basanio, tal cual me veis, vuestra soy. No deseo para mí suerte mayor, pero en obsequio vuestro quisiera ser veinte veces más hermosa de lo que soy, y diez mil veces más rica. Yo quisiera exceder á todas en virtud, en belleza, en bienes de fortuna y en amigos, para que me amaseis mucho más. Pero valgo muy poco; soy una niña ignorante y sin experiencia; sólo tengo una cosa buena, y es que todavía no soy vieja para aprender; y otra aún mejor, que no fué tan mala mi educacion primera que no pueda aprender. Y áun tengo otra felicidad mejor, y es la de tener un corazon tan rendido que se humilla á vos como el siervo á su señor y monarca. Mi persona, y la hacienda que fué mia, son desde hoy vuestras. Hace un momento era yo señora de esta quinta y de estos criados, y de mí misma, pero desde ahora yo y mi quinta y mis criados os pertenecemos. Todo os lo doy con este anillo. Si algun dia le destruís ó perdeis, será indicio de que habeis perdido mi amor, y podré reprenderos por tan grave falta.

BASANIO.

Señora, me habeis quitado el habla. Sólo os grita mi sangre alborotada en las venas. Tal trastorno habeis producido en mis sentidos, como el tumulto que estalla en una muchedumbre cuando oye el discurso de un príncipe adorado. Mil palabras incoherentes se confunden con gritos que no tienen sentido alguno, pero que expresan un júbilo sincero. Cuando huya de mis dedos ese anillo, irá con él mi vida, y podreis decir que ha muerto Basanio.

NERISSA.

Á nosotros, mudos espectadores de tal drama, sólo nos toca daros el parabien. Sed dichosos, amos y señores mios.

GRACIANO.

Basanio, señor mio; y tú, hermosa dama, disfrutad cuanta ventura deseo para vosotros, ya que no ha de ser á mi costa. Y cuando os prepareis á cerrar solemnemente el contrato, dadme licencia para hacer lo mismo.

BASANIO.

Con mucho gusto, si encuentras mujer.

GRACIANO.

Mil gracias, Basanio. Á tí lo debo. Mis ojos son tan
avizores como los tuyos. Tú los pusiste en la señora;
yo en la criada: tú amaste; yo tambien. Tu amor no
consiente dilaciones; tampoco el mio. Tu suerte dependia de la buena eleccion de las cajas; tambien la
mia. Yo ardiendo en amores perseguí á esta esquiva
hermosura con tantas y tantas promesas y juramentos, que casi tengo seca la boca de repetirlos. Pero al
fin (si las palabras de tal hermosúra valen algo), me
prometió concederme su amor, si tú acertabas á conquistar el de su señora.

PÓRCIA.

¿Es verdad, Nerissa?

NERISSA.

Verdad es, señora, si no lo llevais á mal.

BASANIO.

¿Lo dices de véras, Graciano?

GRACIANO.

De véras, señor.

BASANIO.

Vuestro casamiento aumentará los regocijos del
nuestro.

GRACIANO.

¡Pero quién viene! ¿Lorenzo y la judía? ¿y con ellos
mi amigo, el veneciano Salerio?

(Salen Lorenzo, Jéssica y Salerio.)

BASANIO.

Con bien vengais á esta quinta, Lorenzo y Salerio,
si es que mi recien nacida felicidad me autoriza para
saludaros en este lugar. ¿Me lo permites, bellísima
Pórcia?

PÓRCIA.

Y lo repito : bien venidos sean.

LORENZO.

Gracias por tanto favor. Mi intencion no era visi-tarte , pero Salerio , á quien encontré en el camino, se empeñó tanto , que al cabo consentí en acompa-ñarle.

SALERIO.

Lo hice , es verdad , pero no sin razon , porque te traigo un recado del señor Antonio. *(Le da una carta.)*

BASANIO.

Antes de abrir esta carta , dime cómo se encuentra mi buen amigo.

SALERIO.

No está enfermo mas que del alma; por su carta ve-rás lo que padece.

GRACIANO.

Querido Salerio, dame la mano. ¿ Qué noticias traes de Venecia? ¿ Qué hace el honrado mercader Antonio? ¡ Cómo se alegrará al saber nuestra dicha! Somos los Jasones que han encontrado el vellocino de oro.

SALERIO.

¡ Ojalá hubierais encontrado el áureo vellocino, que él perdió en hora aciaga!

PÓRCIA.

Malas nuevas debe traer la carta. Huye el color de las mejillas de Basanio. Sin duda acaba de saber la muerte de un amigo muy querido, porque ninguna otra mala noticia podria abatir un ánimo tan constante; malo, malo. Perdóname, Basanio, pero soy la mitad de tu alma, y justo es que me pertenezan la mitad de las desgracias que anuncia ese pliego.

BASANIO.

¡Amada Pórcia! Leo en esta carta algunas de las frases más tristes que se han escrito nunca sobre el papel. ¡Pórcia hermosísima, cuando por primera vez te confesé mi amor, no tuve reparo en decirte que yo no tenia otra hacienda que la sangre de mis venas, pero que era noble y bien nacido, y te dije la verdad. Pero así y todo hubo jactancia en mis palabras, al decirte que mis bienes eran ningunos. Para ser enteramente veraz, debí añadir que mi fortuna era ménos que nada, porque la verdad es que empeñé mi palabra á mi mejor amigo, dejándole expuesto á la venganza del enemigo más cruel, implacable y sin entrañas: todo para procurarme dineros. Esta carta me parece el cuerpo de mi amigo: cada línea es á modo de una herida, que arroja la sangre á borbotones. Pero ¿es cierto, Salerio? ¿Todo, todo lo ha perdido? ¿Todos sus negocios le han salido mal? ¿Ni en Trípoli, ni en Méjico, ni en Lisboa, ni en Inglaterra, ni en la India, ni en Berberia, escapó ningun barco suyo de esos escollos tan fatales al marino?

SALERIO.

Ni uno. Y aunque á Antonio le quedara algun dinero para pagar al judío, de seguro que este no le recibiria. No parece sér humano: nunca he visto á nadie tan ansioso de destruir y aniquilar á su prójimo. Dia y noche pide justicia al Dux, amenazando, si no se le hace justicia, con invocar las libertades del Estado. En vano han querido persuadirle los mercaderes mas ricos, y el mismo Dux y los patricios. Todo en balde. Él persiste en su demanda, y reclama confiscacion, justicia y el cumplimiento de su engañoso trato.

JÉSSICA.

Cuando vivia yo con él, muchas veces le ví jurar á sus amigos Túbal y Chus que preferia la carne de Antonio á veinte veces el valor de la suma que le debia, y si las leyes y el gobierno de Venecia no protegen al infeliz Antonio, mala será su suerte.

PÓRCIA.

¿ Y en vuestro amigo recaen todas esas calamidades?

BASANIO.

En mi amigo, el mejor y más fiel, el de alma más honrada que hay en toda Italia. En su pecho arde la llama del honor de la antigua Roma.

PÓRCIA.

¿ Qué es lo que debe al judio?

BASANIO.

Tres mil ducados que me prestó.

PÓRCIA.

¿No más que tres mil? Dale seis mil, duplica, triplica la suma, ántes que consentir que tan buen amigo pierda por tí ni un cabello. Vamos al altar, despidámonos, y luego corre á Venecia á buscar á tu amigo; no vuelvas al lado de Pórcia hasta dejarle en salvo. Llevarás lo bastante para pagar diez veces más de lo que debe al hebreo. Págalo, y vuelve enseguida con tu fiel amigo. Mi doncella Nerissa y yó viviremos entretanto como viudas y como doncellas. Es necesario que partas el dia mismo de nuestras bodas. Piensa en nuestros comensales; no arrugues el ceño, muestra la faz alegre. Ya que tan caro te he comprado, reflexiona cuánto he de amarte. Pero léeme ántes la carta.

BASANIO.

«Querido Basanio: mis barcos naufragaron: me acosan mis acreedores; he perdido toda mi hacienda; ha vencido el plazo de mi escritura con el judío, y claro es que si se cumple la cláusula del contrato, tengo forzosamente que morir. Toda deuda entre nosotros queda liquidada, con tal que vengas á verme en la hora de mi muerte. Sin embargo, haz lo que quieras; si nuestra amistad no te obliga á venir, tampoco te hará fuerza esta carta.»

PÓRCIA.

Amor mio, véte en seguida.

BASANIO.

Volaré, si me lo permites. Entretanto que vuelvo, el reposo y la soledad de mi lecho serán continuos estímulos para que yo vuelva.

ESCENA III.

Calle en Venecia.

SYLOCK, SALANIO, ANTONIO y el CARCELERO.

SYLOCK.

Carcelero, no apartes la vista de él. No me digas que tenga compasion..... Éste es aquel insensato que prestaba su dinero sin interes. No le pierdas de vista, carcelero.

ANTONIO.

Oye, amigo Sylock.

SYLOCK.

Pido que se cumplan las condiciones de la escritura. He jurado no ceder ni un ápice de mi derecho. En nada te habia ofendido yo cuando ya me llamabas perro. Si lo soy, yo te enseñaré los dientes. No tienes escape. El Dux me hará justicia. No sé, perverso alcaide, por qué has consentido con tanto gusto en sacarle de la prision.

ANTONIO.

Óyeme: te lo suplico.

SYLOCK.

No quiero oirte. Cúmpleme el contrato. No quiero oirte. No te empeñes en hablar más. No soy un hombre de buenas entrañas, de los que dan cabida á la compasion, y se rinden al ruego de los cristianos. No volvais á importunarme. Pido que se cumpla el contrato.   (Vase.)

SALANIO.

Es el perro más abominable de los que deshonran el género humano.

ANTONIO.

Déjale. Nada de ruegos inútiles. Quiere mi vida y no atino por qué. Más de una vez he salvado de sus garras á muchos infelices que acudieron á mí, y por eso me aborrece.

SALANIO.

No creo que el Dux consienta jamas en que se cumpla semejante contrato.

ANTONIO.

El Dux tiene que cumplir la ley, porque el crédito de la República perderia mucho si no se respetasen los derechos del extranjero. Toda la riqueza, prosperidad y esplendor de esta ciudad depende de su comercio con los extranjeros. Ea, vamos. Tan agobiado estoy de pesadumbres, que dudo mucho que mañana tenga una libra de carne en mi cuerpo, con que hartar la sed de sangre de ese bárbaro. Adios, buen carcelero. ¡Quiera Dios que Basanio vuelva á verme y pague su deuda! Entonces moriré tranquilo.

ESCENA IV.

Quinta de Pórcia en Belmonte.

PÓRCIA, NERISSA, LORENZO, JÉSSICA y BALTASAR.

LORENZO.

Señora (no tengo reparo en decirlo delante de vos), alta idea teneis formada de la santa amistad, y buena prueba de ello es la resignacion con que tolerais la ausencia de vuestro marido. Pero si supierais á quién favoreceis de este modo, y cuán buen amigo es del señor Basanio, más os enorgulleceriais de vuestra obra que de la natural cualidad de obrar bien, de que tantas muestras habeis dado.

PÓRCIA.

Nunca me arrepentí de hacer el bien, ni ha de pesarme ahora. Entre amigos que pasan y gastan juntos largas horas, unidos sus corazones por el vínculo sagrado de la amistad, ha de haber gran semejanza de índole, afectos y costumbres. De aquí infiero que siendo Antonio el mejor amigo del esposo á quien adoro, ha de parecerse á él necesariamente. Y si es así, ¡qué poco me habrá costado librar del más duro tormento al fiel espejo del amor mio! Pero no quiero decir más, porque esto parece alabanza propia. Hablemos de otra cosa. En tus manos pongo, honrado Lorenzo, la direccion y gobierno de esta casa hasta que vuelva mi marido. Yo sólo puedo pensar en cumplir un voto que hice secretamente, de estar en oracion, sin más compañía que la de Nerissa, hasta que su amante y el mio vuelvan. A dos leguas de aquí hay un convento, donde podremos encerrarnos. No rehuseis el encargo y el peso que hoy me obligan á echar sobre vuestros hombros mi confianza y la situacion en que me encuentro.

LORENZO.

Lo acepto con toda voluntad, señora, y cumpliré todo lo que me ordeneis.

PÓRCIA.

Ya saben mi intencion los criados. Vos y Jéssica sereis para ellos como Basanio y yo. Quedad con Dios. Hasta la vuelta.

JÉSSICA.

¡Ojalá logreis todas las dichas que mi alma os desea!

PÓRCIA.

Mucho os agradezco la buena voluntad, y os deseo igual fortuna. Adios, Jéssica. *(Vanse Jéssica y Lorenzo)*. Oye, Baltasar. Siempre te he encontrado fiel. Tambien lo has de ser hoy. Lleva esta carta á Pádua, con toda la rapidez que cabe en lo humano, y dásela en propia mano á mi amigo el Dr. Belario. Él te entregará dos trajes y algunos papeles: llévalos á la barca que hace la travesía entre Venecia y la costa cercana. No te detengas en palabras. Corre. Estaré en Venecia antes que tú.

BALTASAR.

Corro á obedecerte, señora.   *(Vase)*.

PÓRCIA.

Oye, Nerissa: tengo un plan, que todavía no te he comunicado. Vamos á sorprender á tu esposo y al mio.

NERISSA.

¿Sin que nos vean?

PÓRCIA.

Nos verán, pero en tal arreo que nos han de atribuir cualidades de que carecemos. Apuesto lo que querais á que cuando estemos vestidas de hombre, yo he de

parecer el mejor mozo, y el de más desgarro, y he de llevar la daga mejor que tú. Hablaré recio, como los niños que quieren ser hombres y tratan de pendencias cuando todavía no les apunta el bozo. Inventaré mil peregrinas historias de ilustres damas que me ofrecieron su amor, y á quienes desdeñé, por lo cual cayeron enfermas y murieron de pesar. —¿Qué hacer entonces?— Sentir en medio de mis conquistas cierta lástima de haberlas matado con mis desvíos. Y por este órden ensartaré cien mil desatinos, y pensarán los hombres que hace un año he salido del colegio y revuelvo en el magin cien mil fanfarronadas, que quisiera ejecutar.

NERISA.

Pero, señora, ¿tenemos qué disfrazarnos de hombres?

PÓRCIA.

¿Y lo preguntas? Ven, ya nos espera el coche á la puerta del jardin. Allí te lo explicaré todo. Anda deprisa, que tenemos que correr seis leguas.

ESCENA V.

Jardin de Pórcia en Belmonte.

LANZAROTE y JÉSSICA.

LANZAROTE.

Sí, porque habeis de saber que Dios castiga en los hijos las culpas de los padres: por eso os tengo lástima. Siempre os dije la verdad, y no he de callarla ahora. Tened paciencia, porque á la verdad, creo que os vais á condenar. Sólo os queda una esperanza, y esa á medias.

JÉSSICA.

¿Y qué esperanza es esa?

LANZAROTE.

La de que quizas no sea tu padre el judío.

JÉSSICA.

Esa sí que seria una esperanza bastarda. En tal caso pagaria yo los pecados de mi madre.

LANZAROTE.

Dices bien: témome que pagues los de tu padre y los de tu madre. Por eso huyendo de la Scyla de tu pa-

dre, doy en la Caríbdis de tu madre, y por uno y otro
lado estoy perdido.

JÉSSICA.

Me salvaré por el lado de mi marido, que me cris-
tianizó.

LANZAROTE.

Bien mal hecho. Hartos cristianos éramos para poder vivir en paz. Si continúa ese empeño de hacer cristianos á los judíos, subirá el precio de la carne de
puerco y no tendremos ni una lonja de tocino para el
puchero. *(Sale Lorenzo.)*

JÉSSICA.

Contaré á mi marido tus palabras, Lanzarote. Mírale, aquí viene.

LORENZO.

Voy á tener celos de ti, Lanzarote, si sigues hablando en secreto con mi mujer.

JÉSSICA.

Nada de eso, Lorenzo: no tienes motivo para ence-
larte, porque Lanzarote y yo hemos reñido. Me estaba
diciendo que yo no tendria perdon de Dios, por ser hija
de judío, y añade que tú no eres buen cristiano, porque, convirtiendo á los judíos, encareces el tocino.

LORENZO.

Más fácil me seria, Lanzarote, justificarme de eso,
que tú de haber engruesado á la negra mora, que está
embarazada por tí, Lanzarote.

LANZAROTE.

No me extraña que la mora esté más gorda de lo justo. Siempre será más mujer de bien de lo que yo creia.

LORENZO.

Todo el mundo juega con el equívoco, hasta los más tontos... Dentro de poco, los discretos tendrán que callarse, y sólo merecerá alabanza en los papagayos el don de la palabra. Adentro, pícaro: di á los criados que se dispongan para la comida.

LANZAROTE.

Ya están dispuestos, señor: cada cual tiene su estómago.

LORENZO.

¡Qué ganas de broma tienes! Diles que pongan la comida.

LANZAROTE.

Tambien está hecho. Pero mejor palabra seria «cubrir.»

LORENZO.

Pues que cubran.

LANZAROTE.

No lo haré, señor: sé lo que debo.

LORENZO.

Basta de juegos de palabras. No agotes de una vez el manantial de tus gracias. Entiéndeme, ya que te hablo con claridad. Di á tus compañeros que cubran la mesa y sirvan la comida, que nosotros iremos á comer.

LANZAROTE.

Señor, la mesa se cubrirá, la comida se servirá, y vos ireis á comer ó no, segun mejor cuadre á vuestro apetito. *(Vase.)*

LORENZO.

¡Oh, qué de necedades ha dicho! Tiene hecha sin duda provision de gracias. Otros bufones conozco dé más alta ralea, que por decir un chiste, son capaces de alterar y olvidar la verdadera significacion de las cosas. ¿Qué piensas, amada Jéssica? Dime con verdad: ¿Te parece bien la mujer de Basanio?

JÉSSICA.

Más de lo que puedo darte á entender con palabras. Muy buena vida debe hacer Basanio, porque tal mujer es la bendicion de Dios y la felicidad del paraíso en la tierra, y si no la estima en la tierra, no merecerá gozarla en el cielo. Si hubiera contienda entre dos divinidades, y la una trajese por apuesta una mujer como Pórcia, no encontraria el otro dios ninguna otra que oponerla en este bajo mundo.

LORENZO.

Tan buen marido soy yo para tí, como ella es buena mujer.

JÉSSICA.

Pregúntamelo á mí.

LORENZO.

Vamos primero á comer.

JÉSSICA.

No: déjame alabarte, mientras yo quiera.

LORENZO.

No: déjalo: vamos á comer: á los postres dirás lo que quieras, y así digeriré mejor.

(Vanse.)

ACTO IV.

ESCENA PRIMERA.

Tribunal en Venecia.

DUX, SENADORES, ANTONIO, BASANIO, GRACIANO,
SALARINO y SALANIO.

DUX.

 Antonio?

ANTONIO.

Á vuestras órdenes, Alteza.

DUX.

Te tengo lástima, porque vienes á responder á la
demanda de un enemigo cruel y sin entrañas, en cuyo
pecho nunca halló lugar la compasion ni el amor, y
cuya alma no encierra ni un grano de piedad.

ANTONIO.

Ya sé que V. A. ha puesto empeño en calmar su feroz encono, pero sé tambien que permanece inflexible,
y que no me queda, segun las leyes, recurso alguno
para salvarme de sus iras. A ellas sólo puedo oponer la
paciencia y la serenidad. Mi alma tranquila y resig-
nada soportará todas las durezas y ferocidades de la
suya.

DUX.

Decid que venga el judío ante el tribunal.

SALARINO.

Ya viene, señor. Está fuera, esperando vuestras órdenes.   *(Entra Sylock.)*

DUX.

¡Haceos atras! ¡Que se presente Sylock! Cree el mundo, y yo con él, que quieres apurar tu crueldad hasta las heces, y luego cuando la sentencia se pronuncie, haces alarde de piedad y mansedumbre, todavía más odiosas que tu crueldad primera. Cree la gente que en vez de pedir el cumplimiento del contrato que te concede una libra de carne de este desdichado mercader, desistirás de tu demanda, te moverás á lástima, le perdonarás la mitad de la deuda, considerando las grandes pérdidas que ha tenido en poco tiempo, y que bastarian á arruinar al más opulento mercader monarca, y á conmover entrañas de bronce y corazones de pedernal, aunque fuesen de turcos ó tártaros selváticos, ajenos de toda delicadeza y buen comedimiento. Todos esperamos de tí una cortes respuesta.

SYLOCK.

Vuestra Alteza sabe mi intencion, y he jurado por el sábado lograr cumplida venganza. Si me la negais, ¡vergüenza eterna para las leyes y libertades venecianas! Me direis que ¿por qué estimo más una libra de carne de este hombre que tres mil ducados? Porque así se me antoja. ¿Os place esta contestacion? Si en mi casa hubiera un raton importuno, y yo me empeñara en pagar diez mil ducados por matarle, ¿lo llevariais á mal? Hay hombres que no pueden ver en su mesa un lechon asado, otros que no resisten la vista de un gato, animal tan útil é inofensivo, y algunos que orinan, en oyendo el son de una gaita. Efectos de la antipatía que todo lo gobierna. Y así como ninguna de estas cosas tiene razon de ser, yo tampoco la puedo dar para seguir este pleito odioso, á no ser el odio que me inspira hasta el nombre de Antonio. ¿ Os place esta respuesta ?

BASANIO.

No basta, cruel hebreo, para disculpar tu fiereza increible.

SYLOCK.

Ni yo pretendo darte gusto.

BASANIO.

¿ Y mata siempre el hombre á los séres que aborrece ?

SYLOCK.

¿ Y quién no procura destruir lo que él odia ?

BASANIO.

No todo agravio provoca á tanta indignacion desde luego.

SYLOCK.

¿ Consentirás que la serpiente te muerda dos veces?

ANTONIO.

Mira que estás hablando con un judío. Más fácil te fuera arengar á las olas de la playa cuando más furiosas están, y conseguir que se calmen ; ó preguntar al lobo por qué devora á la oveja, y deja huérfano al cordero ; ó mandar callar á los robles de la selva, y conseguir que el viento no agite sus verdes ramas ; en suma, mejor conseguirias cualquier imposible, que ablandar el durísimo corazon de ese hebreo. No le ruegues más, no le importunes ; haz que la ley se cumpla pronto, á su voluntad.

BASANIO.

En vez de los tres mil ducados toma seis.

SYLOCK.

Aunque dividieras cada uno de ellos en seis, no lo aceptaria. Quiero que se cumpla el trato.

DUX.

¿Y quién ha de tener compasion de tí, si no la tienes de nadie?

SYLOCK.

¿Y qué he de temer, si á nadie hago daño? Tantos esclavos teneis, que pueden serviros como mulos, perros ó asnos en los oficios más viles y groseros. Vuestros son; vuestro dinero os han costado. Si yo os dijera: dejadlos en libertad, casadlos con vuestras hijas, no les hagais sudar bajo la carga, dadles camas tan nuevas como las vuestras y tan delicados manjares como los que vosotros comeis, ¿no me responderiais: «son nuestros?» Pues lo mismo os respondo yo. Esa libra de carne que pido es mia, y buen dinero me ha costado. Si no me la dais, maldigo de las leyes de Venecia, y pido justicia. ¿Me la dais? ¿sí ó no?

DUX.

Usando de la autoridad que tengo, podria suspender el consejo, si no esperase al Dr. Belario, famoso jurisconsulto de Pisa, á quien deseo oir en este negocio.

SALARINO.

Señor: fuera aguarda un criado que acaba de llegar de Pádua con cartas del doctor.

DUX.

Entregádmelas, y que pase el criado.

BASANIO.

¡Valor, Antonio! Te juro por mi nombre, que he de dar al judío toda mi carne, y mi sangre, y mis huesos, antes que consentir que vierta una sola gota de la sangre tuya.

ANTONIO.

Soy como la res apartada en medio de un rebaño sano. La fruta podrida es siempre la primera que cae del árbol. Dejadla caer: tú, Basanio, sigue viviendo, y con eso pondrás un epitafio sobre mi sepulcro.

(Sale Nerissa, disfrazada de pasante de procurador.)

DUX.

¿Vienes de Pádua? ¿Traes algun recado del Dr. Belario?

NERISSA.

Vengo de Pádua, señor. Belario os saluda.

(Le entrega la carta.)

BASANIO.

Sylock, ¿por qué afilas tanto tu cuchillo?

SYLOCK.

Para cortar á Antonio la carne que me debe.

GRACIANO.

Ningun metal, ni áun el hierro de la segur del verdugo, te iguala en dureza, maldecido hebreo. ¿No habrá medio de amansarte?

SYLOCK.

No, por cierto, aunque mucho aguces tu entendimiento.

GRACIANO.

¡Maldicion sobre tí, infame perro! ¡Maldita sea la

justicia que te deja vivir! Cuando te veo, casi doy asenso á la doctrina pitagórica que enseña la transmi-

gracion de las almas de los brutos á los hombres. Sin duda tu alma ha sido de algun lobo, inmolado por ho- micida, y que desde la horca fué volando á meterse en tu cuerpo, cuando aún estabas en las entrañas de tu infiel madre: porque tus instintos son rapaces, crueles y sanguinarios como los del lobo.

SYLOCK.

Como no logres quitar el sello del contrato, nada conseguirás con tus destempladas voces sino ponerte ronco. Graciano, modera tus ímpetus y no pierdas la razon. Yo sólo pido justicia.

DUX.

Belario en esta carta recomienda al Consejo un jóven bachiller, buen letrado. ¿Dónde está?

NERISSA.

Muy cerca de aqui, aguardando vuestra licencia para entrar.

DUX.

Y se la doy de todo corazon. Vayan dos ó tres á recibirle de la manera más respetuosa. Entre tanto, leamos de nuevo la carta de Belario: « Alteza: cuando recibí vuestra carta me hallaba gravemente enfermo, pero dió la casualidad de que, en el momento de llegar el mensajero, estaba conmigo un jóven doctor de Pádua llamado Baltasar. Le conté el pleito entre Antonio y el judío: repasamos pronto muchos libros: le dije mi parecer, que es el que os expondrá, rectificado por su inmenso saber, para el cual no hay elogio bastante. Él hará lo que deseais. No os fijeis en lo mozo que es, ni creais que por eso vale menos, pues nunca hubo en cuerpo tan juvenil tan maduro entendimiento. Recibidle, pues, y más que mi recomendacion, han de favorecerle sus propias acciones.» Esto es lo que Belario dice. Aquí viene el Doctor, si no me equivoco. *(Sale Pórcia, de abogado.)* Dadme la mano. ¿Venis por encargo de Belario?

PÓRCIA.

Sí, poderoso señor.

DUX.

Bien venido seais. Tomad asiento. ¿Estais enterado de la cuestion que ha de sentenciar el tribunal?

PÓRCIA.

Perfectamente enterado. ¿Quiénes son el mercader y el judío?

DUX.

Antonio y Sylock: acercaos.

PÓRCIA.

¿Sois vos Sylock?

SYLOCK.

Ese es mi nombre.

PÓRCIA.

Raro litigio teneis: extraña es vuestra demanda, y no se os puede negar, conforme á las leyes de Venecia. Corre mucho peligro vuestra víctima. ¿No es verdad?

ANTONIO.

Verdad es.

PÓRCIA.

¿Confesais haber hecho ese trato?

ANTONIO.

Lo confieso.

PÓRCIA.

Entonces es necesario que el judío se compadezca de vos.

SYLOCK.

¿Y por qué? ¿Qué obligacion tengo? Decídmelo.

PÓRCIA.

La clemencia no quiere fuerza: es como la plácida lluvia del cielo que cae sobre un campo y le fecunda: dos veces bendita porque consuela al que la da y al que la recibe. Ejerce su mayor poder entre los grandes: el signo de su autoridad en la tierra es el cetro, rayo de los monarcas. Pero aún vence al cetro la clemencia, que vive, como en su trono, en el alma de los reyes. La clemencia es atributo divino, y el poder humano se acerca al de Dios, cuando modera con la piedad la justicia. Hebreo, ya que pides no más que justicia, piensa que si sólo justicia hubiera, no se salvaria ninguno de nosotros. Todos los dias, en la oracion, pedimos clemencia, pero la misma oracion nos enseña á perdonar como deseamos que nos perdonen. Te digo esto, sólo para moverte á compasion, porque como insistas en tu demanda, no habrá más remedio, con arreglo á las leyes de Venecia, que sentenciar el pleito en favor tuyo y contra Antonio.

SYLOCK.

Yo cargo con la responsabilidad de mis actos. Pido que se ejecute la ley, y que se cumpla el contrato.

PÓRCIA.

¿No puede pagar en dinero?

BASANIO.

Yo le ofrezco en nombre suyo, y duplicaré la cantidad, y áun la pagaré diez veces, si es necesario, y daré en prenda las manos, la cabeza y hasta el corazon. Si esto no os parece bastante, será porque la malicia vence á la inocencia. Romped para este solo caso esa ley tan dura. Evitareis un gran mal con uno pequeño, y contendreis la ferocidad de ese tigre.

PÓRCIA.

Imposible. Ninguno puede alterar las leyes de Venecia. Seria un ejemplar funesto, una causa de ruina para el Estado. No puede ser.

SYLOCK.

¡Es un Daniel quien nos juzga! ¡Sabio y jóven juez, bendito seas!

PÓRCIA.

Déjame examinar el contrato.

SYLOCK.

Tómale, reverendísimo doctor.

6

PÓRCIA.

Sylock, te ofrecen tres veces el doble de esa cantidad.

SYLOCK.

¡No! ¡no!: lo he jurado, y no quiero ser perjuro, aunque se empeñe toda Venecia.

PÓRCIA.

Ha espirado el plazo, y dentro de la ley puede el judío reclamar una libra de carne de su deudor. Ten piedad de él: recibe el triplo, y déjame romper el contrato.

SYLOCK.

Cuando en todas sus partes esté cumplido. Pareces juez íntegro: conoces la ley: has expuesto bien el caso: sólo te pido que con arreglo á esa ley, de la cual eres fiel intérprete, sentencies pronto. Te juro que no hay poder humano que me haga dudar ni vacilar un punto. Pido que se cumpla la escritura.

ANTONIO.

Pido al tribunal que sentencie.

PÓRCIA.

Bueno: preparad el pecho á recibir la herida.

SYLOCK.

¡Oh sabio y excelente juez!

PÓRCIA.

La ley no tiene duda ni admite excepcion en cuanto á la pena.

SYLOCK.

¡Cierto, cierto! ¡Oh docto y severísimo juez! ¡Cuánto más viejo eres en jurisprudencia que en años!

PÓRCIA.

Apercibid el pecho, Antonio.

SYLOCK.

Sí, sí, ese es el contrato. ¿No es verdad, sabio juez? ¿No dice que ha de ser cerca del corazon?

PÓRCIA.

Verdad es. ¿Teneis una balanza para pesar la carne?

SYLOCK.

Aquí la tengo.

PÓRCIA.

Traed un cirujano que restañe las heridas, Sylock, porque corre peligro de desangrarse.

SYLOCK.

¿Dice eso la escritura?

PÓRCIA.

No entra en el contrato, pero debeis hacerlo como obra de caridad.

SYLOCK.

No lo veo aquí: la escritura no lo dice.

PÓRCIA.

¿Teneis algo que alegar, Antonio?

ANTONIO.

Casi nada. Dispuesto estoy á todo y armado de valor. Dame la mano, Basanio. Adios, amigo. No te duelas de que he perecido por salvarte. La fortuna se ha mostrado conmigo más clemente de lo que acostumbra. Suele dejar que el infeliz sobreviva á la pérdida de su fortuna y contemplar con torvos ojos su desdicha y pobreza, pero á mí me ha libertado de esa miseria. Saluda en mi nombre á tu honrada mujer: cuéntale mi muerte: dile cuánto os quise: sé fiel á mi memoria; y cuando ella haya oido toda la historia, podrá juzgar y sentenciar si fuí ó no buen amigo de Basanio. No me quejo del pago de la deuda: pronto la habré satisfecho toda, si la mano del judío no tiembla.

BASANIO.

Antonio, quiero más á mi mujer que á mi vida, pero no te amo á tí menos que á mi mujer y á mi alma y á cuanto existe, y juro que lo daria todo por salvarte.

PÓRCIA.

No te habia de agradecer tu esposa tal juramento, si estuviera aquí.

GRACIANO.

Ciertamente que adoro á mi esposa. ¡Ojalá que estuviese en el cielo para que intercediera con algun santo que calmase la ira de ese perro!

NERISSA.

Gracias que no te oye tu mujer, porque con tales deseos no podria haber paz en vuestra casa.

SYLOCK.

¡Qué cónyuges! ¡Y son cristianos! Tengo una hija, y preferiria que se casase con ella un hijo de Barrabas antes que un cristiano. Pero estamos perdiendo el tiempo. No os detengais: prosiga la sentencia.

PÓRCIA.

Según la ley y la decision del tribunal, te pertenece una libra de su carne.

SYLOCK.

¡Oh juez doctísimo! ¿Has oido la sentencia, Antonio? Prepárate.

El juicio.

PÓRCIA.

Un momento no más. El contrato te otorga una libra de su carne, pero ni una gota de su sangre. Toma la carne que es lo que te pertenece; pero si derramas una gota de su sangre, tus bienes serán confiscados, conforme á la ley de Venecia.

GRACIANO.

¿Lo has oido, Sylock?

SYLOCK.

¡Oh juez recto y bueno! ¿Eso dice la ley?

PÓRCIA.

Tú mismo lo verás. Justicia pides, y la tendrás tan cumplida como deseas.

GRACIANO.

¡Oh juez íntegro y sapientísimo!

SYLOCK.

Me conformo con la oferta del triplo: poned en libertad al cristiano.

BASANIO.

Aquí está el dinero.

PÓRCIA.

¡Deteneos! Tendrá el hebreo completa justicia. Se cumplirá la escritura.

GRACIANO.

¡Qué juez tan prudente y recto!

PÓRCIA.

Prepárate ya á cortar la carne, pero sin derramar la sangre, y ha de ser una libra, ni más ni menos. Si tomas más, aunque sea la vigésima parte de un adar-

me, ó inclinas, por poco que sea, la balanza, perderás
la vida y la hacienda.

GRACIANO.

¡Es un Daniel, es un Daniel! Al fin te hemos cogido.

PÓRCIA.

¿Qué esperas? Cúmplase la escritura.

SYLOCK.

Me iré si me daiŝ el dinero.

BASANIO.

Aquí está.

PÓRCIA.

Cuando estabas en el tribunal, no quisiste aceptarlo.
Ahora tiene que cumplirse la escritura.

GRACIANO.

¡Es otro Daniel, otro Daniel! Frase tuya felicísima,
Sylock.

SYLOCK.

¿No me dareis ni el capital?

PÓRCIA.

Te daremos lo que te otorga el contrato. Cóbralo, si
te atreves, judío.

SYLOCK.

¡Pues que se quede con todo, y el diablo le lleve!
Adios.

PÓRCIA.

Espera, judío. Áun así te alcanzan las leyes. Si algun extraño atenta por medios directos ó indirectos
contra la vida de un súbdito veneciano, éste tiene
derecho á la mitad de los bienes del reo, y el Estado

á la otra media. El Dux decidirá de su vida. Es así que tú directa é indirectamente has atentado contra la existencia de Antonio; luego la ley te coge de medio á medio. Póstrate á las plantas del Dux, y pídele perdon.

GRACIANO.

Y suplícale que te conceda la merced de 'que te ahorques por tu mano; aunque estando confiscados tus bienes, no te habrá quedado con que comprar una cuerda, y tendrá que ahorcarte el pueblo á su costa.

EL· DUX.

Te concedo la vida, Sylock, áun antes que me la pidas, para que veas cuánto nos diferenciamos de tí. En cuanto á tu hacienda, la mitad pertenece á Antonio y la otra mitad al Estado, pero quizá puedas condonarla mediante el pago de una multa.

PÓRCIA.

La parte del Estado, no la de Antonio.

SYLOCK.

¿ Y para qué quiero la vida ? ¿ cómo he de vivir ? Me dejais la casa, quitándome los puntales que la sostienen.

PÓRCIA.

¿ Qué puedes hacer por él, Antonio ?

GRACIANO.

Regálale una soga, y basta.

ANTONIO.

Si el Dux y el tribunal le dispensan del pago de la mitad de su fortuna al Erario, yo le perdono la otra media, con dos condiciones; la primera, que abjure sus errores y se haga cristiano ; la segunda , que por una escritura firmada en esta misma audiencia instituya herederos de todo á su hija y á su yerno Lorenzo.

DUX.

Juro que así lo hará, ó, si no, revocaré el poder que le he concedido.

PÓRCIA.

¿ Aceptas , judío ? ¿ Estás satisfecho ?

SYLOCK.

Estoy satisfecho y acepto.

PÓRCIA.

Hágase , pues, la donacion en forma.

SYLOCK,

Yo me voy , si me lo permitis , porque estoy enfermo. Enviadme el acta , y yo la firmaré.

DUX.

Véte , pero lo harás.

GRACIANO.

Tendrás dos padrinos, cuando te bautices. Si yo fuera juez, habias de tener diez más, para que te llevasen á la horca y no al bautismo.   (*Se va Sylock.*)

DUX.

(*Á Pórcia.*) Os convido con mi mesa.

PÓRCIA.

Perdone V. A., pero hoy mismo tengo que ir á Pádua , y no me es lícito detenerme.

DUX.

¡ Lástima que os detengais tan poco tiempo ! Anto-

nio, haz algun obsequio al forastero que, á mi entender, algo merece. (*Vase el Dux, y con él los Senadores.*)

BASANIO.

Digno y noble caballero, gracias á vuestra agudeza
y buen entendimiento, nos vemos hoy libres mi amigo y yo de una calamidad gravísima. En pago de tal
servicio, os ofrecemos los 3,000 ducados que debíamos
al judío.

ANTONIO.

Y será eterno nuestro agradecimiento en obras y en
palabras.

PÓRCIA.

Bastante paga es para mí el haberos salvado. Nunca
fué el interes norte de mis acciones. Si alguna vez nos
encontramos, reconocedme : no os pido más. Adios.

BASANIO.

Yo no puedo menos de insistir, hidalgo. Admitid un
presente, un recuerdo, no como paga. No rechaceis
nuestras ofertas. Perdon.

PÓRCIA.

Necesario es que ceda. (*Á Antonio.*) Llevaré por memoria vuestros guantes. (*Á Basanio.*) Y en prenda de
cariño vuestra sortija. No aparteis la mano : es un favor que no podeis negarme.

BASANIO.

¡Pero si esa sortija nada vale! Vergüenza tendria de
dárosla.

PÓRCIA.

Por lo mismo la quiero, y nada más aceptaré. Tengo
capricho de poseerla.

BASANIO.

Vale mucho más de lo que ha costado. Os daré otra sortija, la de más precio que haya en Venecia. Echaré público pregon para encontrarla. Pero ésta no puede ser... perdonadme.

PÓRCIA.

Sois largo en las promesas, caballero. Primero me enseñasteis á mendigar, y ahora me enseñais cómo se responde á un mendigo.

BASANIO.

Es regalo de mi mujer ese anillo, y le hice juramento y voto formal de no darlo, perderlo ni venderlo.

PÓRCIA.

Pretexto fútil, que sirve á muchos para negar lo que se les pide. Aunque vuestra mujer fuera loca, me parece imposible que eternamente le durara el enojo por un anillo, mucho más sabiendo la ocasion de este regalo. Adios.　　　　(*Se van Pórcia y Nerissa.*)

ANTONIO.

Basanio, dale el anillo, que tanto como la promesa hecha á tu mujer valen mi amistad y el servicio que nos ha prestado.

BASANIO.

Corre, Graciano, alcánzale, dale esta sortija, y si puedes, llévale á casa de Antonio. No te detengas. (*Vase Graciano.*) Dirijámonos hácia tu casa, y mañana al amanecer volaremos á Belmonte. En marcha, Antonio.

ESCENA II.

Una calle de Venecia.

PÓRCIA y NERISSA.

PÓRCIA.

Averigua la casa del judío, y hazle firmar en seguida esta acta. Esta noche nos vamos, y llegaremos así un dia antes que nuestros maridos. ¡Cuánto me agradecerá Lorenzo la escritura que le llevo!

GRACIANO.

Grande ha sido mi fortuna en alcanzaros. Al fin, despues de haberlo pensado bien, mi amo el señor Basanio os manda esta sortija, y os convida á comer hoy.

PÓRCIA.

No es posible. Pero acepto con gusto la sortija. Decídselo así, y enseñad á este criado mio la casa de Sylock.

GRACIANO.

Asi lo haré.

NERISSA.

Señor, oidme un instante. (A Pórcia.) Quiero ver si mi esposo me da el anillo que juró conservar siempre.

PÓRCIA.

De seguro lo conseguirás. Luego nos harán mil juramentos de que á hombres y no á mujeres entregaron sus anillos, pero nosotras les desmentiremos, y si juran, juraremos más que ellos. No te detengas, te espero donde sabes.

NERISSA.

Ven, mancebo, enséñame la casa.

ACTO V.

ESCENA PRIMERA.

Alameda que conduce á la casa de campo de Pórcia en Belmonte.

Salen LORENZO y JÉSSICA.

LORENZO.

QUÉ hermosa y despejada brilla la luna! Sin duda en una noche como esta en que el céfiro besaba mansamente las hojas de los árboles, escaló el amante Troílo las murallas de Troya, volando su alma hácia las tiendas griegas donde aquella noche reposaba Créssida.

JÉSSICA.

Y, en otra noche como esta, Tisbe, con temerosos pasos, fué marchando sobre la mojada yerba, y viendo la espantosa sombra del leon, se quedó aterrada.

LORENZO.

Y en otra noche como esta, la reina Dido, armada su diestra con una vara de sauce, bajó á la ribera del mar, y llamó hácia Cartago al fugitivo Eneas.

JÉSSICA.

En otra noche así, fué cogiendo Medea las mágicas yerbas con que rejuveneció al viejo Eson.

LORENZO.

Y en otra noche por el mismo estilo, abandonó Jéssica la casa del rico judío de Venecia, y con su amante huyó á Belmonte.

JÉSSICA.

En aquella noche juró Lorenzo que la amaba con amor constante, y la engañó con mil falsos juramentos.

LORENZO.

En aquella noche, Jéssica, tan pérfida como hermosa, ofendió á su amante, y él le perdonó la ofensa.

JÉSSICA.

No me vencerias en esta contienda, si estuviéramos solos; pero viene gente. *(Sale Estéban)*.

LORENZO.

¿Quién viene en el silencio de la noche?

ESTÉFANO.

Un amigo.

LORENZO.

¿Quién? Decid vuestro nombre.

ESTÉFANO.

Soy Estéban. Vengo á deciros que, antes que apunte el alba, llegará mi señora á Belmonte. Ha venido arrodillándose y haciendo oracion al pié de cada cruz que hallaba en el camino, para que fuese feliz su vida conyugal.

LORENZO.

¿Quién viene con ella?

ESTÉFANO.

Un venerable ermitaño y su doncella. Dime, ¿ha vuelto el amo?

LORENZO.

Todavía no, ni hay noticia suya. Vamos á casa, amiga, á hacer los preparativos para recibir al ama como ella merece. *(Sale Lanzarote.)*

LANZAROTE.

¡Hola, ea!

LORENZO.

¿Quién?

LANZAROTE.

¿Habeis visto á Lorenzo ó á la mujer de Lorenzo?

LORENZO.

No grites. Aquí estamos.

LANZAROTE.

¿Dónde?

LORENZO.

Aquí.

LANZAROTE.

Decidle que aquí viene un nuncio de su amo, cargado de buenas noticias. Mi amo llegará al amanecer.
(Se va.)

LORENZO.

Vamos á casa, amada mia, á esperarlos. ¿Pero ya para qué es entrar? Estéban, te suplico que vayas á anunciar la venida del ama, y mandes á los músicos salir al jardin. *(Se va Estéban.)* ¡Qué mansamente resbalan los rayos de la luna sobre el césped! Recostémonos en él: prestemos atento oido á esa música suavísima, compañera de la soledad y del silencio. Siéntate, Jéssica: mira la bóveda celeste tachonada de astros de oro. Ni áun el más pequeño deja de imitar en su armonioso movimiento el canto de los ángeles, uniendo su voz al coro de los querubines. Tal es la armonía de los séres inmortales; pero mientras nuestro espíritu está preso en esta oscura cárcel, no la entiende ni percibe. *(Salen los músicos.)* Tañed las cuerdas, despertad á Diana con un himno, halagad los oidos de vuestra señora y conducidla á su casa entre música.

JÉSSICA.

Nunca me alegran los sones de la música.

LORENZO.

Es porque se conmueve tu alma. Mira en el campo una manada de alegres novillos ó de ardientes y cerriles potros: míralos correr, agitarse, mugir, relinchar. Pero en llegando á sus oidos son de clarin ó ecos de música, míralos inmóviles, mostrando dulzura en sus miradas, como rendidos y dominados por la armonía. Por eso dicen los poetas que el tracio Orfeo arrastraba en pos de sí árboles, rios y fieras: porque nada hay tan duro, feroz y selvático que resista al poder de la música. El hombre que no siente ningun género de armonía, es capaz de todo engaño y alevosía, fraude y rapiña; los instintos de su alma son tan oscuros como la noche, tan lóbregos como el Tártaro. ¡Ay de quién se fie de él! Oye, Jéssica.

(Salen Pórcia y Nerissa.)

PÓRCIA.

En mi sala hay luz. ¡Cuán lejos llegan sus rayos! Así es el resplandor de una obra buena en este perverso mundo.

NERISSA.

No hemos visto la luz, al brillar los rayos de la luna.

PÓRCIA.

Así oscurece á una gloria menor, otra más resplandeciente. Así brilla el ministro hasta que aparece el

monarca, pero entonces desaparece su pompa, como
se pierde en el mar un arroyo. ¿No oyes música?

NERISSA.

Debe de ser en tu puerta.

PÓRCIA.

Suena áun más agradable que de dia.

NERISSA.

Efecto del silencio, señora.

PÓRCIA.

El cantar del cuervo es tan dulce como el de la alondra, cuando no atendemos á ninguno de los dos, y de
seguro que si el ruiseñor cantara de dia, cuando graz-
nan los patos, nadie le tendria por tan buen cantor.
¡Cuánta perfeccion tienen las cosas hechas á tiempo!
¡Silencio! Duerme Diana en brazos de Endimion, y
no tolera que nadie turbe su sueño. (Calla la música.)

LORENZO.

Es voz de Pórcia, ó me equivoco mucho.

PÓRCIA.

Me conoce como conoce el ciego al cuco: en la voz.

LORENZO.

Señora mia, bien venida seais á esta casa.

PÓRCIA.

Hemos rezado mucho por la salud de nuestros maridos. Esperamos que logren buena fortuna gracias á
nuestras oraciones. ¿Han vuelto?

LORENZO.

Todavía no, pero delante de ellos vino un criado á
anunciar su venida.

PÓRCIA.

Nerissa, véte y di á los criados que no cuenten nada de nuestra ausencia. Vosotros haced lo mismo, por favor.

LORENZO.

¿No ois el son de una trompa de caza? Vuestro esposo se acerca. Fiad en nuestra discrecion, señora.

PÓRCIA.

Esta noche me parece un dia enfermo: está pálida: parece un dia anubarrado.

(*Salen Basanio, Antonio, Graciano y acompañamiento.*)

BASANIO.

Si amanecierais vos, cuando él se ausenta, seria de dia aquí al mismo tiempo que en el hemisferio contrario.

PÓRCIA (1).

¡Dios nos ayude! ¡Bien venido seais á esta casa, señor mio!

BASANIO.

Gracias, señora. Esa bienvenida dádsela á mi amigo. Este es aquel Antonio á quien tanto debo.

PÓRCIA.

Grande debe ser la deuda, pues si no he entendido mal, por vos se vió en gran peligro.

ANTONIO.

Por grande que fuera, está bien pagada.

---

(1) Suprimo un juego de palabras intraducible.

PÓRCIA.

Con bien vengais á nuestra casa. El agradecimiento se prueba con obras, no con palabras. Por eso no me detengo en discursos vanos.

GRACIANO.

(*A Nerissa.*) Te juro por la luna, que no tienes razon y que me agravias. Ese anillo se lo dí á un pasante de letrado. ¡Muerto le viera yo, si hubiera sabido que tanto lo sentirias, amor mio!

PÓRCIA.

¿Qué cuestion es esa?

GRACIANO.

Todo es por un anillo, un mal anillo de oro que ella me dió, con sus letras grabadas que decian: «Nunca olvides mi amor.»

NERISSA.

No se trata del valor del anillo, ni de la inscripcion, sino que cuando te lo dí, me juraste conservarlo hasta tu muerte y llevarlo contigo al sepulcro. Y ya que no fuera por amor mio, á lo menos por los juramentos y ponderaciones que hiciste, debias haberlo guardado como un tesoro. Dices que lo diste al pasante de un letrado. Bien sabe Dios que á ese pasante nunca le saldrán las barbas.

GRACIANO.

Sí que le saldrán, si llega á ser hombre y á tenerlas. Con esta mano se le dí. Era un rapazuelo, sin bozo, tan bajo como tú, pasante de un abogado, grande hablador. Me pidió el anillo en pago de un favor que me habia hecho, y no supe negárselo.

PÓRCIA.

Pues hiciste muy mal (si he de decirte la verdad) en entregar tan pronto el primer regalo de tu esposa, que ella colocó en tu dedo con tantos juramentos y promesas. Yo dí otro anillo á mi esposo, y le hice jurar que nunca le perderia ni entregaria á nadie. Estoy segura que no lo hará ni por todo el oro del mundo. Graciano, mucha razon tiene tu mujer para estar enojada contigo. Yo me volveria loca.

BASANIO.

¿ Qué podré hacer ? ¿ Cortarme la mano izquierda y decir que perdí el anillo defendiéndome ?

GRACIANO.

Pues tambien á mi amo Basanio le pidió su anillo el juez, y él se lo dió. Luego, el pasante, que nos habia servido bien en su oficio, me pidió el mio, y yo no supe cómo negárselo, porque ni el señor ni el criado quisieron recibir más galardon que los dos anillos.

PÓRCIA.

¿ Y tú qué anillo le diste, Basanio ? Creo que no seria el que yo te entregué.

BASANIO.

Si yo tuviera malicia bastante para acrecentar mi pecado con la mentira, te lo negaria, Pórcia. Pero ya ves, mi dedo está vacío. He perdido el anillo.

PÓRCIA.

No: lo que tienes vacía de verdad es el alma. Y juro á Dios que no he de ocupar tu lecho, hasta que me muestres el anillo.

NERISSA.

Ni yo el de éste, hasta que me presente el suyo.

BASANIO.

Amada Pórcia, si supieras á quién se lo dí, y por qué, y con cuánto dolor de mi alma, y sólo porque no quiso recibir otra cosa que el anillo, tendrias lástima de mí.

PÓRCIA.

Y si tú supieras las virtudes de ese anillo, ó el valor de quién te lo dió, ó lo que te importaba conservarle, nunca le hubieras dado. ¿Por qué habia de haber hombre tan loco, que defendiéndolo tú con alguna insistencia, se empeñara en arrebatarte un don tan preciado? Bien dice Nerissa: ella está en lo cierto; sin duda diste el anillo á alguna dama.

BASANIO.

¡No, señora! lo juro por mi honor, por mi alma, se lo dí á un doctor en derecho que no queria aceptar 3,000 ducados, y que me pidió el anillo. Se lo negué, bien á pesar mio, porque se fué desairado el hombre que habia salvado la vida de mi mejor amigo. ¿Y qué he de añadir, amada Pórcia? Tuve que dárselo: la gratitud y la cortesía me mandaban hacerlo. Perdóname, señora; si tú misma hubieras estado allí (pongo por testigos á estos lucientes astros de la noche), me hubieras pedido el anillo para dárselo al juez.

PÓRCIA.

¡Nunca se acerque él á mi casa! Ya que tiene la prenda que yo más queria, y que me juraste por mi amor guardar eternamente, seré tan liberal como tú: no le negaré nada, ni siquiera mi persona ni tu lecho. De seguro que le conoceré. Ten cuidado de dormir todas las noches en casa, y de velar como Argos, porque si no, si me dejas sola, te prometo por mi honra (pues todavía la conservo) que he de dormir con ese abogado.

NERISSA.

Y yo con el pasante. ¡Conque, ojo!

GRACIANO.

Bueno, haz lo que quieras, pero si cojo al pasante, he de cortarle la pluma.

ANTONIO.

Por mí son todas estas infaustas reyertas.

PÓRCIA.

No os alarmeis, pues á pesar de todo, sereis bien recibido.

BASANIO.

Perdon, Pórcia, si te he ofendido, y aquí, delante de estos amigos, te juro por la luz de esos divinos ojos en que me miro...

PÓRCIA.

¡Fijaos bien! Dice que se mira en sus ojos, que ve un Basanio en cada uno de ellos. Juras por la doblez de tu alma, y juras con verdad.

BASANIO.

¡Perdóname, por Dios! Te juro que en mi vida volveré á faltar á ninguna palabra que te dé.

ANTONIO.

Una vez empeñé mi cuerpo en servicio suyo, y hubiera yo perdido la vida, á no ser por el ingenio de aquel hombre á quien vuestro marido galardonó con el anillo. Yo empeño de nuevo mi palabra de que Basanio no volverá á faltar á sus promesas, á lo menos á sabiendas.

PÓRCIA.

Está bien.. Saldreis por fiador suyo. Dadle la joya, y pedidle que la tenga en más estima que la primera.

ANTONIO.

Toma, Basanio, y jura que nunca dejarás este anillo.

BASANIO.

¡Dios santo! ¡El mismo que dí al juez!

PÓRCIA..

Él me lo entregó. ¡Perdon, Basanio! Yo le concedí favores por ese anillo.

NERISSA.

¡Perdon, Graciano! El rapazuelo del pasante me gozó ayer, en pago de este anillo.

GRACIÁNO.

Esto es como allanar las sendas en verano. ¿Ya tenemos cuernos, sin merecerlos?

PÓRCIA.

No decis mal. Pero voy á sacaros de la duda. Leed esta carta cuando querais. En ella vereis que el letrado fué Pórcia y el pasante Nerissa. Lorenzo podrá dar testimonio de que apenas habiais pasado el umbral de esta casa, salí yo, y que he vuelto ahora mismo. Bien venido seas, Antonio. Tengo buenas nuevas para tí. Lee esta carta. Por ella sabrás que tres de tus barcos, cargados de mercaderías, han llegado á puerto seguro. No he de decirte por qué raros caminos ha llegado á mis manos esta carta.

ANTONIO.

No sé qué decir.

BASANIO.

¿Tú, señora, fuiste el letrado, y yo no te conocia?

GRACIANO.

¿Y tú, Nerissa, el pasante?

NERISSA.

Sí, pero un pasante que no piensa engalanar tu frente, mientras fuere tu mujer.

BASANIO.

Amado doctor, partireis mi lecho, y cuando yo falte de casa, podreis dormir con mi mujer.

ANTONIO.

Bellísima dama, me habeis devuelto la salud y la fortuna. Esta carta me dice que mis bajeles han llegado á puerto de salvacion.

PÓRCIA.

Y para tí, Lorenzo, tambien tiene alguna buena noticia mi pasante.

NERISSA.

Y se la daré sin interes. Toma esta escritura. Por ella os hace donacion el judío de toda su hacienda, para cuando él fallezca.

LORENZO.

Tus palabras, señora, son como el maná para los cansados israelitas.

PÓRCIA.

Ya despunta el alba, y estoy segura de que todavía no os satisface lo que acabo de deciros. Entrémonos en casa y os responderé á cuanto me pregunteis.

GRACIANO.

Sea. Y lo primero á que me ha de responder Nerissa, es si quiere más acostarse ahora ó esperar á la noche siguiente, puesto que ya está tan cercana la aurora. Si fuera de dia, yo seria el primero en desear
que apareciese la estrella de la tarde, para acostarme
con el pasante del letrado. Lo juro por mi honor:
mientras viva, no perderé el anillo de Nerissa.

MACBETH.

TRAGEDIA DE SHAKESPEARE.

~~~

TRADUCCION

DE

D. M. MENENDEZ PELAYO.

Ilustracion de *Grol Johan*, grabados de *H. Thiele.*

PERSONAJES.

El rey de Escocia, DUNCAN.
Sus hijos: MALCOLM y DONALBÁIN.
Lady MACBETH.
MACBETH.
BANQUO.
MACDUFF.
LÉNNOX.
ROSS. señores escoceses.
ANGUS.
MENTEIHT.
CAITHNÉSS.
Lady MACDUFF.
FLEANCIO, hijo de Banquo.
SUARDO, señor de Northumberland.
Su hijo.
SÉTON, oficial de Macbeth.
Un niño hijo de Macduff.
Un doctor inglés.
Otro escocés.
Un sargento.
Un viejo.
Un portero.
Una dama de lady Macbeth.
Nobles, guerreros, asesinos, criados, espías, etc.
Hécate.
Tres brujas.
Varios fantasmas.

ACTO I.

ESCENA PRIMERA.

(Tarde tempestuosa.)

Tres BRUJAS.

BRUJA 1.ª

UÁNDO volvemos á juntarnos , cuándo relampaguee, cuándo truene ó cuándo llueva?

BRUJA 2.ª

Cuando acabe el estruendo de la batalla , y unos la pierdan y otros la ganen.

BRUJA 3.ª

Entonces será antes de ponerse el sol.

BRUJA 1.ª

¿ Dónde hemos de encontrarnos ?

BRUJA 2.ª

En el yermo.

BRUJA 3.ª

Allí toparemos con Macbeth.

BRUJA 1.ª

Me llama Morrongo.

BRUJA 2.ª

Y á mí el Sapo.

LAS TRES JUNTAS.

El mal es bien, y el bien es mal : cortemos los aires y la niebla.

ESCENA II.

Campamento.

DUNCAN, MALCOLM, un ESCUDERO, un SARGENTO, LÉNNOX y ROSS.

DUNCAN.

¿ Quién es aquel herido ? Quizá nos traiga nuevas del campamento.

MALCOLM.

Es el escudero que puso en peligro su vida por salvar la mia. ¡ Buenas tardes, amigo ! Cuenta tú al Rey el estado del combate.

ESCUDERO.

Sigue indeciso, semejante á una lucha entre dos nadadores que quieren mutuamente sofocarse. Con el traidor Macdonnell, en quien se juntan todas las infamias, van unidos muchos caballeros y gente plebeya de las islas de Occidente. La fortuna, como ramera, les otorga sus favores, pero en vano, porque el fuerte Macbeth, hijo predilecto de la victoria, penetra entre las filas hasta encontrarle, y le taja la cabeza, y la clava sobre nuestras empalizadas.

DUNCAN.

¡Bravo caballero, ornamento de mi linaje!

ESCUDERO.

Así como el sol de la mañana produce á veces tempestad y torbellinos, así de esta victoria resultaron nuevos peligros. Oyeme, Rey. Cuando el valor, brazo de la justicia, habia logrado ahuyentar á aquella muchedumbre allegadiza, hé aquí que se rehace el de Noruega, y arroja nuevos campeones á la lid.

DUNCAN.

¿Y entonces no se desalentaron Macbeth y Banquo?

SARGENTO.

¡Desalentarse! ¡Bueno es eso! Como el águila viendo gorriones, ó el leon liebres. Son cañones de doble carga. Con tal ímpetu menudéaron sus golpes sobre los contrarios, que pensé que querian reproducir el sacrificio del Calvario. Pero estoy perdiendo sangre, y necesito curar mis heridas.

DUNCAN.

Tan nobles son como tus palabras. Buscad un cirujano. ¿Pero quién viene?

MALCOLM.

El señor de Ross.

LÉNNOX.

Grande es la ansiedad que su rostro manifiesta. Debe ser portador de grandes nuevas. *(Entra Ross.)*

ROSS.

¡Salud al Rey!

DUNCAN.

¿ De dónde vienes , noble señor ?

ROSS.

Poderoso monarca , vengo de Faife , donde el aire agita en mengua nuestra los estandartes noruegos. Su Rey, con lucida hueste y con ayuda del traidor señor de Cáudor, renovó la lucha, pero el terrible esposo de Belona , cubierto de espesa malla , les resistió brazo á brazo , y hierro á hierro, y logró domeñar su altivez y postrarla por tierra. Al fin , logramos la victoria.

DUNCAN.

¡ Felicidad suprema !

ROSS.

El rey Suenon de Noruega queria capitular, pero no le permitimos ni áun enterrar sus muertos, sin que pagara antes en la isla de Colme la contribucion de guerra.

DUNCAN.

Nunca volverá el de Cáudor á poner en peligro la seguridad de mis Estados. Manda tú poner á precio su cabeza, y saluda á Macbeth con el título que el otro tenia.

ROSS.

Cumpliré tu voluntad.

DUNCAN.

Macbeth goce desde hoy lo que Cáudor perdió.

ESCENA III.

Un páramo.

Tres BRUJAS, MACBETH y BANQUO.

BRUJA 1.ª

¿Qué has hecho, hermana?

BRUJA 2.ª

Matar puercos.

BRUJA 3.ª

¿Dónde has estado, hermana?

BRUJA 1.ª

La mujer del marinero tenia castañas en su falda, y estaba mordiéndolas. Yo le dije: «Dame alguna,» y la asquerosa, harta de bazófia, me contestó: «Vade retro, condenada bruja.» Su marido se fué á Alepo, mandando el *Tigre*. Yo, como rata sin cola, navegaré en una tela de cedazo, donde cabe bien mi cuerpo. Así lo haré, así lo haré.

BRUJA 2.ª

Yo te ayudaré con un viento desfavorable.

BRUJA 1.ª

Gracias.

BRUJA 3.ª

Yo con otro.

BRUJA 1.ª

De los demas yo soy señora. ¿Qué puerta quedará segura, cuando de todos los puntos de la rosa soplen los vientos? Ni una vez podrá conciliar el sueño. Su vida será la del precito, y las tormentas agitarán sin cesar su nave. ¡ Ved !

BRUJA 2.ª

¿ Qué es eso ?

BRUJA 3.ª

El dedo de un marinero, que se ahogó al volver de su viaje.

BRUJA 3.ª

¡ Tambor, tambor ! Ya llega Macbeth.

LAS TRES BRUJAS.

Juntemos las manos, hagamos una rueda, como hermanas enviadas del cielo y de la tierra. Tres vueltas por tí, tres por tí, tres por mí : son nueve, cuenta justa. ¡ Silencio ! Ya ha llegado el término del conjuro.

(Llegan Macbeth y Banquo.)

MACBETH.

¡ Dia de sangre, pero hermoso más que cuantos he visto !

BANQUO.

¿Está lejos el castillo de Fóres? ¿Quiénes serán aquellas mujeres arrugadas y de tan extraño aspecto ? No parecen séres humanos. ¿ Sois vivientes ? ¿ Puedo haceros una pregunta ? Debeis de entenderme, porque las tres, al mismo tiempo, poneis en los labios vuestros dedos, que semejan los de un cadáver. No me atrevo á llamaros mujeres, por las barbas.

MACBETH.

Si teneis lengua, decidnos quiénes sois.

BRUJA I.ª

¡ Salud, Macbeth, señor de Glamis !

BRUJA 2.ª

¡Salud, Macbeth, señor de Cáudor!

BRUJA 3.ª

¡Salud, Macbeth, tú serás rey!

BANQUO.

¿De qué nace ese terror, amigo Macbeth? ¿Por qué te asustan tan gratas nuevas? Decidme: ¿sois fantasmas ó séres reales? Habeis saludado á mi amigo con títulos de gloria y anuncio de grandezas futuras y pompas reales. Decidme algo á mí, si es que sabeis qué granos han de germinar ó morir en la série de los tiempos. No temo de vosotras ni ódio ni favor.

BRUJAS.

¡Salud!

BRUJA 1.ª

Serás más grande que Macbeth y menos.

BRUJA 2.ª

Más feliz y menos feliz.

BRUJA 3.ª

No rey, pero padre de reyes. ¡Salud, Macbeth y Banquo!

BRUJA 1.ª y 2.ª

¡Salud!

MACBETH.

No os vayais, oscuras mensajeras. Ya se qué soy señor de Glámis por muerte de Sínel, pero ¿cómo he de serlo de Cáudor, si el señor vive próspera y felizmente? Tan absurdo es llamarme señor de Cáudor como rey. ¿Quién os dió esas noticias? ¿Por qué me habeis venido á sorprender en este desierto con tales presagios?

BANQUO.

Son sin duda espíritus vaporosos que engendra la tierra, como los produce tambien el agua. ¿Por dónde habrán desaparecido?

MACBETH.

Los cuerpos se han disuelto en el aire, como se pierde en el aire la respiracion. ¡Ojalá se hubieran quedado!

BANQUO.

¿Será verdad lo que hemos visto? ¿ó habremos probado alguna yerba de las que trastornan el juicio?

MACBETH.

Tus hijos han de ser reyes.

BANQUO.

Lo serás tú mismo.

MACBETH.

¿ Y tambien señor de Cáudor ? ¿ No lo dijeron así ?

BANQUO.

¿ Quién llega ?

ROSS.

Macbeth, el Rey ha oido tus hazañas. Incierto entre la admiracion y el aplauso, no sabe cómo elogiarte, por el valor con que has lidiado contra los noruegos, sin percatarte tú mismo del estrago que en ellos hacias. Van llegando tan densos como el granizo los mensajeros de la victoria, y todos se hacen lenguas de tu heroismo.

ANGUSS.

El Rey nos envia á darte las gracias y á llevarte á su presencia.

ROSS.

Él me encarga que te salude con el título de señor de Cáudor.

BANQUO.

¡ Conque tambien el diablo dice verdad !

MACBETH.

Si vive el de Cáudor ¿ por qué me atavian con ropas ajenas ?

ANGUSS.

Vive el que llevaba ese título, pero debe perder la vida, y se ha fulminado contra él dura sentencia. No afirmo que se uniera con los noruegos contra su patria, pero está convicto y confeso de traidor.

MACBETH.

(Aparte.) ¡ Ya soy señor de Glámis, y señor de Cáudor! Falta lo demas. *(Á Ross y Anguss.)* Gracias. *(A Banquo.)* ¿Crees que tus hijos serán reyes, conforme á la promesa de los que me han hecho señor de Cáudor?

BANQUO.

Esa promesa quizá te haga ambicionar el sólio. Pero mira que á veces el demonio nos engaña con la verdad, y nos trae la perdicion envuelta en dones que parecen inocentes. Oidme dos palabras, amigos mios.

MACBETH.

¡Con dos verdades se abre la escena de este drama, que ha de terminar con una corona régia! ¿Es un bien ó un mal este pensamiento? Si es un mal, ¿por qué empieza á cumplirse, y soy ya señor de Cáudor? Si es un bien, ¿por qué me aterran horribles imágenes, y palpita mi corazon de un modo inusitado? El pensamiento del homicidio, más horroroso que la realidad misma, comienza á dominarme y á oscurecer mi albedrío. Sólo tiene vida en mí lo que aún no existe.

BANQUO.

¡Qué absorto y embebecido está nuestro compañero!

MACBETH.

Si los hados quieren hacerme rey, lo harán sin que yo busque la corona.

BANQUO.

El nuevo honor le viene como vestido nuevo: no se le ajusta bien, por falta de costumbre!

MACBETH.

Corra el tiempo, y suceda lo que quiera.

BANQUO.

A tus órdenes, generoso Macbeth.

MACBETH.

Perdon, amigos. Estaba distraido con antiguas memorias. Agradezco y recordaré siempre vuestros favores. Cabalguemos á ver al Rey. *(A Banquo.)* Medita tú lo que nos ha sucedido. Luego hablaremos con toda libertad.

BANQUO.

Así lo deseo.

MACBETH.

Hasta despues. Ni una palabra más. Vamos, caballeros.

ESCENA IV.

Habitacion de palacio.

DUNCAN, MALCOLM, BANQUO y MACBETH.

DUNCAN.

¿Está ajusticiado Cáudor? ¿Han vuelto ya los que fueron á su castillo?

MALCOLM.

No han vuelto todavía, pero he hablado con uno que le vió morir, y dice que se arrepintió de sus pecados y pidió vuestro perdon. La muerte ha sido lo mejor de su vida. Murió como si en vida hubiese aprendido á renunciar y tener por cosa vana lo que ántes juzgaba de mayor aprecio.

DUNCAN.

¿Quién adivina el alma por el semblante? ¿Quién

me hubiera dicho que ese caballero no era el más fiel de todos los mios? (*Á Macbeth que entra.*) Primo mio, ya me sentia yo pesaroso de mi ingratitud. Pero estabas tan lejos, que ni siquiera las alas del premio podian alcanzarte. Ojalá hubieras hecho menos, porque entonces serian menos inferiores á tus méritos mis galardones y mercedes. Larga deuda, que nunca podré pagar, tengo contigo.

MACBETH.

Bastante pago de mi lealtad es ella misma. Mis servicios son como hijos y criados del trono: hacen lo que deben, y nada más.

DUNCAN.

Eres planta que arraiga en mi corazon. Yo la haré crecer. ¡Ilustre Banquo! No son menores tus méritos. Así lo reconozco, y te estrecho contra mi corazon.

BANQUO.

En él germine, que para vos será la cosecha.

DUNCAN.

¡Hijos, parientes, caballeros, sabed que nombro heredero de mis Estados á mi hijo Malcolm, que desde hoy se llamará príncipe de Cumberland. Pero este honor no puede venir solo, y para celebrarle haré que caigan, como estrellas, títulos de nobleza sobre todos lo que los merezcan. Ahora vamos á Inverness, que los negocios apremian.

MACBETH.

¿Cuándo descansareis? Quiero adelantarme en el camino y alegrar los oidos de mi mujer con tan grata nueva. Permitídmelo.

DUNCAN.

¡Noble señor de Cáudor!

MACBETH.

(*Aparte.*) ¡Príncipe heredero Malcolm! Obstáculo nuevo en mi camino. He de saltar por él ó rendirme. No brilleis, estrellas: no aclare vuestra luz el negro deseo que abriga mi corazon. Ojos mios, la mano hará lo que vosotros no quereis ver. Entre tanto, miradla de soslayo.

DUNCAN.

¿Verdad, Banquo, que Macbeth es un egregio vasallo? No hay para mí banquete tan grato como el oir de boca de las gentes sus alabanzas. Sigámosle, ya que quiere festejarnos. Es el mejor de mis parientes.

ESCENA V.

Habitacion én el castillo de Macbeth, en Inverness.

LADY MACBETH, un CRIADO y MACBETH.

LADY MACBETH.

(*Leyendo una carta de su marido.*) «Las brujas me salieron al encuentro el dia de la victoria. Su ciencia es superior á la de los mortales. Quise preguntarlas más, pero se deshicieron en niebla. Aún no habia salido yo de mi asombro, cuando llegan nuncios del Rey saludándome como á señor de Glámis y de Cáudor, lo mismo que las hechiceras, pero estas dijeron ademas: «Salve, Macbeth: tu serás rey.» He querido, esposa amada, confiarte este secreto, para que no dejes por ignorancia, ni un solo momento, de gozar la dicha que nos está profetizada. Piénsalo bien. Adios.»

¡ Ya eres señor de Glámis y de Cáudor! Lo demas se cumplirá tambien, pero desconfio de tu carácter criado con la leche de la clemencia. No sabes ir por atajos sino por el camino recto. Tienes ambicion de gloria, pero temes el mal. Quisieras conseguir por medios lícitos un fin injusto, y coger el fruto de la traicion sin ser traidor. Te espanta lo que vas á hacer, pero despues de hecho, no quisieras que se deshiciese. ¡ Ven pronto! Infundiré mi alma en tus oidos, y mi lengua será azote que espante y disipe las nieblas que te impiden llegar á esa corona, que el hado y el influjo de las estrellas aparejan para tus sienes.

UN CRIADO.

Esta noche llega el Rey.

LADY MACBETH.

¿ Estás en tí? ¿No ves que tu señor no está en el castillo, ni nos ha avisado?

UN CRIADO.

Tambien él se acerca. Un compañero mio vino casi sin aliento á traer la noticia.

LADY MACBETH.

Cuidad bien al mensajero. Es portador de grandes nuevas. (Aparte). El cuervo se enronquece de tanto graznar, anunciando que el rey Duncan llega al castillo. ¡Espíritus agitadores del pensamiento, despojadme de mi sexo, haced mas espesa mi sangre, henchidme de crueldad de piés á cabeza, ahogad los remordimientos, y ni la compasion ni el escrúpulo sean parte á detenerme ni á colocarse entre el propósito y el golpe! ¡Espíritus del mal, inspiradores de todo crímen, incorpóreos, invisibles, convertid en hiel la leche de mis pechos! Baja, hórrida noche:

tiende tu manto, roba al infierno sus densas humare-
das, para que no vea mi puñal el golpe que va á dar,
ni el cielo pueda apartar el velo de la niebla, y
contemplarme y decirme á voces: « Detente. » (*Llega*
Macbeth.) ¡ Noble señor de Glámis y de Cáudor, áun
más ilustre que uno y otro por la profética salutacion
de las hechiceras! tu carta me ha hecho salir de lo
presente, y columbrar lo futuro, y extasiarme con él.

MACBETH.

Esposa mia, esta noche llega Duncan.

LADY MACBETH.

¿ Y cuándo se va ?

MACBETH.

Dice que mañana.

LADY MACBETH.

¡ Nunca verá el sol de mañana! En tu rostro, esposo
mio, leo como en un libro abierto lo que esta noche
va á pasar. Disimula prudente: oculte tu semblante
lo que tu alma medita. Dén tu lengua, tus manos y
tus ojos la bien venida al rey Duncan: debes esconder
el áspid entre las flores. Yo me encargo de lo demas.
El trono es nuestro.

MACBETH.

Ya hablaremos despacio.

LADY MACBETH.

Muéstrate alegre.

ESCENA VI.

**Entrada del castillo de Macbeth. Sus criados alumbran
con antorchas.**

DUNCAN, BANQUO y LADY MACBETH.

DUNCAN.

¡ Qué hermosamente situado está el castillo ! ¡ Cómo
alegra los sentidos esta apacible brisa de la tarde !

BANQUO.

La golondrina, eterna huésped del verano, mora-
dora de las iglesias, pone en la arquitectura de sus
nidos un vago recuerdo del cielo. De todo pilar, alero
ó ángulo suspende su prolífico lecho, y donde ellas
anidan, parece que vive la alegría.

DUNCAN.

¡ Ved ! ¡ Ya sale la noble castellana ! (*A Macbeth.*)
Muchas veces tenemos por amor lo que es verdadera
desgracia. Pedid á Dios que os premie vuestro trabajo, y haga recaer en mí vuestros favores.

LADY MACBETH.

Todo nuestro obsequio es poco para pagar tan altos
beneficios y mercedes, y sobre todo la de haber honrado con vuestra presencia esta casa. Pedimos á Dios,
en agradecimiento, todo género de favores presentes y
futuros para vos.

DUNCAN.

¿ Dónde está Macbeth ? Corrimos tras él para antici-
parnos, pero la veloz carrera de su caballo y su amor,
todavía más poderoso que su corcel, le dieron la ven-

taja, y llegó mucho antes que nosotros. Hermosa castellana, por esta noche reclamamos vuestra hospitalidad.

LADY MACBETH.

Criados vuestros somos: cuanto tenemos os pertenece.

DUNCAN.

Dadme la mano, y guiadme á donde esté mi huésped, objeto perenne de mi gracia.

ESCENA VII.

Galería en el castillo de Macbeth.

MACBETH y LADY MACBETH.

MACBETH.

¡Si bastara hacerlo... pronto quedaba terminado! ¡Si con dar el golpe, se atajaran las consecuencias, y el éxito fuera seguro... yo me lanzaria de cabeza desde el escollo de la duda al mar de una existencia nueva. ¿Pero cómo hacer callar á la razon que incesante nos recuerda sus máximas importunas, máximas que en la infancia aprendió y que luego son tortura del maestro? La implacable justicia nos hace apurar hasta las heces la copa de nuestro propio veneno. Yo debo doble fidelidad al rey Duncan. Primero, por pariente y vasallo. Segundo, porque le doy hospitalidad en mi castillo, y estoy obligado á defenderle de extraños enemigos, en vez de empuñar yo el hierro homicida. Ademas, es tan buen rey, tan justo y clemente, que los ángeles de su guarda irán pregonando eterna maldicion contra su asesino. La compasion,

niño recien nacido, querubin desnudo, irá cabalgan-
do en las invisibles alas del viento, para anunciar el
crímen á los hombres, y el llanto y agudo clamor de
los pueblos sobrepujará á la voz de los roncos vendavales. La ambicion me impele á escalar la cima, ¿pero
rodaré por la pendiente opuesta? (*A Lady Macbeth.*)
¿ Qué sucede?

LADY MACBETH.

La cena está acabada. ¿Por qué te retiraste tan
pronto de la sala del banquete?

MACBETH.

¿ Me has llamado?

LADY MACBETH.

¿ No lo sabes?

MACBETH.

Tenemos que renunciar á ese horrible propósito. Las
mercedes del Rey han llovido sobre mí. Las gentes me
aclaman honrado y vencedor. Hoy he visto los arreos
de la gloria, y no debo mancharlos tan pronto.

LADY MACBETH.

¿ Qué ha sido de la esperanza que te alentaba? ¿Por
ventura ha caido en embriaguez ó en sueño? ¿O está
despierta, y mira con estúpidos y pasmados ojos lo
que antes contemplaba con tanta arrogancia? ¿Es ese
el amor que me mostrabas? ¿No quieres que tus obras
igualen á tus pensamientos y deseos? ¿Pasarás por
cobarde á tus propios ojos, diciendo primero: «lo
haria» y luego «me falta valor?» Acuérdate de la fábula del gato.

MACBETH.

¡Calla, por el infierno! Me atrevo á hacer lo que

cualquiera otro hombre haria, pero esto no es humano.

LADY MACBETH.

¿Pues es alguna fiera la que te lo propuso? ¿No
eras hombre, cuando te atrevias, y buscabas tiempo
y lugar oportunos? ¡Y ahora que ellos mismos se te
presentan, tiemblas y desfalleces! Yo he dado de ma-

mar á mis hijos, y sé cómo se les ama; pues bien, si
yo faltara á un juramento como tú has faltado, arrancaria el pecho de las encías de mi hijo cuando más
risueño me mirara, y le estrellaria los sesos contra la
tierra.

MACBETH.

¿Y si se frustra nuestro plan?

LADY MACBETH.

¡Imposible, si aprietas los tornillos de tu valor!
Duncan viene cansado del largo viaje, y se dormirá:
yo embriagaré á sus dos servidores, de modo que se
anuble en ellos la memoria y se reduzca á humo el
juicio. Quedarán en sueño tan profundo como si fue-

sen cadáveres. ¿ Quién nos impide dar muerte á Duncan, y atribuir el crímen á sus embriagados compañeros ?

MACBETH.

Tú no debias concebir ni dar á luz más que varones. Mancharemos de sangre á los dos guardas ébrios, y asesinaremos á Duncan con sus puñales.

LADY MACBETH.

¿ Y quién no creerá que ellos fueron los matadores, cuando oiga nuestras lamentaciones y clamoreo despues de su muerte ?

MACBETH.

Estoy resuelto. Todas mis facultades se concentran en este solo objeto. Oculte, con traidora máscara, nuestro semblante lo que maquina el alma.

ACTO II.

ESCENA PRIMERA.

Patio en el castillo de Macbeth.

BANQUO, FLEANCIO y MACBETH.

BANQUO.

Ijo, ¿qué hora es?

FLEANCIO.

No he oido el reloj, pero la luna va descendiendo.

BANQUO.

Será media noche.

FLEANCIO.

Quizá más tarde.

BANQUO.

Toma la espada. El cielo ha apagado sus candiles, sin duda por economía. Me rinde el sueño con mano de plomo, pero no quiero dormir. ¡Dios mio! contén la ira que viene á perturbarme en medio del reposo. Dame la espada. ¿Quién es?

9

MACBETH.

Un amigo tuyo.

BANQUO.

¿Todavía estás en pié? El Rey se ha acostado más alegre que nunca, y ponderando mucho tu hospitalidad. Manda un diamante para tu mujer, á quien llama su linda huéspeda.

MACBETH.

Por imprudencia quizá haya caido mi voluntad en faltas que, á disponer de su libre albedrío, hubiera evitado.

BANQUO.

No sé qué hayas cometido ninguna falta. Ayer soñé con las brujas. Por cierto que contigo han andado verídicas.

MACBETH.

No me cuido de eso. Ya hablaremos otra vez con más espacio, si eso te complace.

BANQUO.

Cuando quieras.

MACBETH.

Si te guias por mi consejo, ganarás honra y favor.

BANQUO.

Siempre que sea sin menoscabo de la lealtad que reina en mi pecho.

MACBETH.

Véte á descansar.

BANQUO.

Gracias.   (*Vase con su hijo.*)

MACBETH.

(*A su criado.*) Di á la señora que me llame cuando tenga preparada mi copa. Tú, acuéstate. ¡Me parece estar viendo el puño de una daga vuelta hácia mí! ¡Ven á mis manos, puñal que toco aunque no veo! ¿O eres acaso sueño de mi delirante fantasía? Me pareces tan real como el que en mi mano resplandece. Tú me enseñas el arma y el camino. La cuchilla y el mango respiran ya sangre. ¡Vana ilusion! Es el crímen mismo el que me habla así. La Naturaleza reposa en nuestro hemisferio. Negros ensueños agitan al que ciñe real corona. Las brujas en su nefando sábado festejan á la pálida Hécate, y el escuálido homicidio, temeroso de los aullidos del lobo centinela suyo, camina con silencioso pié, como iba Tarquino á la mansion de la casta Lucrecia. ¡Tierra, no sientas el ruido de mis piés, no le adivines! ¡No pregonen tus piedras mi crímen! ¡Dá tregua á los terrores de estas horas nocturnas! Pero, ¿á qué es detenerme en vanas palabras que hielan la accion? (*Oyese una campana.*) ¡Ha llegado la hora! ¡Duncan, no oigas el tañido de esa campana, que me invita al crímen, y que te abre las puertas del cielo ó del infierno!

ESCENA II.

Lady MACBETH y MACBETH.

LADY MACBETH.

La embriaguez en que han caido me da alientos. ¡Silencio! Es el chillido del buho, severo centinela de la noche. Abiertas están las puertas. La pócima que administré á los guàrdas los tiene entre la vida y la muerte.

MACBETH.

(*Dentro.*) ¿Quién es?

LADY MACBETH.

Temo que se despierten, antes que esté consumado el crímen, y sea peor el amago que el golpe... Yo misma afilé los puñales... Si su sueño no se hubiera parecido al de mi padre, yo misma le hubiera dado muerte. Pero aquí está mi marido...

MACBETH.

Ya está cumplido. ¿Has sentido algun rumor?

LADY MACBETH.

No más que el canto del grillo y el chillido del buho. ¿Hablaste algo?

MACBETH.

¿Cuándo?

LADY MACBETH.

Ahora.

MACBETH.

¿Cuando bajé?

LADY MACBETH.

Sí.

MACBETH.

¿Quién está en el segundo aposento?

LADY MACBETH.

Donalbáin.

MACBETH.

¡Qué horror!

LADY MACBETH.

¡Qué necedad! ¿Por qué te parece horrible?

MACBETH.

El uno se sonreia en sueños, el otro se despertó y
me llamó: ¡asesino! Los miré fijo y con estupor; despues rezaron y se quedaron dormidos.

LADY MACBETH.

Como una piedra.

MACBETH.

El uno dijo: «Dios nos bendiga, » y el otro: «Amen.»
Yo no pude repetirlo.

LADY MACBETH.

Calma ese terror.

MACBETH.

¿Por qué no pude responder « Amen?» Yo necesi-
taba bendicion, pero la lengua se me pegó al paladar.

LADY MACBETH.

Si das en esas cavilaciones, perderás el juicio.

MACBETH.

Creí escuchar una voz que me decia: « Macbeth, tú
no puedes dormir, porque has asesinado al sueño.»
¡Perder el sueño, que desteje la intrincada trama del
dolor, el sueño, descanso de toda fatiga: alimento el
más dulce que se sirve à la mesa de la vida.

LADY MACBETH.

¿Por qué esa agitacion?

MACBETH.

Aquella voz me decia alto, muy alto: «Glámis ha
matado al sueño: por eso no dormirá Cáudor, ni tampoco Macbeth.»

LADY MACBETH.

¿ Pero qué voz era esa ? ¡ Esposo mio ! no te domine así el torpe miedo, ni ofusque el brillo de tu razon. Lava en el agua la mancha de sangre de tus manos. ¿Por qué quitas de su lugar las dagas? Bien están ahí. Véte y ensucia con sangre á los centinelas.

MACBETH.

No me atrevo á volver ni á contemplar lo que hice.

LADY MACBETH.

¡ Cobarde ! Dame esas dagas. Están como muertos. Parecen estátuas. Eres como el niño á quien asusta la figura del diablo. Yo mancharé de sangre la cara de esos guardas. (*Suenan golpes.*)

MACBETH.

¿ Quién va ? El más leve rumor me horroriza. ¿ Qué manos son las que se levantan, para arrancar mis ojos de sus órbitas ? No bastaria todo el Océano para lavar la sangre de mis dedos. Ellos bastarian para enrojecerle y mancharle.

LADY MACBETH.

Tambien mis manos están rojas, pero mi alma no desfallece como la tuya. Llaman á la puerta del Mediodía. Lavémonos, para evitar toda sospecha. Tu valor se ha agotado en el primer ímpetu. Oye... Siguen llamando... Ponte el traje de noche. No vean que estamos en vela. No te pierdas en vanas meditaciones.

MACBETH.

¡ Oh, si la memoria y el pensamiento se extinguiesen en mí, para no recordar lo que hice ! (*Siguen los golpes*).

Lady Macbeth en la cámara de Duncan.

ESCENA III.

EL PORTERO.

¡Qué estrépito! Ni que fuera uno portero del infierno. ¿Quién será ese maldito? Algun labrador que se habrá ahorcado descontento de la mala cosecha... Y sigue alborotando... Será algun testigo falso, pronto á jurar en cualquiera de los platillos de la balanza. ¡Entra, malvado! ¡Y sigue dando! Será algun sastre inglés que ha sisado tela de unos calzones franceses. ¡Qué frio hace aquí aunque estamos en el infierno! Ya se acabó mi papel de diablo. A otra gente más lucida pensé abrir. No os olvideis del portero.

ESCENA IV.

MACDUFF, un PORTERO, LÉNNOX y MACBETH.

MACDUFF.

¿Cómo te levantas tan tarde? ¿Te acostaste tarde por ventura?

PORTERO.

Duró la fiesta hasta que cantó por segunda vez el gallo.

MACDUFF.

¿Se ha levantado tu señor?... Pero aquí viene. Sin duda le despertamos con los golpes.

LÉNNOX.

(*A Macbeth.*) ¡Buenos dias!

MACBETH.

¡Felices!

MACDUFF.

¿Está despierto el Rey?

MACBETH.

Todavía no.

MACDUFF.

Me dijo que le llamara á esta hora.

MACBETH.

Os quiero guiar á su habitacion.

MACDUFF.

Molestia inútil, por más que os agrade.

MACBETH.

Esta es su puerta.

MACDUFF.

Mi deber es entrar. *(Vase.)*

LÉNNOX.

¿Se va hoy el Rey?

MACBETH.

Así lo tiene pensado.

LÉNNOX.

¡Mala noche! El viento ha echado abajo nuestra chimenea. Se han oido extrañas voces, gritos de agonía, cantos proféticos de muerte y destruccion. Las aves nocturnas no han cesado de graznar. Hay quien dice que la tierra misma se estremecia.

MACBETH.

Tremenda ha sido, en verdad, la noche.

LÉNNOX.

No recuerdo otra semejante. Verdad que soy jóven.

MACDUFF.

¡Horror, horror, horror! ¡Ni la lengua ni el corazon deben nombrarte!

MACBETH Y LÉNNOX.

¿ Qué ?

MACDUFF.

Una traicion horrible. Un sacrilegio... El templo de la vida del Rey ha sido profanado.

MACBETH.

¿ Su vida ?

LÉNNOX.

¿ La del Rey ?

MACDUFF,

Entrad en la alcoba, y lo vereis, si es que no ciegan vuestros ojos de espanto. No puedo hablar. Vedlo vos-

otros mismos... ¡ Á las armas ! ¡ Traicion , malvados !
¡ Donalbáin , Banquo , Malcolm, alerta ! ¡ Lejos de vosotros ese sueño tan pesado como la muerte. Ved la
muerte misma... Pronto... ¡ Banquo , Malcolm ! Dejad
el lecho , venid , animados fantasmas , á contemplar
esta escena de duelo.

LADY MACBETH.

¿ Qué es eso ? ¿ Por qué despertais con tales gritos á
la gente de la casa que aún duerme ?

MACDUFF.

En vuestros oidos , hermosa dama , no deben sonar
otra vez nuestros lamentos. No es tanto horror para
oidos de mujer. *(Entra Banquo.)* ¡ Banquo , Banquo !
Nuestro Rey ha sido asesinado.

LADY MACBETH.

¡ Dios mio , y en mi casa !

BANQUO.

Aquí y en todas seria horrible. Dime que no es
verdad. Dímelo por Dios.

MACBETH.

¡ Ojalá hubiera muerto yo pocas horas antes ! Mi vida hubiera sido del todo feliz. Ya han muerto para mí
la gloria y la esperanza. He agotado el vino de la existencia , y sólo me quedan las heces en el vaso.

DONALBÁIN.

¿ Qué es esto ?

MACBETH.

¿ Y tú me lo preguntas ? Se ha secado la fuente de
la vida. Tu padre ha sido muerto.

MALCOLM.

¿Quién lo mató?

LÉNNOX.

Sin duda sus guardias, porque tienen manchadas de sangre las manos y la cara, y los ensangrentados puñales junto al lecho. En sus miradas se retrataba el delirio.

MACBETH.

¡Cuánto siento que mi furor me llevara á darles instantánea muerte!

MACDUFF.

¿Por qué lo hiciste?

MACBETH.

¿Y quién se contiene en tal arrebato? ¿Cuándo se unió el furor con la prudencia, la lealtad con el sosiego? Mi amor al Rey venció á mi tranquila razon. Yo veia á Duncan teñido en su propia sangre, y cerca de él á los asesinos con el color de su oficio; veia sus puñales manchados tambien... ¿Quién podia dudar? ¿Quién que amase al Rey, hubiera podido detener sus iras?

LADY MACBETH.

Llevadme lejos de aquí.

MALCOLM.

¡Y callamos! aunque no pocos pueden achacarnos el crimen.

DONALBÁIN.

Más vale callarnos y atajar nuestras lágrimas. Vamos.

MALCOLM.

Disimulemos nuestra pena.

BANQUO.

Cuidad á la señora. Despues que nos vistamos, hemos de examinar más despacio este horrible suceso. En la mano de Dios están mis actos. Desde allí desafio toda sospecha traidora. Juro que soy inocente.

MACDUFF.

Y yo tambien.

TODOS.

Y todos.

MACBETH.

Juntémonos luego en el estrado.

TODOS.

Así lo haremos.

MALCOLM.

¿ Qué haces ? Nada de tratos con ellos. Al traidor le es fácil simular la pena que no siente. Iré á Inglaterra.

DONALBÁIN.

Y yo á Irlanda. Separados estamos más seguros. Aquí las sonrisas son puñales, y derraman sangre los que por la sangre están unidos.

MALCOLM.

La bala de su venganza no ha estallado todavía. Nos conviene esquivarla. A caballo, y partamos sin despedirnos. Harta razon tenemos para escondernos.

ESCENA V.

Exterior del Castillo.

Un VIEJO, ROSS y MACDUFF.

UN VIEJO.

En mis setenta años he visto cosas peregrinas y horrendas, pero nunca como esta noche.

ROSS.

¡Venerable anciano! ¡Con qué cólera mira el cielo la trágica escena de los hombres! Ya ha amanecido, pero todavía la noche se resiste á abandonar su dominio. Quizá se avergüenza el dia, y no se atreve á derramar su pura lumbre.

EL VIEJO.

No es natural nada de lo que sucede. El mártes un generoso halcon cayó en las garras de una lechuza.

ROSS.

Los caballos de Duncan, los mejores de su casta, han quebrantado sus establos, y vueltos al estado salvaje, son terror de los palafreneros.

EL VIEJO.

Ellos mismos se están devorando.

ROSS.

Así es. ¡Qué horror miran mis ojos!... Pero aquí se acerca el buen Macduff. ¿Cómo están las cosas, amigo?

MACDUFF.

Ya lo veis.

ROSS.

¿Quién fué el asesino?

MACDUFF.

Los que mató Macbeth.

ROSS.

¿Y qué interes tenian?

MACDUFF.

Eran pagados por los dos hijos del Rey difunto.

ROSS.

¡Horror contra naturaleza! La ambicion se devora á sí misma! Y Macbeth sucederá en el trono.

MACDUFF.

Ya le han elegido rey, y va á coronarse á Esconia.

ROSS.

¿Y el cuerpo del rey Duncan?

MACDUFF.

Lo llevan á enterrar á la montaña de San Colme, sepulcro de sus mayores.

ROSS.

¿Te vas á Esconia, primo?

MACDUFF.

A Faife.

ROSS.

Yo á Esconia.

MACDUFF.

Felicidad en todo. Adios. Gusto más de la ropa nueva, que de la antigua.

ROSS.

Adios, buen viaje.

EL VIEJO.

Quien saque como vosotros bien del mal, y haga amigo al enemigo, llevará la bendicion de Dios.

ACTO III.

ESCENA PRIMERA.

Palacio de Fóres.

BANQUO, MACBETH, un CRIADO y dos SICARIOS.

BANQUO *(sólo.)*

A eres rey, Macbeth, y señor de Glámis y de Cáudor. Está cumplido en todas sus partes el vaticinio de las hechiceras, pero ¿quién sabe si la traicion te habrá allanado el camino? Ni ha de quedar el cetro en tu linaje. Si es verdad lo que nos dijeron, reyes han de ser mis hijos. ¿Por qué los oráculos que fueron veraces contigo no han de ser tambien propicios á mi ambicion? Pero disimulemos.

MACBETH.

Ya tenemos aquí á nuestro principal convidado.

LADY MACBETH.

Grande hubiera sido su falta en el banquete.

MACBETH.

Te convido á un gran festin que he de dar esta noche.

BANQUO.

Vuestra Majestad puede mandarme, en vez de convidarme. Mi voluntad está indisolublemente unida á la vuestra.

MACBETH.

¿ Sales á caballo esta tarde ?

BANQUO.

Sí.

MACBETH.

Si no, podrias ayudarme con tu consejo en la junta de esta tarde. Mañana será. ¿ Vas lejos ?

BANQUO.

Pasearé hasta la hora de cenar. Si mi caballo no aprieta el paso, pediré prestadas á la noche una ó dos horas.

MACBETH.

No faltes.

BANQUO.

No faltaré.

MACBETH.

Tengo nuevas de que mis revoltosos deudos están refugiados en Inglaterra y en Irlanda. No confiesan su parricidio, y divulgan contra mí horrendas acusaciones. Mañana hablaremos de esto, cuando nos juntemos á tratar de otros negocios. Ahora, á caballo. Hasta luego. ¿ Te acompaña tu hijo ?

BANQUO.

Sí, y vendrá pronto, porque ya es hora.

10

MACBETH.

Dios guie con bien vuestros caballos y os vuelva pronto. Hasta la noche. (*Vase Banquo.)* Vosotros haced lo que querais hasta las siete. Vuestra compañía me será más grata á la hora de cenar, si en este momento me dejais solo. Adios, mis caballeros. (*Vanse todos.*)

MACBETH.

(*A un criado.*)¿ Me esperan ya esos hombres ?

CRIADO.

Están á la puerta de palacio.

MACBETH.

Diles que entren. (*Se va el criado.*) ¿ De qué me sirve el poder sin la seguridad ? Banquo es mi amenaza perpétua : su altiva condicion me infunde miedo. Junta á su valor el ingenio y la prudencia. Me reconozco inferior á él como Marco Antonio á César. Él fué quien se atrevió á dirigir la palabra á las brujas cuando me aclamaron Rey, y á preguntarlas por su suerte futura, y ellas con fatídica voz le contestaron : « Tus hijos serán reyes.» A mí me otorgan una corona estéril, un cetro irrisorio, que no pasará á mis hijos sino á los de un extraño. Yo vendré á ser el bienhechor de la familia de Banquo. Por servirla asesiné al Rey Duncan, y llené de hiel el cáliz de mi vida; y vendí al diablo el tesoro de mi alma. ¡Todo para hacer reyes á los hijos de Banquo! ¡Fatal destino mio, sálvame: lidia por mí esta batalla! ¿Quién es? (*Entran los sicarios.*) (*Al criado.*) Espera á la puerta hasta que llame. (*Vase el criado.*) (*A los sicarios.*) Ya oisteis ayer lo que deseo.

SICARIO I.º

Sí, rey.

MACBETH.

¿ Habeis pensado bien lo que os dije ? Él y no yo ha sido hasta ahora la causa de vuestros males. Ya os expliqué cómo se habia burlado de vosotros: quiénes le ayudaron. En suma el más necio hubiera podido decir: *Tuvo la culpa Banquo.*

SICARIO 1.º

Verdad es lo que dices.

MACBETH.

Y añado más, y vengo al objeto de este coloquio. ¿ Hasta cuándo durará vuestra paciencia ? ¿ Manda el Evangelio que receis á Dios por ese hombre y por su linaje, cuando os está empobreciendo y esquilmando, y os tiene casi á punto de muerte ?

SICARIO 1.º

¡ Oh Rey ! somos hombres.

MACBETH.

Tambien son perros los galgos y los mastines y los lebreles, y los de aguas y los de caza, pero se distinguen unos de otros por tener más ó menos valor y fortaleza, y mejor ó peor olfato. La naturaleza reparte con igualdad sus dones, y por eso las diversas castas tienen nombres distintos. Lo mismo sucede con los hombres. Si no quereis ser de los últimos y más abyectos, yo os daré un consejo que os libre para siempre de esa opresion y tiranía, y os haga acreedores á mi gratitud eterna, porque no puedo vivir en paz, si él no muere.

SICARIO 1.º

Señor; yo soy un hombre de esos tan maltratados

por la suerte, que me arrojaré á cualquier cosa, por vengarme del mundo.

SICARIO 2.º

Tan mala ha sido mi fortuna, que para mejorarla ó acabar de una vez, arriesgaré mi vida en cualquier lance.

MACBETH.

Está bien. Banquo es enemigo vuestro.

SICARIO 2.º

Verdad, señor.

MACBETH.

Y mio, á tal extremo que cada minuto de su vida es un tormento para mí. Yo podria sin cargo de conciencia deshacerme de él, pero tiene amigos que tambien lo son mios, y no quiero perderlos. Por eso acudo á vosotros, ya que hay poderosos motivos para que el golpe sea secreto.

SICARIO 2.º

Se hará vuestra voluntad, oh Rey.

SICARIO 1.º

Aunque perezcamos en la demanda.

MACBETH.

Conozco vuestro denuedo. Pronto os diré en qué sitio habeis de emboscaros, y cuándo; porque esta misma noche ha de darse el golpe. Conviene que sea lejos de palacio, para alejar de mí toda sospecha. No dejeis indicio alguno del crimen. Le acompaña su hijo Fleancio, que me estorba tanto como su padre. Por consiguiente, matadle tambien. Quedaos solos. Volveré luego.

LOS DOS SICARIOS.

Estamos resueltos.

MACBETH.

Volveré pronto... Entrad... ¡ Oh, Banquo! esta noche
ó nunca subirá tu alma á los cielos.

ESCENA II.

Lady MACBETH, MACBETH y un CRIADO.

LADY MACBETH.

¿ Está en palacio Banquo ?

CRIADO.

No, señora, pero esta noche vendrá.

LADY MACBETH.

Di al Rey, que quiero hablarle un momento.

CRIADO.

Así lo haré...

LADY MACBETH.

¿ De qué nos sirve haber logrado nuestros deseos,
si no alcanzamos placer ni reposo ? Es preferible la
paz de nuestras víctimas, al falso goce que procede
del crímen. (Entra Macbeth.) Esposo mio, ¿ por qué te
atormentan siempre tan tristes recuerdos ? olvida lo
pasado.

MACBETH.

Hemos herido á la serpiente, pero no la hemos matado. Volverá á acometernos, mientras estemos cerca
de sus dientes. ¡ Húndase la tierra, arda el universo,
antes que yo coma ni duerma en medio de tales es-

pantos nocturnos! ¡Ojalá estuviera yo con mis víctimas, más bien que entregado á la tortura de mi pensamiento! Duncan no teme ya ni el·hierro matador ni el veneno, ni la discordia, ni la guerra.

LADY MACBETH.

Esposo mio, alegra ese semblante, para que nuestros huéspedes no adviertan esta noche tu agitacion.

MACBETH.

Así lo haré, amada mia. Fíjate en Banquo: muéstrate risueña con él, en la mirada y en las palabras. Todavía no estamos seguros: es preciso lavar nuestra honra en el rio de la adulacion, y convertir nuestros semblantes en hipócrita máscara.

LADY MACBETH.

¡Oh, basta, basta!

MACBETH.

Mi alma es un nido de sierpes... ¡Todavía respiran Banquo y Fleancio!

LADY MACBETH.

No son inmortales.

MACBETH.

Esa es la esperanza que nos queda. El hierro puede alcanzarlos. Antes que el murciélago abandone su claustro; antes que se oiga en el silencio de la noche el soñoliento zumbido del escarabajo, estará terminado todo.

LADY MACBETH.

¿Qué quieres decir?

MACBETH.

Vale más que lo ignores, hasta que esté cumplido,

y puedas regocijarte en ello. Ven, ciega noche, venda
tú los ojos al clemente dia. Rompa tu mano invisible y
ensangrentada la atroz escritura que causa mis terrores... Va creciendo la oscuridad: retorna el cuervo á
la espesura del bosque: las aves nocturnas descienden
anhelosas de presa... ¡Te horrorizan mis palabras!
¿Y por qué? Sólo el crímen puede consumar lo que
ha empezado el crímen. Ven conmigo.

ESCENA III.

Bosque á la entrada del palacio.

ASESINOS, BANQUO y su hijo FLEANCIO.

ASESINO 1.º

¿Quién te ha enviado?

ASESINO 3.º

Macbeth.

ASESINO 2.º

No debemos dudar de él, puesto que sabe nuestro
fin y propósito.

ASESINO 1.º

Ya muere el sol en occidente, y el pasajero aguija
su caballo para llegar á la posada. Ya está cerca el que
esperamos.

ASESINO 3.º

Suenan las herraduras de sus caballos.

BANQUO.

(Dentro.) ¡Luz!

ASESINO 2.º

¡Ahí está! Le aguardan en la llanura.

ASESINO I.°

Se llevan los caballos.

ASESINO 3.°

El, como los demas, se encamina á pié á palacio.

BANQUO.

¡ Luz , luz !

ASESINO 3.°

¡ Ahí está !

ASESINO I.°

Aguarda. (*Entran Banquo, su hijo Fleancio , un cria-do con antorcha.*)

BANQUO.

Va á llover esta noche.

ASESINO I.°

¡ Muera ! (*Le hiere.*)

BANQUO.

¡ Traicion ! Huye , hijo , y si puedes , venga mi muerte. (*Cae.*)

ASESINO 3.º

¿Por qué mataste la luz?

ASESINO 1.º

¿No hice bien?

ASESINO 3.º

Ha muerto uno solo. El hijo huye.

ASESINO 2.º

Hemos perdido la mitad de la paga.

ASESINO 1.º

Vamos á dar cuenta á Macbeth.

ESCENA IV.

Sala de palacio. Mesa preparada para un festin.

MACBETH, los CONVIDADOS, LADY MACBETH, ASESINO 1.º
y LÉNNOX.

MACBETH.

Sentáos, segun vuestra categoría y nobleza. Bien
venidos seais todos.

LOS CONVIDADOS.

Gracias.

MACBETH.

Siéntese la reina en el trono, y démosle la bienvenida.

LADY MACBETH.

Gracias. Dádsela á nuestros convidados. Os saludo
de todo corazon, señores.

MACBETH.

Con toda el alma te lo agradecen. *(Á Lady Macbeth.)* Los dos lados iguales: yo en medio. Alegraos, brindaremos juntos. *(Se presenta el asesino 1.º)* Traes manchada la cara de sangre.

ASESINO 1.º

Sangre de Banquo.

MACBETH.

Mas vale que sea la suya que la tuya. ¿Queda muerto?

ASESINO 1.º

Le degollé, señor.

MACBETH.

¡Matador excelente te debo apellidar, y mas, si acabaste tambien con Fleancio.

ASESINO 1.º

Oh rey! huyó.

MACBETH.

¡Y siguen mis temores! Si él hubiera muerto, yo seria feliz, duro como el mármol y las rocas, libre como el aire. Pero ahora me veo receloso, inquieto, entre dudas y temores. ¿Y Banquo murió de veras?

ASESINO 1.º

Cayó en una zanja profundísima, con veinte heridas en la cabeza, la menor de ellas mortal.

MACBETH.

Gracias infinitas. Muerta está la serpiente, pero ese retoño fugitivo ha de envenenarnos con el tiempo. Todavía no ha echado dientes. Vuelve mañana. Aun tenemos que hablar.

(Se vá el asesino.)

LADY MACBETH.

Esposo, anima con tu presencia y tus palabras la languidez del festin. Si no has de hacerlo, más valdrá comer solos. La alegría es la salsa de las cenas.

MACBETH.

¡Dulce maestra mia! La buena digestion venga hoy despues del apetito, y trás ellos la salud.

LÉNNOX.

Tomad asiento, rey.

MACBETH.

Congregada tendríamos esta noche la flor de la monarquía, si no nos faltase el ilustre Banquo. Quiero culpar su negligencia, mas bien que imaginar que le haya acontecido alguna desgracia.
(*El espectro de Banquo ocupa el sitial de Macbeth.*)

LÉNNOX.

Honradnos, señor, tomando asiento.

MACBETH.

¿Dónde? No le encuentro.

LÉNNOX.

Aquí le teneis, señor.

MACBETH.

¿Dónde?

LÉNNOX.

Señor, aquí. ¿Pero qué agitacion es la vuestra?

MACBETH.

¿Quién de vosotros ha hecho esto?

LÉNNOX.

¿Qué, señor?

MACBETH.

Yo nó... yo no lo hice... no me mires agitando tu cabellera tinta en sangre.

ROSS.

Levantaos: el rey está enfermo.

LADY MACBETH.

Nó, nó, continuad sentados. Son accidentes que desde jóven padece mi marido. No os levanteis. Es cosa de un momento. Vereis cual se repone en seguida. No os fijeis en él, porque se aumentará su delirio. (*Aparte á Macbeth.*) ¡ Y dices que eres hombre !

MACBETH.

Y hombre fuerte, pues que me atrevo á mirar de hito en hito lo que pondria espanto al mismo Satanás.

LADY MACBETH.

Necedad insigne ! ¡ Sombras que finge el miedo ! Es como aquel puñal que decias que te guiaba por el aire, cuando mataste al rey Duncan. ¡ Consejas, tolerables solo en boca de una anciana, al amor de la lumbre ! ¡ Vergüenza para tí ! ¡ Y áun sigues turbado ! ¡ No vés que tú asiento está vacío !

MACBETH.

¡ Nó, nó... Mira, mira !... ¿ No lo vés ?... ¿ Qué dices ahora ?... Pero ¿ qué me importa lo que digas ? Mueves la cabeza en signo de incredulidad ?... Habla, habla... Si los sepulcros nos arrojan su presa, los palacios se trocarán en festin de buitres.

(*Se vá la sombra.*)

LADY MACBETH.

¿ Estás loco ?

El festin de Macbeth

MACBETH.

Te juro, por mi alma, que le he visto.

LADY MACBETH.

¿Y no te avergüenzas?

MACBETH.

Siempre se ha derramado sangre. Desde que el mundo es mundo, ha habido crímenes atroces. Pero antes el muerto muerto se quedaba. Ahora las sombras vuelven y nos arrojan de nuestros sitiales.

LADY MACBETH.

Tus caballeros reclaman tu presencia.

MACBETH.

No me acordaba de ellos. Amigos mios! nobles caballeros! no hagais caso de mí. Si me conocierais bien, no os extrañaria este súbito accidente. ¡Salud, amigos! Brindemos á la salud de nuestro amigo Banquo, único que nos falta. ¡Ojala llegue pronto! ¡Brindo por vosotros, y por él y por todos.

LOS CONVIDADOS.

Nosotros repetimos el brindis.

(Vuelve á aparecer la sombra.)

MACBETH.

¡Léjos, lejos de mí!... Que la tierra te trague... Mi sangre se hiela: falta á mis huesos el tuétano... la lumbre de mis ojos se oscurece.

LADY MACBETH.

El accidente vuelve: no es grave, pero descompone la fiesta.

MACBETH.

Yo no temo nada de lo que pueden temer los hombres. Ven á mí en forma de tigre de Hircania, de oso ó de rinoceronte: no se agitarán mis nervios. O vuelve á la vida, y rétame á lid campal, hierro á hierro, y si tiemblo al ir á encontrarte, llámame hijo de mi nodriza... Pero no vengas como sombra. ¡Huye de mí, formidable espectro! (*Desaparece la sombra.*) Ya se retira, y vuelvo á ser hombre. Sentaos otra vez: os lo suplico.

LADY MACBETH.

Con ese delirio has turbado la alegría del convite.

MACBETH.

¿Y cómo no asombrarnos, cuando estalla esa borrascosa nube de verano? Ahora dudo de mi razon viendo que podeis contemplar tales apariciones sin que vuestro rostro palidezca.

ROSS.

¿De qué apariciones hablas?

LADY MACBETH.

Silencio! La contradiccion le molesta. Podeis retiraros sin ceremonia. Idos pronto.

LOS CONVIDADOS.

Buenas noches, y descanse el Rey.

LADY MACBETH.

Buenas noches.

MACBETH.

¡Sangre pide! La sangre clama por sangre; ya lo dice el proverbio. Hasta los árboles hablan á la voz del agorero, ó por natural virtud. Y á veces la voz de la urraca, del cuervo, ó del grajo, ha delatado al asesino. ¿Qué hora es?

LADY MACBETH.

La noche combate con las primeras horas del dia.

MACBETH.

Macduff se niega á obedecerme, y á reconocer mi autoridad.

LADY MACBETH.

¿Le has llamado?

MACBETH.

No, pero tengo noticias ciertas de él por mis numerosos espías. Mañana temprano iré á ver á las brujas. Quiero apurarlo todo, y averiguar el mal, aunque sea por medios torcidos. Todo debe rendirse á mi voluntad. Estoy nadando en un mar de sangre, y tan lejos ya de la orilla, que me es indiferente bogar adelante ó atras. Es tiempo de obras y no de palabras. Descienda el pensamiento á las manos.

LADY MACBETH.

Te falta la sal de la vida, el sueño.

MACBETH.

Pues á dormir. ¡Mi terror, nacido de la falta de costumbre, me quita el sueño. ¡Soy novicio en el crímen!

ESCENA V.

Un páramo.—Tempestad.

BRUJA I.ª

Oh Hécate, tu semblante muestra á las claras tu enojo.

HÉCATE.

¿ Y no tengo razon, impertinentes viejas ? ¿ Por qué, siendo yo la fuente de vuestro poder y de todos los males humanos, habeis osado, sin pedirme consejo, ni acudir á mi ciencia, tratar con Macbeth por enigmas ? ¡ Y todo en provecho de un ingrato, de un ambicioso, que sólo mira á su interes, y no se acuerda de vosotras ! Antes que el sol se ponga, venid á los antros tartáreos ; no dejeis de traer ninguna de vuestras redomas, encantos y conjuros. Ahora, á volar. Esta noche ha de cumplirse una evocacion tremenda. De la luna pende una gota de vapor que he de coger esta misma noche antes que caiga. Yo la destilaré con mi ciencia maravillosa, y evocaré génios de tal virtud que le traigan lisonjeramente engañado hasta el abismo. No temerá la muerte : confiará en su estrella : podrá más su esperanza que su buen juicio ó sus temores, y ya veis que hombre excesivamente confiado está medio perdido.

(*Se oye dentro una voz.*) ¡ Venid, venid !

HÉCATE.

¿ Ois la voz del génio ? Camina en esa transparante nube.

LAS BRUJAS.

Vámonos, que pronto volverá.

ESCENA VI.

Palacio de Fóres.

LÉNNOX y el SEÑOR.

LÉNNOX.

Te asombra lo que he dicho. Pero sigue tú discurriendo. Macbeth mostró mucho sentimiento por la muerte de Duncan... ¡Es claro, como que estaba muerto! Banquo salió á pasear muy tarde, y quizá le mataria su hijo, puesto que huyó en seguida. —¿ Y á quién se le ocurre salir á pasear de noche ?... ¿ No fué cosa monstruosa el parricidio de Malcolm y Donalbáin ? ¡ Cómo le angustió á Macbeth !... Tanto que en seguida mató á los guardas, dominados por el sueño y el vino... ¡Lealtad admirable!... ó gran prueba de talento. Hizo bien, porque ¿ quién hubiera podido oir con calma que negaban el crímen? A fe mia que si cayeran en manos de Macbeth (lo cual no es fácil, ni Dios permita) los hijos de Duncan, ya habian de ver lo que es matar á su padre, y lo mismo el hijo de Banquo. Pero callemos, que por hablar demasiado y por huir de la mesa del Rey, anda perseguido Macduff. ¿ Sabes dónde está ?

EL SEÑOR.

Malcolm, el heredero del trono de Duncan, usurpado por ese tirano, vive en Inglaterra, al amparo del santo rey Eduardo, y dando brillantes muestras de lo claro de su estirpe. Macduff ha ido á aquella córte, á solicitar el auxilio del valeroso duque Suardo. Con su ayuda, y sobre todo con la del Dios de los ejércitos, no volverá el puñal á turbar nuestros sueños, y vivirán seguros los leales. La indignacion del Rey, al saberlo, ha sido tanta, que va á declarar la guerra.

LÉNNOX.

¿ Y no llamó antes á Macduff?

EL SEÑOR.

Sí le llamó, pero él contestó rotundamente que *no*, volvió la espalda al mensajero, y parecia decir entre dientes : « Muy cara os ha de costar mi respuesta.»

LÉNNOX.

Será un aviso para que proceda con cautela, y no se exponga á nuevas asechanzas. Vaya á Inglaterra un ángel con la noticia de todo lo ocurrido, antes que Macduff vuelva. Caigan de nuevo las bendiciones de Dios sobre esta tierra infeliz oprimida por un tirano.

EL SEÑOR.

Óigate el cielo.

ACTO IV.

ESCENA PRIMERA.

El antro de las brujas.—En medio una caldera hirviendo Noche de tempestad.

BRUJAS, HÉCATE, MACBETH, varias SOMBRAS y LÉNNOX.

BRUJA 1.ª

Res veces ha mayado el gato.

BRUJA 2.ª

Tres veces se ha lamentado el erizo.

BRUJA 3.ª

La arpía ha dado la señal de comenzar el encanto.

BRUJA 1.ª

Demos vueltas al rededor de la caldera, y echemos en ella las hediondas entrañas del sapo que dormia en las frias piedras y que por espacio de un mes ha estado destilando su veneno.

TODAS LAS BRUJAS.

Aumente el trabajo: crezca la labor: hierva la caldera.

BRUJA 3.ª

Lancemos en ella la piel de la víbora, la lana del murciélago amigo de las tinieblas, la lengua del perro, el dardo del escorpion, ojos de lagarto, músculos de rana, alas de lechuza... Hierva todo esto, obedeciendo al infernal conjuro.

BRUJAS.

Aumente el trabajo: crezca la labor: hierva la caldera.

BRUJA 3.ª

Entren en ella colmillos de lobo, escamas de serpiente, la abrasada garganta del tiburon, el brazo de un sacrílego judío, la nariz de un turco, los labios de un tártaro, el hígado de un macho cabrio, la raiz de la cicuta, las hojas del abeto iluminadas por el tibio resplandor de la luna, el dedo de un niño arrojado por su infanticida madre al pozo... Unamos á todo esto las entrañas de un tigre salvaje.

TODAS LAS BRUJAS.

Aumente el trabajo: crezca la labor: hierva la caldera.

BRUJA 2.ª

Para aumentar la fuerza del hechizo, humedecedlo todo con sangre de mono.

HÉCATE.

Alabanza merece vuestro trabajo; y yo le remuneraré. Danzad en torno de la caldera, para que quede consumado el encanto.

BRUJA 2.ª

Ya me pican los dedos: indicio de que el traidor Macbeth se aproxima. Abríos ante él, puertas.

MACBETH.

Misteriosas y astutas hechiceras, ¿en qué os ocupais?

LAS BRUJAS.

En un maravilloso conjuro.

MACBETH.

En nombre de vuestra ciencia os conjuro. Aunque la tempestad se desate contra los templos, y rompa el mar sus barreras para inundar la tierra, y el huracan arranque de cuajo las espigas, y derribe alcázares y torres; aunque el mundo todo perezca y se confunda, responded á mis interrogaciones.

BRUJA 1.ª

Habla.

BRUJA 2.ª

Pregúntanos.

BRUJA 3.ª

Á todo te responderemos.

BRUJA 1.ª

¿Quieres que hablemos nosotras ó que contesten los génios, señores nuestros?

MACBETH.

Invocad á los génios, para que yo los vea.

BRUJA 1.ª

Verted la sangre del cerdo: avivad la llama con grasa resudada del patíbulo.

LAS BRUJAS.

Acudid á mi voz, génios buenos y malos. Haced ostentacion de vuestro arte.

(*En medio de la tempestad, aparece una sombra, armada, con casco.*)

MACBETH.

Respóndeme, misterioso génio.

BRUJA I.ª

Él adivinará tu pensamiento. Óyele y no le hables.

LA SOMBRA.

Recela tú de Macduff, recela de Macduff. Adios... Dejadme.

MACBETH.

No sé quién eres, pero seguiré tu consejo, porque has sabido herir la cuerda de mi temor. Oye otra pregunta.

BRUJA I.ª

No te responderá, pero ahora viene otra sombra.
(*Aparece la sombra de un niño cubierto de sangre.*)

LA SOMBRA.

Macbeth, Macbeth, Macbeth.

MACBETH.

Aplico tres oidos para escucharte.

LA SOMBRA.

Si eres cruel, implacable y sin entrañas, ninguno de los humanos podrá vencerte.

MACBETH.

Entonces ¿ por qué he de temer á Macduff?... Puede vivir seguro... Pero no... es más seguro que perezca, para tener esta nueva prenda contra el hado... No le dejaré vivir; desmentiré así á los espectros que finge el miedo, y me dormiré al arrullo de los truenos.

(*La sombra de un niño, con corona y una rama de árbol en la mano.*)

¿ Quién es ese niño que se ciñe altanero la corona real ?

BRUJAS.

Óyele en silencio.

LA SOMBRA.

Sé fuerte como el leon: no desmaye un punto tu audacia: no cedas ante los enemigos. Serás invencible, hasta que venga contra tí la selva de Birnam, y cubra con sus ramas á Dunsinania.

MACBETH.

¡ Eso es imposible ! ¿ Quién puede mover de su lugar los árboles y ponerlos en camino? Favorables son los presagios. ¡ Sedicion, no alces la cabeza, hasta que la selva de Birnam se mueva ! Ya estoy libre de todo peligro que no sea el de pagar en su dia la deuda que todos tenemos con la muerte. Pero decidme, si es que vuestro saber penetra tanto : ¿ reinarán los hijos de Banquo ?

LAS BRUJAS.

Nunca podrás averiguarlo.

MACBETH.

Decídmelo. Os conjuro de nuevo y os maldeciré, si no me lo revelais. Pero ¿ por qué cae en tierra la caldera ?... ¿ Qué ruido siento ?

LAS BRUJAS.

Mira.—¡ Sombras, pasad rápidas, atormentando su corazon y sus oidos!

(*Pasan ocho reyes, el último de ellos con un espejo en la mano. Despues la sombra de Banquo.*)

MACBETH.

¡ Cómo te asemejas á Banquo !... Apártate de mí... Tu corona quema mis ojos... Y todos pasais coronados... ¿ Por qué tal espectáculo, malditas viejas ?... Tambien el tercero... Y el cuarto... ¡ Saltad de vuestras órbitas, ojos mios !... ¿Cuándo, cuándo dejareis de pasar ?... Aún viene otro... el séptimo... ¿ Por qué no me vuelvo ciego ?... Y luego el octavo... Y trae un espejo, en que me muestra otros tantos reyes, y algunos con doble corona y triple cetro... Espantosa vision... Ahora lo entiendo todo... Banquo, pálido por la reciente herida, me dice sonriéndose que son de su raza esos monarcas... Decidme, ¿ es verdad lo que miro ?

LAS BRUJAS.

Verdad es, pero ¿ á qué tu espanto ?... Venid, alegraos, ya se pierde en los aires el cánto del conjuro : gozad en misteriosa danza : hagamos al Rey el debido homenaje. (*Danzan y desaparecen.*)

MACBETH.

¿Por dónde han huido?... ¡Maldita sea la hora presente!

LÉNNOX.

¿Qué hay?

MACBETH.

¿No has visto á las Brujas?

LÉNNOX.

No.

MACBETH.

¿No han pasado por donde tú estabas de guardia?

LÉNNOX.

No.

MACBETH.

¡Maldito sea el aire que las lleva! ¡Maldito quien de ellas se fia! Siento ruido de caballos; ¿quién son?

LÉNNOX.

Mensajeros que traen la noticia de que Macduff huye á Inglaterra.

MACBETH.

¿A Inglaterra?

LÉNNOX.

Así dicen.

MACBETH.

El tiempo se me adelanta. La ejecucion debe seguir al propósito, el acto al pensamiento. Necesito entrar en Faife, y degollar á Macduff, á su mujer y á sus hijos y á toda su parentela... Y hacerlo pronto, no sea que el propósito se frustre, y quede en vana amenaza. Basta de agüeros y sombras.

ESCENA XI.

Castillo de Macduff.

Lady MACDUFF, ROSS, el HIJO de MACDUFF,
un MENSAJERO y ASESINOS.

LADY MACDUFF.

¿Por qué esa inesperada fuga?

ROSS.

Tranquilízate, señora.

LADY MACDUFF.

¡Qué locura hizo! El miedo nos hace traidores.

ROSS.

¿Quién sabe si fué miedo ó prudencia?

LADY MACDUFF.

¿Prudencia dejar su mujer, sus hijos y su hacienda, expuestos á la venganza de un tirano?... No creo en su cariño... El ave más pequeña y débil de todas resiste á la lechuza, cuando se trata de defender su prole... En Macduff ha habido temor sobrado y ningun amor. Su fuga es cobardía y locura.

ROSS.

Tranquilízate, prima mia. Tu marido es bueno y prudente, y sabe bien lo que hace. Pero vivimos en tan malos tiempos que á veces somos traidores hasta sin saberlo, y tememos y recelamos sin causa, como quien cruza un mar incierto y proceloso. Adios. Volveré pronto. Quizá se remedie todo y luzca de nuevo el sol de la esperanza. Adios, hermosa prima. Dios te bendiga.

LADY MACDUFF.

Mi hijo está huérfano aunque tiene padre.

ROSS.

No puedo detenerme más. Seria en daño vuestro y mio.

LADY MACDUFF.

(*A su hijo*.) Y ahora que estás sin padre, ¿cómo vivirás, hijo mio?

HIJO.

Madre mia, como los pájaros del cielo.

LADY MACDUFF.

¿Con insectos y moscas?

HIJO.

Con lo que encuentre, como hacen ellas.

LADY MACDUFF.

¡Infeliz! ¿Y no temerás redes, liga ni cazadores?

HIJO.

¿Y por qué he de temerlos, madre? Nadie caza á los pájaros pequeños. Y ademas, mi padre no ha muerto.

LADY MACDUFF.

¿Qué harias por tener padre?

HIJO.

¿Y tú por tener marido?

LADY MACDUEF.

Compraria veinte en cualquiera parte.

HIJO.

Para venderlos despues.

LADY MACDUFF.

Muy agudo eres para tus años.

HIJO.

Dices que mi padre fué traidor.

LADU MACDUFF.

Sí.

HIJO.

¿ Y qué es ser traidor ?

LADY MACDUFF.

Faltar á la palabra y al juramento.

HIJO.

¿ Eso se llama traicion ?

LADY MACDUFF.

Y quien la comete merece ser ahorcado.

HIJO.

¿ Todo el que la comete ?

LADY MACCUFF.

Todos.

HIJO.

¿ Y quién los ha de ahorcar ?

LADY MACDUFF.

La gente honrada.

HIJO.

Entonces bien necios son los traidores, porque, siendo tantos, parece que habian de ser ellos los que ahor-
casen á la gente de bien.

LADY MACDUFF.

¿ Qué harias por tener padre ?

HIJO.

Si hubiera muerto de veras, tú estarias llorando, y si no llorabas, era indicio claro de que pronto tendria yo otro padre.

LADY MACDUFF.

Gracioso estás, pobre hijo mio.

UN MENSAJERO.

Dios te bendiga y salve, hermosa castellana. No te conozco, pero el honor me obliga á avisarte que se acerca á tí un inminente peligro. Sigue mi consejo. Huye en seguida con tus hijos. Quizá te parezca rudo mi aviso, pero seria cruel dejarte en las garras de los asesinos. Adios. No puedo detenerme.

LADY MACDUFF.

¿ Y á dónde voy ? ¿ Qué pecado he cometido ? Estoy en un mundo donde á veces se tiene por locura hacer el bien, y se tributan elogios á la maldad. ¿ De qué me sirve la pueril excusa de no haber hecho mal á nadie?... Pero ¿ qué horribles semblantes son los que miro ?...

ASESINOS.

¿ Dónde está tu marido ?

LADY MACDUFF.

No en parte tan infame donde tus ojos puedan verle.

ASESINO 1.º

(*Al niño.*) Eres un traidor.

HIJO.

Mentira, vil sicario.

ASESINO.

Muere, pollo en cascaron.   (*Le hiere.*)

HIJO.

Me ha matado. Huye, madre, sálvate.

ESCENA III.

Palacio real de Inglaterra.

MALCOLM, MACDUFF, un DOCTOR y ROSS.

MALCOLM.

Busquemos sitio apartado donde poder llorar.

MACDUFF.

Eso no: empuñemos el hierro de la venganza, en defensa de la patria oprimida. Cada dia suben al cielo nuevos clamores de viudas y huérfanos, acompañando el duelo universal de Escocia.

MALCOLM.

Mucho lo lamento, pero no creo más que lo que sé. Remediaré lo que pueda y cuando pueda. Tendrás razon en todo lo que dices. Pero acuérdate que ese tirano, cuyo nombre mancha la lengua al pronunciarlo, parecia bueno, y tú mismo le tuviste por tal. Y ademas á vosotros no ós ha hecho mal ninguno. ¿Si querreis engañarme, sacrificándome como un cordero en las aras de ese ídolo?

MACDUFF.

Nunca he sido traidor.

MALCOLM.

Pero lo fué Macbeth... Perdóname... no me atrevo á adivinar lo que eres. Mira si resplandecen y son puros los ángeles, y sin embargo, el más luciente de ellos cayó. Muchas veces el crimen toma la máscara de la virtud.

MACDUFF.

¡Perdí toda esperanza!

MALCOLM.

Siempre me quedan mis dudas. ¿Por qué has dejado abandonados á tu mujer y á tus hijos, á cuanto quieres en el mundo? Perdóname. Quizá te ofendan mis recelos. Puede ser tambien que tengas razon. Pero yo con esos recelos me defiendo.

MACDUFF.

¡Llora sin tregua, pobre Escocia! Horrible tiranía pesa sobre tí : los buenos se callan, y nadie se atreve á resistirla. Has de sufrir en calma tus males, ya que tu Rey vacila y tiembla. Señor, me juzgas mal. No seria yo traidor ni áun á precio de toda la tierra que ese malvado señorea, ni por todas las riquezas del Oriente.

MALCOLM.

No he querido ofenderte, ni desconfio de tí en absoluto. Sé que nuestra pobre Escocia suda llanto y sangre, oprimida por ese bárbaro. Sé que cada dia aumentan y se enconan sus heridas. Creo tambien que á mi voz muchos brazos se levantarian. Ahora mismo Inglaterra me ofrece miles de combatientes. Pero cuando llegase yo á pisotear la cabeza del tirano ó á llevarla en mi lanza, no seria más feliz la patria bajo el reinado del sucesor de Macbeth, antes crecerian sus infortunios.

MACDUFF.

¿De qué sucesor hablas?

MALCOLM.

De mí mismo. Llevo de tal manera en mí las semillas de todos los vicios, que cuando fructifiquen, parecerán blancas como la nieve las ensangrentadas sombras de las víctimas de Macbeth, y quizá bendigan su memoria los súbditos, al contemplar mi horrenda vida.

MACDUFF.

·¡Pero si en los infiernos mismos no hay un sér más perverso que Macbeth !

MALCOLM.

Te concedo de buen grado que es cruel, lascivo, hipócrita, falso, avaro, iracundo, y que se juntan en él todas las maldades del mundo. Pero tambien es atroz mi lujuria : no bastarian á saciarla todas vuestras hijas y esposas : no habria dique que pudiera oponerse á mi deseo... No... no... prefiero que reine Macbeth.

MACDUFF.

Terrible enemigo del cuerpo es la incontinencia, y de ella han sido víctimas muchos reyes, y por ella han sido asolados florecientes imperios. Pero no temais, señor. El campo del placer es espacioso. No faltan bellezas frágiles, y aunque tu voracidad sea como la del buitre, has de acabar por cansarte de tantas como acudirán, ufanas de su pomposa deshonra.

MALCOLM.

Ademas, ruge en mi pecho condicion tan indomable, que si fuera rey, no tendria yo reparo en matar á un noble por despojarle de sus heredades y castillos, ó condenarle por falsas acusaciones, aunque él fuera espejo de lealtad, para enriquecerme con sus despojos.

MACDUFF.

La lujuria es viento de estío, pero la codicia echa raíces mucho más profundas en el alma. Ella ha sido la espada matadora de muchos reyes nuestros. Pero no importa. Los tesoros de Escocia han de colmar tu deseo. Si no tienes otros vicios que esos, aún son tolerables.

MALCOLM.

Es que no tengo ninguna cualidad buena. No conozco, ni aun de lejos, la justicia, la templanza, la serenidad, la constancia, la clemencia, el valor, la firmeza en los propósitos, la generosidad. No hay vicio alguno de que yo carezca. Si yo llegara á reinar, echaria al infierno la miel de la concordia, y asolaria y confundiria el orbe entero.

MACDUFF.

¡Ay desdichada Escocia!

MALCOLM.

Así soy. Di si me crees digno de reinar.

MACDUFF.

No, ni tampoco de vivir sobre la tierra. ¡Pobre patria mia, vil despojo de un tirano que mancha en sangre el cetro que usurpó! ¿Cómo restaurar tu antigua gloria, si el vástago de tus reyes está maldiciendo de sí mismo, y de todo su linaje? Tu padre, señor, era un santo: tu madre vivia muerta para el mundo, y pasaba de hinojos y en oracion el dia. Adios, señor. Los vicios de que hablais me arrojan de Escocia. Muerta está mi última esperanza.

MALCOLM.

No... muerta no... Esa noble indignacion que muestras, es un grito de tu alma generosa, y viene á disi-

par todos mis temores..Veo claras tu lealtad y tu inocencia. Macbeth ha querido más de una vez engañarme
con artificios parecidos, y por eso me guardo de la
nimia credulidad. ¡Sea Dios juez entre nosotros! Me
pongo en tus manos: me arrepiento de haber sospechado de tí, bien contra mi natural instinto, y de haberme calumniado, atribuyéndome los vicios que aborrezco más. Soy continente. Nunca he faltado á mi palabra. No he codiciado lo ajeno ni áun lo propio. No
haria una traicion al mismo Lucifer, y amo la verdad
tanto como la vida. Hoy es la primera vez que he faltado á ella, y eso en contra mia. Tal como soy verdaderamente, me ofrezco á tí y á nuestra Escocia oprimida... Cuando tú has llegado, el viejo Suardo prepa-
raba una expedicion de diez mil guerreros. Todos
iremos juntos. ¡Dios nos proteja, pues tan santa y
justa es nuestra causa! Di, ¿por qué callas?

MACDUFF.

¿Y quién no queda absorto al ver unidos tan faustos
y tan infelices sucesos?   (*Entra un médico.*)

MALCOLM.

Ya hablaremos. (*Al Doctor.*) ¿Viene el Rey?

DOCTOR.

Ya le espera un tropel de enfermos, que aguarda de
sus manos la salud. Él los cura con el tacto de sus
benditas manos.

MALCOLM.

Gracias, doctor.

MACDUFF.

¿Y de qué enfermedad cura el Rey?

MALCOLM.

De las escrófulas. Es un milagro patente. Desde que estoy en Inglaterra, lo he visto muchas veces. No se sabe cómo logra tal favor del cielo, pero á los enfermos más desesperados, llenos de úlceras y llagas, los cura con sólo colgarles medallas del cuerpo, y pronunciar alguna devota oracion. Dicen que esta sobrenatural virtud pasa de unos á otros reyes de Inglaterra. Tiene ademas el don de profecía, y otras mil bendiciones celestes, prueba no dudosa de su santidad.

MACDUFF.

¿Quién viene?

MALCOLM.

De mi tierra es, pero no le conozco.

(Entra Ross).

MACDUFF.

Con bien vengas, ilustre pariente mio.

MALCOLM.

Te recuerdo. ¡Oh, Dios mio, haz que no volvamos á mirarnos como extraños!

ROSS.

Dios te oiga, señor.

MACDUFF.

¿Sigue en el mismo estado nuestra patria?

ROSS.

¡Oh, desdichada Escocia! Ya no es nuestra madre, sino nuestro sepulcro. Sólo quien no tenga uso de razon, puede sonreir allí. No se oyen más que suspiros y lamentos. El dolor se convierte en locura. Banquo ha muerto, sin que nadie pregunte por qué. Las almas puras se marchitan como las flores.

MACDUFF.

Esa narracion quizá tenga más de poética que de verdadera.

MALCOLM.

¿ Y cuáles son los crímenes más recientes ?

ROSS.

Uno nuevo á cada hora.

MACDUFF.

¿ Qué es de mi mujer ?

ROSS.

¿ Tu mujer ?... Está bien.

MACDUFF.

¿ Y mis hijos ?

ROSS.

Bien.

MACDUFF.

¿ El tirano ha intentado algo contra ellos ?

ROSS.

En paz los dejé cuando salí de Escocia.

MACDUFF.

No seas avaro de palabras. Dime la verdad.

ROSS.

Cuando vine á traeros estas noticias, decíase que se habian levantado numerosas huestes contra el tirano, y que éste se aprestaba á combatirlas. La ocasion se presenta favorable. Si acudes pronto, hasta las mujeres se alzarán para romper sus cadenas.

MALCOLM.

Pronto iremos á salvarlos. Inglaterra nos ayuda con diez mil hombres mandados por el valiente Suardo, el mejor caudillo de la cristiandad.

ROSS.

¡Ojalá que yo pudiera consolarme como tú, pero mis desdichas son de tal naturaleza que debo confiarlas á lós vientos, y no donde las oiga nadie.

MACDUFF.

¿Es desdicha pública ó privada?

ROSS.

Todo hombre de bien debe lamentarse de ellas, pero á tí te toca la mayor parte.

MACDUFF.

Entonces no tardes en decírmela.

ROSS.

No se enojen tus oidos contra mi lengua, aunque se vea forzada á pronunciar las más horrendas palabras que nunca oiste.

MACDUFF.

¡Dios mio! Casi lo adivino.

ROSS.

Tu castillo fué saqueado: muertos tu esposa y tus hijos. No me atrevo á referirte cómo, para no añadir una más á las víctimas.

MALCOLM.

¡Dios poderoso! Habla. No ocultes tu rostro. Es más tremendo el dolor que no se expresa con palabras.

MACDUFF.

¿ Y mis hijos tambien ?

ROSS.

Perecieron tu esposa y tus hijos y tus criados, y cuantos estaban allí.

MACDUFF.

¿ Por qué no estaba yo ? ¿ Y tambien mi mujer ?...

ROSS.

Tambien.

MALCOLM.

¡ Serenidad ! La venganza, única medicina de nuestros males, ha de ser tremenda.

MACDUFF.

¡ Pero Macbeth no tiene hijos !... Hijos mios... ¿ Todos perecieron ?... ¿ Todos ?... ¿ Y su madre tambien ?... ¿ Y de un solo golpe ?

MALCOLM.

Véngate como un hombre.

MACDUFF.

Sí que me vengaré, pero soy hombre, y siento y me atormenta la memoria de lo que más quise en el mundo. ¡ Y lo vió el cielo y no se apiadó de ellos! ¡ Ah, pecador Macduff, tú tienes la culpa de todo! Por tí han perecido aquellos inocentes. ¡ Dios les dé la gloria eterna!

MALCOLM.

Tu dolor afile tu espada é inflame tu brio. Sírvate de aguijon y no de freno.

MACDUFF.

Aunque lloraran mis ojos como los de una mujer, mi lengua hablaria con la audacia de un varon. ¡ Dios mio, ponme enfrente de ese demonio, y si se libra de mi espada, consentiré hasta que el cielo le perdone!

MALCOLM.

Esas ya son palabras dignas de tí. Vamos á despedirnos del Rey de Inglaterra. Sólo nos falta su permiso. Macbeth está á la orilla del precipicio. El cielo se declara en favor nuestro. Tregua á vuestro dolor. No hay noche sin aurora.

ACTO V.

ESCENA PRIMERA.

Castillo de Dunsinania.

Un MÉDICO, una DAMA y LADY MACBETH.

EL MÉDICO.

 UNQUE hemos permanecido dos noches en vela, nada he visto que confirme vuestros temores. ¿Cuándo la visteis levantarse por última vez?

LA DAMA.

Despues que el Rey se fué á la guerra, la he visto muchas veces levantarse, vestirse, sentarse á su mesa, tomar papel, escribir una carta, cerrarla, sellarla, y luego volverse á acostarse: todo ello dormida.

EL MÉDICO.

Grave trastorno de su razon arguye el ejecutar en sueños los actos de la vida. ¿Y recuerdas que haya dicho alguna palabra?

LA DAMA.

Sí, pero nunca las repetiré.

EL MÉDICO.

Á mí puedes decírmelas.

LA DAMA.

Ni á tí, ni á nadie, porque no podria yo presentar testigos en apoyo de mi relato.

(*Entra Lady Macbeth, sonámbula, y con una luz en la mano.*)

Aquí está, como suele, y dormida del todo. Acércate y repara.

EL MÉDICO.

¿Dónde tomó esa luz?

LA DAMA.

La tiene siempre junto á su lecho. Así lo ha mandado.

EL MÉDICO.

Tiene los ojos abiertos.

LA DAMA.

Pero no ve.

EL MÉDICO.

Mira cómo se retuerce las manos.

LA DAMA.

Es su ademan más frecuente. Hace como quien se las lava.

LADY MACBETH.

Todavía están manchadas.

EL MÉDICO.

Oiré cuanto hable, y no lo borraré de la memoria.

LADY MACBETH.

¡Lejos de mí esta horrible mancha!... Ya es la una... Las dos... Ya es hora... Qué triste está el infierno... ¡Vergüenza para tí, marido mio!... ¡Guerrero y cobarde!... ¿Y qué importa que se sepa, si nadie puede juzgarnos?... ¿Pero cómo tenia aquel viejo tanta sangre?

EL MÉDICO.

¿Oyes?

LADY MACBETH.

¿Dónde está la mujer del señor Faife?... ¿Pero por qué no se lavan nunca mis manos?... Calma, señor, calma... ¡Qué dañosos son esos arrebatos!

EL MÉDICO.

Oye, oye: ya sabemos lo que no debíamos saber.

LA DAMA.

No tiene conciencia de lo que dice. La verdad sólo Dios la sabe.

LADY MACBETH.

Todavía siento el olor de la sangre. Todos los aromas de Oriente no bastarian á quitar de esta pequeña mano mia el olor de la sangre.

EL MÉDICO.

¡Qué oprimido está ese corazon!

LA DAMA.

No le llevaria yo en el pecho, por toda la dignidad que ella pueda tener.

EL MÉDICO.

No sé curar tales enfermedades, pero he visto sonámbulos que han muerto como unos santos.

LADY MACBETH.

Lávate las manos. Vístete. Vuelva el color á tu semblante. Macbeth está bien muerto, y no ha de volver de su sepulcro.... Á la cama, á la cama... Llaman á la puerta... Ven, dame la mano... ¿Quién deshace lo hecho?... Á la cama.

EL MÉDICO.

¿Se acuesta ahora?

LA DAMA.

En seguida.

EL MÉDICO.

Ya la murmuracion pregona su crímen. La maldad suele trastornar el entendimiento, y el ánimo pecador divulga en sueños su secreto. Necesita confesor y no médico. Dios la perdone, y perdone á todos. No te alejes de su lado: aparta de ella cuanto pueda molestarla. Buenas noches. ¡Qué luz inesperada ha herido mis ojos! Pero más vale callar.

LA DAMA.

Buenas noches, doctor.

ESCENA II.

Campamento.

MENTEITH, ANGUSS, CAITHNÉSS y LÉNNOX.

MENTEITH.

Los ingleses, mandados por Malcolm, Suardo y Macduff, se adelantan á rápidas jornadas. El génio de la venganza los impele, y su belicoso ardor debe animar al más tibio.

ANGUSS.

Los encontraremos en el bosque de Birnam : esa es la direccion que traen.

CAITHNÉSS.

¿Donalbáin está con sus hermanos?

ANGUSS.

No, porque yo tengo la lista de todos los que vienen con Suardo, entre ellos su propio hijo y otros jóvenes que quieren hacer hoy sus primeros alardes varoniles.

MENTEITH.

¿Y qué hace Macbeth?

CAITHNÉSS.

Fortificar á Dunsinania. Dicen algunos que está loco, pero los que le quieren mejor afirman que está cegado por el furor de la pelea. No puede ya estrechar con el cinturon de su imperio el cuerpo de su desesperada causa.

ANGUSS.

Ni borrar de sus manos las huellas de sangre de su oculto crímen. Cada dia le abandonan sus parciales, y si alguno le obedece no es por cariño. Todo el mundo conoce que la púrpura real de su grandeza oculta un cuerpo raquítico y miserable.

MENTEITH.

¿ Y cómo no ha de temblar, si en el fondo de su alma se siente ya condenado ?

CAITHNÉSS.

Vamos á prestar homenaje al legítimo monarca, y á ofrecer nuestra sangre para que sirva de medicina á la patria oprimida.

LÉNNOX.

Ofrezcámosla toda, ó la que baste á regar el tronco y las ramas. Vamos al bosque de Birnam.

ESCENA III.

Castillo de Dunsinania.

MACBETH, un CRIADO, SÉTON y un MÉDICO.

MACBETH.

¡No quiero saber mas nuevas! Nada he de temer hasta que el bosque de Birnam se mueva contra Dunsinania. ¿Por ventura ese niño Malcolm no ha nacido de mujer? A mí dijeron los génios que conocen lo porvenir: « Macbeth, no temas á ningun hombre nacido de mujer. » Huyan en buen hora mis traidores caballeros: júntense con los epicúreos de Inglaterra. Mi alma es de tal temple, que no vacilará ni aún en lo más des-

hecho de la tormenta. (*Llega un criado.*) ¡ El diablo te
ennegrezca á fuerza de maldiciones esa cara blanca !
¿ Quién te dió esa mirada de liebre ?

CRIADO.

Vienen diez mil.

MACBETH.

¿ Liebres ?

CRIADO.

No , soldados.

MACBETH.

Aráñate la cara con las manos , para que el rubor
oculte tu miedo. ¡ Rayos y centellas ! ¿ Por qué palideces , cara de leche ? ¿ Qué guerreros son esos ?

CRIADO.

Ingleses.

MACBETH.

¿ Por qué no ocultas tu rostro , antes de pronunciar
tales palabras ?... ¡ Séton , Séton ! Este dia ha de ser el
último de mi poder , ó el primero de mi grandeza.
Demasiado tiempo he vivido. Mi edad se marchita y

amarillea como las hojas de otoño. Ya no puedo confiar en amigos, ni vivir de esperanzas. Sólo me resta oir enconadas maldiciones, ó el vano susurro de la lisonja. ¿ Séton ?

SÉTON.

Rey, tus órdenes aguardo.

MACBETH.

¿ Cuáles son las últimas noticias ?

SÉTON.

Exactas parecen las que este mensajero ha traido.

MACBETH.

Lidiaré, hasta que me arranquen la piel de los huesos. ¡ Pronto mis armas !

SÉTON.

No es necesario aún, señor.

MACBETH.

Quiero armarme, y correr la tierra con mis jinetes. Ahorcaré á todo el que hable de rendirse. ¡ Mis armas ! Doctor (*al médico*) ¿ cómo está mi mujer ?

MÉDICO.

No es grave su dolencia, pero mil extrañas visiones le quitan el sueño.

MACBETH.

Cúidala bien. ¿ No sabes curar su alma, borrar de su memoria el dolor, y de su cerebro las tenaces ideas que le agobian ? ¿ No tienes algun antídoto contra el veneno que hierve en su corazon ?

MÉDICO.

Estos males sólo puede curarlos el mismo enfermo.

MACBETH.

¡Echa a los perros tus medicinas! ¡Pronto, mis armas, mi cetro de mando! ¡Séton, convoca á tus guerreros! Los nobles me abandonan. Si tú, doctor, lograras volver á su antiguo lecho las aguas del rio, descubrir el verdadero mal de mi mujer, y devolverle la salud, no tendrian tasa mis aplausos y mercedes. Cúrala por Dios. ¿Qué jarabes, qué drogas, qué ruibarbo conoces que nos libre de los ingleses?... Iré á su encuentro, sin temer la muerte, mientras no se mueva contra nosotros el bosque de Dunsinania.

MÉDICO.

Si yo pudiera huir de Dunsinania, no volveria aunque me ofreciesen un tesoro.

ESCENA IV.

Campamento á la vista de un bosque.

MALCOLM, CAITHNÉSS, un SOLDADO, SUARDO y MACDUFF.

MALCOLM.

Amigos, ha llegado la hora de volver á tomar posesion de nuestras casas. ¿Qué selva es esta?

CAITHNÉSS.

La de Birnam.

MALCOLM.

Corte cada soldado una rama, y delante cúbrase con ella, para que nuestro número parezca mayor, y podamos engañar á los espías.

SOLDADO.

Así lo haremos.

SUARDO.

Dicen que el tirano está muy esperanzado, y nos aguarda en Dunsinania.

MALCOLM.

Hace bien en encerrarse, porque sus mismos parciales le abandonan, y los pocos que le ayudan, no lo hacen por cariño.

MACDUFF.

Dejemos tales observaciones para cuando esté acabada nuestra empresa. Ahora conviene pensar sólo en el combate.

SUARDO.

Pronto hemos de ver el resultado y no por vanas conjeturas.

ESCENA V.

Alcázar de Dunsinania.

MACBETH, SITON y un ESPÍA.

MACBETH.

Tremolad mi enseña en los muros. Ya suenan cerca sus clamores. El castillo es inexpugnable. Pelearán en nuestra ayuda el hambre y la fiebre. Si no nos abandonan los traidores, saldrémos al encuentro del enemigo, y le derrotarémos frente á frente. ¿Pero qué ruido siento?

SITON.

Son voces de mujeres.

MACBETH.

Yo soy inaccesible al miedo. Tengo estragado el

paladar del alma. Hubo tiempo en que me aterraba cualquier rumor nocturno, y se erizaban mis cabellos, cuando oia referir alguna espantosa tragedia, pero despues llegué á saciarme de horrores: la imágen de la desolacion se hizo familiar á mi espíritu, y ya no me conmueve nada. ¿Pero qué gritos son esos?

SITON.

La reina ha muerto.

MACBETH.

¡Ojalá hubiera sido más tarde! No es oportuna la ocasion para tales nuevas. Esa engañosa palabra *ma-ñana*, *mañana*, *mañana* nos va llevando por dias al sepulcro, y la falaz lumbre del ayer ilumina al necio hasta que cae en la fosa. ¡Apágate ya, luz de mi vida! ¿Qué es la vida sino una sombra, un histrion que pasa por el teatro, y á quien se olvida despues, ó la vana y ruidosa fábula de un necio? *(Llega un espía.)* Habla, que ese es tu oficio.

ESPÍA.

Señor, te diré lo que he visto, pero apenas me atrevo.

MACBETH.

Di sin temor.

ESPÍA.

Señor, juraria que el bosque de Birnam se mueve hácia nosotros. Lo he visto desde lo alto del collado.

MACBETH.

¡Mentira vil!

ESPÍA.

Mátame, si no es cierto. El bosque viene andando, y está á tres millas de aquí.

MACBETH.

Si mientes, te colgaré del primer árbol que veamos, y allí morirás de hambre. Si dices verdad, ahórcame tú á mí. Ya desfallece mi temeraria confianza. Ya empiezo á dudar de esos génios que mezclan mentiras con verdades. Ellos me dijeron: «Cuando la selva de Birnam venga á Dunsinania;» y la selva viene marchando. ¡A la batalla, á la batalla! Si es verdad lo que dices, inútil es quedarse. Ya me ahoga la vida, me hastia la luz del sol. Anhelo que el orbe se confunda. Rujan los vientos desatados. ¡Sonad las trompetas!

ESCENA VI.

Explanada delante del castillo de Dunsinania.

MALCOLM, SUARDO y MACDUFF.

MALCOLM.

Hemos llegado. Dejad el verde escudo de esas ramas, y apercibíos al combate. Amado pariente mio, Suardo, tú dirigirás el ataque con tu noble hijo y mi primo. El valiente Macduff y yo cuidaremos de lo restante.

SUARDO.

Está bien, señor. Sea vencido quien no lidie esta noche bizarramente contra las huestes del tirano.

MACDUFF.

Hienda el clarin los aires en aullido de muerte y de venganza.

ESCENA VII.

Otra parte del campo.

MACBETH, el jóven SUARDO, MACDUFF, MALCOLM, SUARDO, ROSS y CABALLEROS.

MACBETH.

Estoy amarrado á mi corcel. No puedo huir. Me defenderé como un oso. ¿Quién puede vencerme, como no sea el que no haya nacido de madre?

EL JÓVEN SUARDO.

¿Quién eres?

MACBETH.

Temblarás de oir mi nombre.

EL JÓVEN SUARDO.

No, aunque sea el más horrible de los que suenan en el infierno.

MACBETH.

Soy Macbeth.

EL JÓVEN SUARDO.

Ni el mismo Satanás puede proferir nombre más aborrecible.

MACBETH.

Ni que infunda más espanto.

EL JÓVEN SUARDO.

Mientes, y te lo probaré con mi hierro. (*Combaten, y Suardo cae herido por Macbeth.*)

MACBETH.

Tú naciste de madre, y ninguno de los nacidos de mujer puede conmigo.

MACDUFF.

Por aquí se oye ruido. ¡Ven, tirano! Si mueres al filo de otra espada que la mia, no me darán tregua ni reposo las sombras de mi mujer y de mis hijos. Yo no peleo contra viles mercenarios, que alquilan su brazo al mejor postor. O mataré á Macbeth, ó no teñirá la sangre el filo de mi espada. Por allí debe estar. Aquellos clamores indican su presencia. ¡Fortuna! déjame encontrarle.

SUARDO.

(*A Malcolm.*) El castillo se ha rendido, señor. Las gentes del tirano se dispersan. Vuestros caballeros lidian como leones. La victoria es nuestra. Se declaran en nuestro favor hasta los mismos enemigos. Subamos á la fortaleza.

MACBETH.

¿Por qué he de morir neciamente como el romano, arrojándome sobre mi espada? Mientras me quede un soplo de vida, no dejaré de amontonar cadáveres.

MACDUFF.

Detente, perro de Satanás.

MACBETH.

He procurado huir de tí. Huye tú de mí. Estoy harto de tu sangre.

MACDUFF.

Te respondo con la espada. No hay palabras bastantes para maldecirte.

MACBETH.

¡ Tiempo perdido ! Más fácil te será cortar el aire con la espada que herirme á mí. Mi vida está hechizada : no puede matarme quien haya nacido de mujer.

MACDUFF.

¿ De qué te sirven tus hechizos ? ¿ No te dijo el génio á quien has vendido tu alma, que Macduff fué arrancado, antes de tiempo, de las entrañas de su madre muerta ?

MACBETH.

¡ Maldita sea tu lengua que así me arrebata mi sobrenatural poder ! ¡ Qué necio es quien se fia en la promesa de los demonios que nos engañan con equívocas y falaces palabras ! No puedo pelear contigo !

MACDUFF.

Pues ríndete, cobarde, y serás el escarnio de las gentes, y te ataremos vivo á la picota, con un rótulo que diga : « Este es el tirano.»

MACBETH.

Nunca me rendiré. No quiero besar la tierra que huelle Malcolm, ni sufrir las maldiciones de la plebe.

Moriré batallando, aunque la selva de Birnam se haya movido contra Dunsinania, y aunque tú no seas nacido de mujer. Mira. Cubro mi pecho con el escudo. Hiéreme sin piedad, Macduff. ¡ Maldicion sobre quien diga « basta ! »   (*Combaten.*)

MALCOLM.

¡ Quiera Dios que vuelvan los amigos que nos faltan !

SUARDO.

Algunos habrán perecido, que no puede menos de pagarse cara la gloria de tal dia.

MALCOLM.

Faltan Macduff y tu hijo.

ROSS.

Tu hijo murió como soldado. Vivió hasta ser hombre, y con su heroica muerte probó que era digno de serlo.

SUARDO.

¿ Dices que ha muerto ?

ROSS.

Cayó entre los primeros. No iguales tu dolor al heroismo que él mostró, porque entonces no tendrán fin tus querellas.

SUARDO.

¿ Y fué herido de frente ?

ROSS.

De frente.

SUARDO.

Dios le habrá recibido entre sus guerreros. ¡ Ojalá que tuviera yo tantos hijos como cabellos, y que todos murieran así! Llegó su hora.

MALCOLM.

Honroso duelo merece, y yo me encargo de tribu-
társelo.

SUARDO.

Saldó como honrado sus cuentas con la muerte.
¡ Dios le haya recibido en su seno !

MACDUFF.

(*Que se presenta con la cabeza de Macbeth.*) Ya eres rey.
Mira la cabeza del tirano. Libres somos. La flor de tu
reino te rodea, y yo en nombre de todos, seguro de
que sus voces responderán á las mias, te aclamo rey
de Escocia.

TODOS.

¡ Salud al Rey de Escocia !

MALCOLM.

No pasará mucho tiempo sin que yo pague á todos
lo que al afecto de todos debo. Nobles caballeros parientes mios, desde hoy sereis condes, los primeros
que en Escocia ha habido. Luego haré que vuelvan á
sus casas los que huyeron del hierro de los asesinos
y de la tiranía de Macbeth, y de su diabólica mujer
que, segun dicen, se ha suicidado. Estas cosas y cuantas sean justas haré con la ayuda de Dios. Os invito á
asistir á mi coronacion en Escocia.

ROMEO Y JULIETA.

TRADUCCION

DE

D. MARCELINO MENENDEZ PELAYO.

Ilustracion de *Fernando Piloty* y *Pablo Thuman.*
Grabados de *H. Käseberg* y otros.

PERSONAJES.

~~~~~~

ESCALA, príncipe de Verona.
PÁRIS, pariente del Príncipe.
MONTESCO.
CAPULETO.
Un Viejo de la familia Capuleto.
ROMEO, hijo de Montesco.
MERCUTIO, amigo de Romeo.
BENVOLIO, sobrino de Montesco.
TEOBALDO, sobrino de Capuleto.
Fr. LORENZO. } de la Órden de S. Francisco.
Fr. JUAN
BALTASAR, criado de Romeo.
SANSON. } criados de Capuleto.
GREGORIO.
PEDRO, criado del ama de Julieta.
ABRAHAM, criado de Montesco.
Un boticario.
Tres músicos.
Dos pajes de Páris.
Un Oficial.
La señora de Montesco.
La señora de Capuleto.
JULIETA, hija de Capuleto.
El Ama de Julieta.

CIUDADANOS de Verona, ALGUACILES, GUARDIAS,
ENMASCARADOS, etc., CORO.

————

La escena pasa en Verona y en Mántua.

PRÓLOGO.

CORO.

 N la hermosa Verona, donde acaecieron estos amores, dos familias rivales igualmente nobles habian derramado, por sus odios mutuos, mucha inculpada sangre. Sus inocentes hijos pagaron la pena de estos rencores, que trajeron su muerte y el fin de su triste amor. Sólo dos horas va á durar en la escena este odio secular de razas. Atended al triste enredo, y suplireis con vuestra atencion lo que falte á la tragedia.

ACTO I.

ESCENA PRIMERA.

Una plaza de Verona.

SANSON y GREGORIO , con espadas y broqueles.

SANSON.

fe mia, Gregorio, que no hay por qué bajar la cabeza.

GREGORIO.

Eso seria convertirnos en bestias de carga.

SANSON.

· Queria decirte que , si nos hostigan, debemos responder.

GREGORIO.

Sí : soltar la albarda.

SANSON.

Yo, si me pican, fácilmente salto.

GREGORIO.

Pero no es fácil picarte para que saltes.

SANSON.

Basta cualquier gozquejo de casa de los Montescos para hacerme saltar.

GREGORIO.

Quien salta, se va. El verdadero valor está en quedarse firme en su puesto. Eso que llamas saltar es huir.

SANSON.

Los perros de esa casa me hacen saltar primero y me páran despues. Cuando topo de manos á boca con hembra ó varon de casa de los Montescos, pongo piés en pared.

GREGORIO.

¡Necedad insigne! Si pones piés en pared, te caerás de espaldas.

SANSON.

Cierto, y es condicion propia de los débiles. Los Montescos al medio de la calle, y sus mozas á la acera.

GREGORIO.

Esa discordia es de nuestros amos. Los criados no tenemos que intervenir en ella.

SANSON.

Lo mismo da. Seré un tirano. Acabaré primero con los hombres y luego con las mujeres.

GREGORIO.

¿Qué quieres decir?

SANSON.

Lo que tú quieras. Sabes que no soy rana.

GREGORIO.

No eres ni pescado ni carne. Saca tu espada, que aquí vienen dos criados de casa Montesco.

SANSON.

Ya está fuera la espada: entra tú en lid, y yo te defenderé.

GREGORIO.

¿Por qué huyes, volviendo las espaldas?

SANSON.

Por no asustarte.

GREGORIO.

¿ Tú asustarme á mí ?

SANSON.

Procedamos legalmente. Déjalos empezar á ellos.

GREGORIO.

Les haré una mueca al pasar, y veremos cómo lo toman.

SANSON.

Veremos si se atreven. Yo me chuparé el dedo, y buena vergüenza será la suya si lo toleran.

(*Abraham y Baltasar.*)

ABRAHAM.

Hidalgo, ¿ os estais chupando el dedo porque nosotros pasamos ?

SANSON.

Hidalgo, es verdad que me chupo el dedo.

ABRAHAM.

Hidalgo, ¿ os chupais el dedo porque nosotros pasamos ?

SANSON. (*A Gregorio.*)

¿ Estamos dentro de la ley, diciendo que sí ?

GREGORIO. (*A Sanson.*)

No por cierto.

SANSON.

Hidalgo, no me chupaba el dedo porque vosotros pasabais, pero la verdad es que me lo chupo.

GREGORIO.

¿ Quereis armar cuestion, hidalgo ?

ABRAHAM.

Ni por pienso, señor mio.

SANSON.

Si quereis armarla, aquí estoy á vuestras órdenes. Mi amo es tan bueno como el vuestro.

ABRAHAM.

Pero mejor, imposible.

SANSON.

Está bien, hidalgo.

GREGORIO. (*A Sanson.*)

Dile que el nuestro es mejor, porque aquí se acerca un pariente de mi amo.

SANSON.

Es mejor el nuestro, hidalgo.

ABRAHAM.

Mentira.

SANSON.

Si sois hombre, sacad vuestro acero. Gregorio: acuérdate de tu sábia estocada. (*Pelean.*)

(*Llegan Benvolio y Teobaldo*).

BENVOLIO.

Envainad, majaderos. Estais peleando, sin saber por qué.

TEOBALDO.

¿Por qué desnudais los aceros? Benvolio, ¿quieres ver tu muerte?

BENVOLIO.

Los estoy poniendo en paz. Envaina tú, y no busques quimeras.

TEOBALDO.

¡Hablarme de paz, cuando tengo el acero en la mano! Más odiosa me es tal palabra que el infierno mismo, más que Montesco, más que tú. Ven, cobarde.

(*Reúnese gente de uno y otro bando. Trábase la riña.*)

CIUDADANOS.

Venid con palos, con picas, con hachas. ¡Mueran Capuletos y Montescos!

(*Entran Capuleto y la señora de Capuleto.*)

CAPULETO.

¿Qué voces son esas? Dadme mi espada.

SEÑORA.

¿Qué espada? Lo que te conviene es una muleta.

CAPULETO.

Mi espada, mi espada, que Montesco viene blandiendo contra mí la suya tan vieja como la mia.

(*Entran Montesco y su mujer.*)

MONTESCO.

¡Capuleto infame, déjame pasar, aparta!

SEÑORA.

No te dejaré dar un paso más.

(*Entra el Príncipe con su séquito.*)

PRÍNCIPE.

¡Rebeldes, enemigos de la paz, derramadores de sangre humana! ¿No quereis oir? Humanas fieras que apagais en la fuente sangrienta de vuestras venas el ardor de vuestras iras, arrojad en seguida á tierra las armas fratricidas, y escuchad mi sentencia. Tres veces, por vanas quimeras y fútiles motivos, habeis ensangrentado las calles de Verona, haciendo á sus habitantes, áun los más graves é ilustres, empuñar las enmohecidas alabardas, y cargar con el hierro sus manos envejecidas por la paz. Si volveis á turbar el sosiego de nuestra ciudad, me respondereis con vuestras cabezas. Basta por ahora; retiraos todos. Tú, Capuleto, vendrás conmigo. Tú, Montesco, irás á buscarme dentro de poco á la Audiencia, donde te hablaré más largamente. Pena de muerte á quien permanezca aquí.

(*Vase.*)

MONTESCO.

¿Quién ha vuelto á comenzar la antigua discordia? ¿Estabas tú cuando principió, sobrino mio?

BENVOLIO.

Los criados de tu enemigo estaban ya lidiando con los nuestros cuando llegué, y fueron inútiles mis esfuerzos para separarlos. Teobaldo se arrojó sobre mí, blandiendo el hierro que azotaba el aire despreciador de sus furores. Al ruido de las estocadas acorre gente de una parte y otra, hasta que el Príncipe separó á unos y otros.

SEÑORA DE MONTESCO.

¿Y has visto á Romeo? ¡Cuánto me alegro de que no se hallara presente!

BENVOLIO.

Sólo faltaba una hora para que el sol amaneciese por las doradas puertas del Oriente, cuando salí á pasear, solo con mis cuidados, al bosque de sicomoros que crece al poniente de la ciudad. Allí estaba tu hijo. Apenas le ví me dirigí á él, pero se internó en lo más profundo del bosque. Y como yo sé que en ciertos casos la compañía estorba, seguí mi camino y mis cavilaciones, huyendo de él con tanto gusto como él de mí.

SEÑORA DE MONTESCO.

Dicen que va allí con frecuencia á juntar su llanto con el rocío de la mañana y contar á las nubes sus querellas, y apenas el sol, alegría del mundo, descorre los sombríos pabellones del tálamo de la aurora, huye Romeo de la luz y torna á casa, se encierra sombrio en su cámara, y para esquivar la luz del dia, crea artificialmente una noche. Mucho me apena su estado, y seria un dolor que su razon no llegase á dominar sus caprichos.

BENVOLIO.

¿Sospechais la causa, tio?

MONTESCO.

No la sé ni puedo indagarla.

BENVOLIO.

¿No has podido arrancarle ninguna explicacion?

MONTESCO.

Ni yo, ni nadie. No sé si pienso bien ó mal, pero él es el único consejero de sí mismo. Guarda con avaricia su secreto y se consume en él, como el gérmen herido por el gusano antes de desarrollarse y encantar al sol con su hermosura. Cuando yo sepa la causa de su mal, procuraré poner remedio.

BENVOLIO.

Aquí está. Ó me engaña el cariño que le tengo, ó voy á saber pronto la causa de su mal.

MONTESCO.

¡Oh si pudieses con habilidad descubrir el secreto! Ven, esposa.

(*Entra Romeo.*)

BENVOLIO.

Muy madrugador estás.

ROMEO.

¿Tan jóven está el dia?

BENVOLIO.

Aún no han dado las nueve.

ROMEO.

¡Tristes horas, cuán lentamente caminais! ¿No era mi padre quien salia ahora de aquí?

BENVOLIO.

Si por cierto. Pero ¿qué dolores son los que alargan tanto las horas de Romeo?

ROMEO.

El carecer de lo que las haria cortas.

BENVOLIO.

¿Cuestion de amores?

ROMEO.

Desvíos.

BENVOLIO.

¿De amores?

ROMEO.

Mi alma padece el implacable rigor de sus desdenes.

BENVOLIO.

¿Por qué el amor que nace de tan débiles principios, impera luego con tanta tiranía?

ROMEO.

¿Por qué, si pintan ciego al Amor, sabe elegir tan extrañas sendas á su albedrío? ¿Dónde vamos á comer hoy? ¡Válgame Dios! Cuéntame lo que ha pasado. Pero no, ya lo sé. Hemos encontrado el Amor junto al odio; amor discorde, odio amante; rara confusion de la naturaleza, cáos sin forma, materia grave á la vez que ligera, fuerte y débil, humo y plomo, fuego helado, salud que fallece, sueño que vela, esencia incógnita. No puedo acostumbrarme á tal amor. ¿Te ries? ¡Vive Dios!...

BENVOLIO.

No, primo. No me rio, antes lloro.

ROMEO.

¿De qué, alma generosa?

BENVOLIO.

De tu desesperacion.

ROMEO.

Es prenda del amor. Se agrava el peso de mis penas, sabiendo que tú tambien las sientes. Amor es fuego aventado por el aura de un suspiro; fuego que arde y centellea en los ojos del amante. O más bien es torrente desbordado que las lágrimas acrecen. ¿Qué más podré decir de él? Diré que es locura sábia, hiel que emponzoña, dulzura embriagadora. Quédate adios, primo.

BENVOLIO.

Quiero ir contigo. Me enojaré si me dejas así, y no te enojes.

ROMEO.

Calla, que el verdadero Romeo debe andar en otra parte.

BENVOLIO.

Dime el nombre de tu amada.

ROMEO.

¿Quieres oir gemidos?

BENVOLIO.

¡Gemidos! ¡Donosa idea! Dime formalmente quién es.

ROMEO.

¿Dime formalmente?... ¡Oh, qué frase tan cruel! Decid que haga testamento al que está padeciendo horriblemente. Primo, estoy enamorado de una mujer.

BENVOLIO.

Hasta ahí ya lo comprendo.

ROMEO.

Has acertado. Estoy enamorado de una mujer hermosa.

BENVOLIO.

¿Y será fácil dar en ese blanco tan hermoso?

ROMEO.

Vanos serian mis tiros, porque ella, tan casta como Diana la cazadora, burlará todas las pueriles flechas del rapaz alado. Su recato la sirve de armadura. Huye de las palabras de amor, evita el encuentro de otros ojos, no la rinde el oro. Es rica, porque es hermosa. Pobre, porque cuando muera, sólo quedarán despojos de su perfeccion soberana.

BENVOLIO.

¿Está ligada á Dios por algun voto de castidad?

ROMEO.

No es ahorro el suyo, es desperdicio, porque esconde avaramente su belleza, y priva de ella al mundo.

Es tan discreta y tan hermosa, que no debiera complacerse en mi tormento, pero aborrece el amor, y ese voto es la causa de mi muerte.

BENVOLIO.

Déjate de pensar en ella.

ROMEO.

Enséñame á dejar de pensar.

BENVOLIO.

Hazte libre. Fíjate en otras.

ROMEO.

Así brillará más y más su hermosura. Con el negro antifaz resalta más la blancura de la tez. Nunca olvida el don de la vista quien una vez la perdió. La beldad más perfecta que yo viera, sólo seria un libro donde leer que era mayor la perfeccion de mi adorada. ¡ Adios ! No sabes enseñarme á olvidar.

BENVOLIO.

Me comprometo á destruir tu opinion.

ESCENA II.

Calle.

CAPULETO, PÁRIS y un CRIADO.

CAPULETO.

La misma órden que á mí obliga á Montesco, y á nuestra edad no debia ser difícil vivir en paz.

PÁRIS.

Los dos sois iguales en nobleza, y no debierais estar discordes. ¿Qué respondeis á mi peticion?

CAPULETO.

Ya he respondido. Mi hija acaba de llegar al mundo. Aún no tiene más que catorce años, y no estará madura para el matrimonio, hasta que pasen lo menos dos veranos.

PÁRIS.

Otras hay más jóvenes y que son ya madres.

CAPULETO.

Los árboles demasiado tempranos no prosperan. Yo he confiado mis esperanzas á la tierra y ellas florecerán. De todas suertes, Páris, consulta tú su voluntad. Si ella consiente, yo consentiré tambien. No pienso oponerme á que elija con toda libertad entre los de su clase. Esta noche, segun costumbre inmemorial, recibo en casa á mis amigos, uno de ellos vos. Deseo que piseis esta noche el modesto umbral de mi casa, donde vereis brillar humanas estrellas. Vos, como jóven lozano, que no hollais como yo las pisadas del invierno frio, disfrutareis de todo. Allí oireis un coro de hermosas doncellas. Oidlas, vedlas, y elegid entre todas la más perfecta. Quizá despues de maduro exámen, os parecerá mi hija una de tantas. Tú (*al criado*) véte recorriendo las calles de Verona, y á todos aquellos cuyos nombres verás escritos en este papel, invítalos para esta noche en mi casa. (*Vanse Capuleto y Páris.*)

CRIADO.

¡Pues es fácil encontrarlos á todos! El zapatero está condenado á usar la vara, el sastre la horma, el pintor el pincel, el pescador las redes, y yo á buscar á todos aquellos cuyos nombres están escritos aquí, sin saber qué nombres son los que aquí están escritos. Dénme su favor los sabios. Vamos.

BENVOLIO y ROMEO.

BENVOLIO.

No digas eso. Un fuego apaga otro, un dolor mata otro dolor, á una pena antigua otra nueva. Un nuevo amor puede curarte del antiguo.

ROMEO.

Curarán las hojas del plátano.

BENVOLIO.

¿ Y qué curarán ?

ROMEO.

Las desolladuras.

BENVOLIO.

¿ Estás loco ?

ROMEO.

¡ Loco ! Estoy atado de piés y manos como los locos, encerrado en cárcel asperísima, hambriento, azotado y atormentado. — Buenos dias, hombre. (*Al criado*.)

CRIADO.

Buenos dias. ¿ Sabeis leer, hidalgo ?

ROMEO.

Ciertamente que sí.

CRIADO.

¡ Raro alarde ! ¿ Sabeis leer sin haberlo aprendido ? ¿ Sabreis leer lo que ahí dice ?

ROMEO.

Si el concepto es claro y la letra tambien.

CRIADO.

¿De verdad? Dios os guarde.

ROMEO.

Espera, que probaré á leerlo. «El señor Martin, y su mujer é hijas, el conde Anselmo y sus hermanas, la viuda de Viturbio, el señor Plasencio y sus sobrinas, Mercutio y su hermano Valentin, mi tio Capuleto con su mujer é hijas, Rosalía mi sobrina, Livia, Valencio y su primo Teobaldo, Lucía y la hermosa Elena.» ¡Lucida reunion! ¿Y dónde es la fiesta?

CRIADO.

Allí.

ROMEO.

¿Dónde?

CRIADO.

En mi casa, á cenar.

ROMEO.

¿ En qué casa ?

CRIADO.

En la de mi amo.

ROMEO.

Lo primero que debí preguntarte es su nombre.

CRIADO.

Os lo diré sin ambáges. Se llama Capuleto y es generoso y rico. Si no sois Montesco, podeis ir á beber á la fiesta. Id, os lo ruego. (*Vase.*)

BENVOLIO.

Rosalía á quien adoras, asistirá á esta fiesta con todas las bellezas de Verona. Allí podrás verla y compararla con otra que yo te enseñaré, y el cisne te parecerá grajo.

ROMEO.

No permite tan indigna traicion la santidad de mi amor. Ardan mis verdaderas lágrimas, ardan mis ojos (que antes se ahogaban) si tal herejía cometen. ¿Puede haber otra más hermosa que ella ? No la ha visto desde la creacion del mundo, el sol que lo ve todo.

BENVOLIO.

Tus ojos no ven más que lo que les halaga. Vas á pesar ahora en tu balanza á una mujer más bella que esa, y verás cómo tu señora pierde de los quilates de su peso, cotejada con ella.

ROMEO.

Iré, pero no quiero ver tal cosa, sino gozarme en la contemplacion de mi cielo.

ESCENA III.

En casa de Capuleto.

La señora de CAPULETO y el AMA.

SEÑORA.

Ama, ¿ dónde está mi hija ?

AMA.

Sea en mi ayuda mi probada paciencia de doce años. Ya la llamé. Cordero, Mariposa. Válgame Dios. ¿ Dónde estará esta niña ? Julieta...

JULIETA.

¿ Quién me llama ?

AMA.

Tu madre.

JULIETA.

Señora, aquí estoy. Dime qué sucede.

SEÑORA.

Sucede que... Ama, déjanos á solas un rato... Pero no, quédate. Deseo que oigas nuestra conversacion. Mi hija está en una edad decisiva.

AMA.

Ya lo creo. No me acuerdo qué edad tiene exactamente.

SEÑORA.

Todavía no ha cumplido los catorce.

AMA.

Apostaria catorce dientes (¡ ay de mí, no tengo

más que cuatro) á que no son catorce. ¿ Cuándo llega el dia de los Ángeles ?

SEÑORA.

Dentro de dos semanas.

AMA.

Sean pares ó nones, ese dia, en anocheciendo, cumple Julieta años. ¡ Válgame Dios ! La misma edad tendrian ella y mi Susana. Pero Susana está en el cielo. No merecia yo tanta dicha. Pues como iba diciendo, cumplirá catorce años la tarde de los Ángeles. ¡ Vaya si los cumplirá ! Me acuerdo bien. Hace once años, cuando el terremoto, la quitamos el pecho. Jamas confundo aquel dia con ningun otro del año. Debajo del palomar, sentada al sol, unté mi pecho con acíbar. Vos y mi amo estabais en Mántua. ¡ Me acuerdo tan bien ! Pues como digo, la tonta de ella, apenas probó el pecho y lo halló tan amargo, ¡ qué furiosa se puso contra mí ! ¡ Temblaba el palomar ! Once años van de esto. Ya se tenia en pié, ya corria... tropezando á veces. Por cierto que el dia antes se habia hecho un chichon en la frente, y mi marido (¡ Dios le tenga en gloria !) ¡con qué gracia levantó á la niña! y le dijo: «Vaya, ¿te has caido de frente ? No caerás así cuando te entre el juicio. ¿ Verdad, Julieta ? » Sí, respondió la inocente limpiándose las lágrimas. El tiempo hace verdades las burlas. Mil años que viviera, me acordaria de esto. «¿ No es verdad, Julieta ?» y ella lloraba y decia que sí.

SEÑORA.

Basta ya. Cállate, por favor te lo pido.

AMA.

Me callaré, señora; pero no puedo menos de reirme, acordándome que dijo *sí*, y creo que tenia en la frente

un chichon tamaño como un huevo, y lloraba que no
habia consuelo para ella.

JULIETA.

Cállate ya ; te lo suplico.

AMA.

Bueno, me callaré. Dios te favorezca , porque eres la
niña más hermosa que he criado nunca. ¡ Qué grande
seria mi placer en verla casada !

JULIETA.

Aún no he pensado en tanta honra.

AMA.

¡ Honra ! Pues si no fuera por haberte criado yo á
mis pechos, te diria que habias mamado leche de discrecion y sabiduría.

SEÑORA.

Ya puedes pensar en casarte. Hay en Verona madres
de familia menores que tú , y yo misma lo era cuando
apenas tenia tu edad. En dos palabras, aspira á tu
mano el gallardo Páris.

AMA.

¡ Niña mia ! ¡ Vaya un pretendiente ! Si parece de
cera.

SEÑORA.

No tiene flor más linda la primavera de Verona.

AMA.

¡ Eso una flor ! Sí que es flor , ciertamente.

SEÑORA.

Quiero saber si le amarás. Esta noche ha de venir.

Verás escrito en su cara todo el amor que te profesa.
Fíjate en su rostro y en la armonía de sus facciones.
Sus ojos servirán de comentario á lo que haya de confuso en el libro de su persona. Este libro de amor, des-
encuadernado todavía, merece una espléndida cubier-
ta. La mar se ha hecho para el pez. Toda belleza gana
en contener otra belleza. Los áureos broches del libro
esmaltan la áurea narracion. Todo lo que él tenga será
tuyo. Nada perderás en ser su mujer.

AMA.

¿ Nada ? Disparate será el pensarlo.

SEÑORA.

Di si podrás llegar á amar á Páris.

JULIETA.

Lo pensaré, si es que el ver predispone á amar.
Pero el dardo de mis ojos sólo tendrá la fuerza que le
preste la obediencia.   (*Entra un criado.*)

CRIADO.

Los huéspedes se acercan. La cena está pronta. Os
llaman. La señorita hace falta. En la cocina están diciendo mil pestes del ama. Todo está dispuesto. Os
suplico que vengais en seguida.

SEÑORA.

Vámonos tras tí, Julieta. El Conde nos espera.

AMA.

Niña, piensa bien lo que haces.

ESCENA IV.

Calle.

ROMEO, MERCUTIO, BENVOLIO, y máscaras
con teas encendidas.

ROMEO.

¿Pronunciaremos el discurso que traíamos compuesto, ó entraremos sin preliminares?

BENVOLIO.

Nada de rodeos. Para nada nos hace falta un Amorcillo de laton con venda por pañuelo, y con arco, espanta pájaros de doncellas. Para nada repetir con el

apuntador, en voz medrosa, un prólogo inútil. Midannos por el compas que quieran, y hagamos nosotros unas cuantas mudanzas de baile.

15

ROMEO.

Dadme una tea. No quiero bailar. El que está á oscuras necesita luz.

MERCUTIO.

Nada de eso, Romeo; tienes que bailar.

ROMEO.

No por cierto. Vosotros llevais zapatos de baile, y yo estoy como tres en un zapato, sin poder moverme.

MERCUTIO.

Pídele sus alas al Amor, y con ellas te levantarás de la tierra.

ROMEO.

Sus flechas me han herido de tal modo, que ni siquiera sus plumas bastan para levantarme. Me ha atado de tal suerte, que no puedo pasar la raya de mis dolores. La pesadumbre me ahoga.

MERCUTIO.

No has debido cargar con tanto peso al amor, que es muy delicado.

ROMEO.

¡Delicado el amor! Antes duro y fuerte y punzante como el cardo.

MERCUTIO.

Si es duro, sé tú duro con él. Si te hiere, hiérele tú, y verás cómo se da por vencido. Dadme un antifaz para cubrir mi rostro. ¡Una máscara sobre otra máscara!

BENVOLIO.

Llamad á la puerta, y cuando estemos dentro, cada uno baile como pueda.

ROMEO.

¡ Una antorcha ! Yo, imitando la frase de mi abuelo, seré quien lleve la luz en esta empresa, porque el gato escaldado huye del agua.

MERCUTIO.

De noche todos los gatos son pardos, como decia muy bien el Condestable. Nosotros te sacaremos de esa caldera de amor en que te escaldaste. ¡ Vamos, que la luz se va acabando !

ROMEO.

No por cierto.

MERCUTIO.

Mientras andamos en vanas palabras, se gastan las antorchas. Entiende tú bien lo que quiero decir.

ROMEO.

¿ Tienes ganas de entrar en el baile ? ¿ Crees que eso tiene sentido?

MERCUTIO.

¿ Y lo dudas?

ROMEO.

Tuve anoche un sueño.

MERCUTIO.

Y yo otro esta noche.

ROMEO.

¿ Y á qué se reduce tu sueño ?

MERCUTIO.

Comprendí la diferencia que hay del sueño á la realidad.

ROMEO.

En la cama fácilmente se sueña.

MERCUTIO.

Sin duda te ha visitado la reina Mab, nodriza de las hadas. Es tan pequeña como el ágata que brilla en el anillo de un regidor. Su carroza va arrastrada por caballos leves como átomos, y sus rádios son patas de tarántula, las correas son de gusano de seda, los frenos de rayos de luna: huesos de grillo é hilo de araña forman el látigo; y un mosquito de oscura librea, dos veces más pequeño que el insecto que la aguja sutil extrae del dedo de ociosa dama, guia el espléndido equipaje. Una cáscara de avellana forma el coche elaborado por la ardilla, eterna carpintera de las hadas. En ese carro discurre de noche y dia por cabezas enamoradas, y les hace concebir vanos deseos, y anda por las cabezas de los cortesanos, y les inspira vanas cortesías. Corre por los dedos de los abogados, y sueñan con procesos. Recorre los labios de las damas, y sueñan con besos. Anda por las narices de los pretendientes, y sueñan que han alcanzado un empleo. Azota con la punta de un rabo de puerco las orejas del cura, produciendo en ellas sabroso cosquilleo, indicio cierto de beneficio ó canonjía cercana. Se adhiere al cuello del soldado, y le hace soñar que vence y triunfa de sus enemigos y los degüella con su truculento acero toledano, hasta que oyendo los sones del cercano atambor, se despierta sobresaltado, reza un padre nuestro, y vuelve á dormirse. La reina Mab es quien enreda de noche las crines de los caballos, y enmaraña el pelo de los duendes, é infecta el lecho de la cándida vírgen, y despierta en ella por primera vez impuros pensamientos.

ROMEO.

Basta, Mercutio. No prosigas en esa charla impertinente.

MERCUTIO.

De sueños voy hablando, fantasmas de la imaginacion dormida, que en su vuelo excede la ligereza de los aires, y es más mudable que el viento.

BENVOLIO.

Tú sí que estás arrojando viento y humo por esa boca. Ya nos espera la cena, y no es cosa de llegar tarde.

ROMEO.

Demasiado temprano llegareis. Témome que las estrellas están de mal talante, y que mi mala suerte va á empezarse en este banquete, hasta que llegue la negra muerte á cortar esta inútil existencia. Pero en fin, el piloto de mi nave sabrá guiarla. Adelante, amigos mios.

BENVOLIO.

A son de tambores.

ESCENA V.

Sala en casa de Capuleto.

MÚSICOS y CRIADOS.

CRIADO 1.º

¿Dónde anda Cacerola, que ni limpia un plato, ni nos ayuda en nada?

CRIADO 2.º

¡Qué pena me da ver la cortesía en tan pocas manos, y éstas sucias!

CRIADO 1.º

Fuera los bancos, fuera el aparador. No perdais de vista la plata. Guardadme un pedazo del pastel. Decid al portero que deje entrar á Elena y á Susana la molinera. ¡Cacerola!

CRIADO 2.º

Aquí estoy, compañero.

CRIADO 1.º

Todos te llaman á comparecer en la sala.

CRIADO 2.º

No puedo estar en dos partes al mismo tiempo. Compañeros, acabad pronto, y el que quede sano, que cargue con todo.

(Entran Capuleto, su mujer, Julieta, Teobaldo, y convidados con máscaras.)

CAPULETO.

Celebro vuestra venida. Os invitan al baile los ligeros piés de estas damas. A la danza, jóvenes. ¿Quién se resiste á tan imperiosa tentacion? Ni siquiera la que por melindre dice que tiene callos. Bien venidos seais. En otro tiempo tambien yo gustaba de enmascararme, y decir al oido de las hermosas secretos que á veces no les desagradaban. Pero el tiempo llevó consigo tales flores. Celebro vuestra venida. Comience la música. ¡Que pasen delante las muchachas! *(Comienza el baile.)* ¡Luz, más luz! ¡Fuera las mesas! Nada de fuego, que harto calor hace. ¡Cómo te agrada el baile, picarillo! Una silla á mi primo, que nosotros no estamos para danzas. ¿Cuándo hemos dejado la máscara?

EL PRIMO DE CAPULETO.

¡Dios mio! Hace más de 30 años.

CAPULETO.

No tanto, primo. Si fué cuando la boda de Lucencio.
Por Pentecostes hará 25 años.

EL PRIMO DE CAPULETO.

Más tiempo hace, porque su hijo ha cumplido los
treinta.

CAPULETO.

¿Cómo, si, hace dos años, aún no habia llegado á
la mayor edad?

ROMEO.

(*Á su criado.*) ¿Dime, qué dama es la que enriquece
la mano de ese galan con tal tesoro?

CRIADO.

No la conozco.

ROMEO.

El brillo de su rostro afrenta al del sol. No merece la
tierra tan soberano prodigio. Parece entre las otras
como paloma entre grajos. Cuando el baile acabe, me
acercaré á ella, y estrecharé su mano con la mia. No
fué verdadero mi antiguo amor, que nunca belleza
como ésta vieron mis ojos.

TEOBALDO.

Por la voz parece Montesco. (*Al criado.*) Tráeme la
espada. ¿Cómo se atreverá ese malvado á venir con
máscara á perturbar nuestra fiesta? Juro por los huesos de mi linaje que sin cargo de conciencia le voy á
quitar la vida.

CAPULETO.

¿Por qué tanta ira, sobrino mio?

TEOBALDO.

Sin duda es un Montesco, enemigo jurado de mi casa, que ha venido aquí para burlarse de nuestra fiesta.

CAPULETO.

¿Es Romeo?

TEOBALDO.

El infame Romeo.

CAPULETO.

No más, sobrino. Es un perfecto caballero, y todo Verona se hace lenguas de su virtud, y aunque me dieras cuantas riquezas hay en la ciudad, nunca le ofendería en mi propia casa. Así lo pienso. Si en algo me estimas, ponle alegre semblante, que esa indignación y esa mirada torva no cuadran bien en una fiesta.

TEOBALDO.

Cuadra, cuando se introduce en nuestra casa tan ruin huésped. ¡No lo consentiré!

CAPULETO.

Sí lo consentirás. Te lo mando. Yo sólo tengo autoridad aquí. ¡Pues no faltaba más! ¡Favor divino! ¡Maltratar á mis huéspedes dentro de mi propia casa! ¡Armar quimera con ellos, sólo por echárselas de valiente!

TEOBALDO.

Tio, esto es una afrenta para nuestro linaje.

CAPULETO.

Lejos, lejos de aquí. Eres un rapaz incorregible. Cara te va á costar la desobediencia. ¡Ea, basta ya! Manos quedas... Traed luces... Yo te haré estar quedo. ¡Pues esto sólo faltaba! ¡A bailar, niñas!

TEOBALDO.

Mis carnes se estremecen en la dura batalla de mi repentino furor y mi ira comprimida. Me voy, porque esta injuria que hoy paso, ha de traer amargas hieles.

ROMEO.

(*Cogiendo la mano de Julieta.*) Si con mi mano he profanado tan divino altar, perdonadme. Mi boca borrará la mancha, cual peregrino ruboroso, con un beso.

JULIETA.

El peregrino ha errado la senda aunque parece devoto. El palmero sólo ha de besar manos de santo.

ROMEO.

¿Y no tiene labios el santo lo mismo que el romero?

JULIETA.

Los labios del peregrino son para rezar.

ROMEO.

¡Oh, qué santa! Truequen pues de oficio mis manos y mis labios. Rece el labio y concededme lo que pido.

JULIETA.

El santo oye con serenidad las súplicas.

ROMEO.

Pues oídme serena mientras mis labios rezan, y los vuestros me purifican. (*La besa.*)

JULIETA.

En mis labios queda la marca de vuestro pecado.

ROMEO.

¿Del pecado de mis labios? Ellos se arrepentirán con otro beso. (*Torna á besarla.*)

JULIETA.

Besais muy santamente.

AMA.

Tu madre te llama.

ROMEO.

¿Quién es su madre?

AMA.

La señora de esta casa, dama tan sábia como virtuosa. Yo crié á su hija, con quien ahora poco estabais hablando. Mucho dinero necesita quien haya de casarse con ella.

ROMEO.

¿Con que es Capuleto? ¡Hado enemigo!

BENVOLIO.

Vámonos, que se acaba la fiesta.

ROMEO.

Harta verdad es, y bien lo siento.

CAPULETO.

No os vayais tan pronto, amigos. Aún os espera una parca cena. ¿Os vais? Tengo que daros á todos las gracias. Buenas noches, hidalgos. ¡Luces, luces, aquí! Vámonos á acostar. Ya es muy tarde, primo mio. Vámonos á dormir.

(*Quedan solas Julieta y el Ama.*)

JULIETA.

Ama, ¿sabes quién es este mancebo?

AMA.

El mayorazgo de Fiter.

JULIETA.

¿Y aquel otro que sale?

AMA.

El jóven Petrucio, si no me equivoco.

JULIETA.

¿Y el que va detras... aquel que no quiere bailar?

AMA.

Lo ignoro.

JULIETA.

Pues trata de saberlo. Y si es casado, el sepulcro será mi lecho de bodas.

AMA.

Es Montesco, se llama Romeo, único heredero de esa infame estirpe.

JULIETA.

¡Amor nacido del odio, harto pronto te he visto, sin conocerte! ¡Harto tarde te he conocido! Quiere mi negra suerte que consagre mi amor al único hombre á quien debo aborrecer.

AMA.

¿Qué estás diciendo?

JULIETA.

Versos, que me dijo uno bailando.

AMA.

Te están llamando. Ya va. No te detengas, que ya se han ido todos los huéspedes.

EL CORO.

Ved cómo muere en el pecho de Romeo la pasion antigua, y cómo la sustituye una pasion nueva. Julieta viene á eclipsar con su lumbre á la belleza que mataba de amores á Romeo. Él, tan amado como amante,

busca en una raza enemiga su ventura. Ella ve pendiente de enemigo anzuelo el cebo sabroso del amor.
Ni él ni ella pueden declarar su anhelo. Pero la pasion
buscará medios y ocasion de manifestarse.

ACTO II.

ESCENA PRIMERA.

Plaza pública, cerca del jardín de Capuleto.

ROMEO, BENVOLIO y MERCUTIO.

ROMEO.

Cómo me he de ir de aquí, si mi corazon queda en esas tápias, y mi cuerpo inerte viene á buscar su centro?

BENVOLIO.

¡Romeo, primo mio!

MERCUTIO.

Sin duda habrá recobrado el juicio é ídose á acostar.

BENVOLIO.

Para acá viene : le he distinguido á lo lejos saltando la tápia de una huerta. Dadle voces, Mercutio.

MERCUTIO.

Le voy á exorcizar como si fuera el diablo. ¡Romeo, amante insensato, esclavo de la pasion! Ven en forma de suspiro amoroso : respóndeme con un verso solo en que aconsonen bienes con desdenes, y donde eches un requiebro á la madre del Amor y al niño ciego, que hirió con sus dardos al rey Cofétua, y le hizo enamorarse de una pobre zagala. ¿Ves? no me contesta ni da señales de vida. Conjúrote por los radiantes ojos, y por la despejada frente, y por los róseos labios, y por el breve pié y los llenos muslos de Rosalía, que te aparezcas en tu verdadera forma.

BENVOLIO.

Se va á enfadar, si te oye.

MERCUTIO.

Verás cómo no: se enfadaria, si me empeñase en encerrar á un demonio en el circulo de su dama, para que ella le conjurase; pero ahora vereis cómo no se enfada con tan santa y justa invocacion, como es la del nombre de su amada.

BENVOLIO.

Sígueme: se habrá escondido en esas ramas para pasar la noche. El amor como es ciego, busca tinieblas.

MERCUTIO.

Si fuera ciego, erraria casi siempre sus tiros (1). Buenas noches, Romeo. Voyme á acostar, porque la yerba está demasiada fria para dormir. ¿Vámonos ya?

BENVOLIO.

Vamos, ¿á qué empeñarnos en buscar al que no quiere ser encontrado?

---

(1) Suprime un juego de palabras semi-obsceno, y no de fácil traduccion en castellano.

ESCENA II.

Jardín de Capuleto.

ROMEO.

¡Qué bien se burla del dolor ajeno quien nunca sintió dolores..! (*Pónese Julieta á la ventana.*) ¿Pero qué luz es la que asoma por allí? ¿El sol que sale ya por los balcones de oriente? Sal, hermoso sol, y mata de envidia con tus rayos á la luna, que está pálida y ojeriza porque vence tu hermosura cualquier ninfa de tu coro. Por eso se viste de amarillo color.

¡Que necio el que se arree con sus galas marchitas! ¡Es mi vida, es mi amor el que aparece! ¿Cómo podria yo decirla que es señora de mi alma? Nada me dijo. Pero ¿qué importa? Sus ojos hablarán, y yo responderé. ¡Pero qué atrevimiento es el mio, si no me dijo nada! Los dos más hermosos luminares del cielo la suplican que les sustituya durante su ausencia. Si

sus ojos resplandecieran como astros en el cielo, bastaria su luz para ahogar los restantes como el brillo del
sol mata el de una antorcha. Tal torrente de luz bro-
taria de sus ojos, que haria despertar á las aves á media noche, y entonar su cancion como si hubiese venido la aurora! Ahora pone la mano en la mejilla.
¿Quién pudiera tocarla como el guante que la cubre?

JULIETA.

¡Ay de mí!

ROMEO.

¡Habló! Vuelvo á sentir su voz. ¡Angel de amores
que en medio de la noche te me apareces, cual nuncio
de los cielos á la atónita vista de los mortales, que des-
lumbrados le miran traspasar con vuelo rapidísimo las
esferas, y mecerse en las alas de las nubes!

JULIETA.

¡Romeo, Romeo! ¿Por qué eres tú Romeo? ¿Por
qué no reniègas del nombre de tu padre y de tu madre? Y si no tienes valor para tanto, ámame, y no me
tendré por Capuleto.

ROMEO.

¿Qué hago, seguirla oyendo ó hablar?

JULIETA.

No eres tú mi enemigo. Es el nombre de Montesco,
que llevas. ¿Y qué quiere decir Montesco? No es pié
ni mano ni brazo, ni semblante ni pedazo alguno de
la naturaleza humana. ¿Porqué no tomas otro nombre?
La rosa no dejaria de ser rosa, y de esparcir su aroma,
aunque se llamase de otro modo. De igual suerte mi
querido Romeo, aunque tuviese otro nombre, conser-
varia todas las buenas cualidades de su alma, que no
le vienen por herencia. Deja tu nombre, Romeo, y en

cambio de tu nombre que no es cosa alguna sustancial, toma toda mi alma.

ROMEO.

Si de tu palabra me apodero, llámame tu amante, y creeré que me he bautizado de nuevo, y que he perdido el nombre de Romeo.

JULIETA.

¿Y quién eres tú que, en medio de las sombras de la noche, vienes á sorprender mis secretos?

ROMEO.

No sé de cierto mi nombre, porque tú aborreces ese nombre, amada mia, y si yo pudiera, lo arrancaria de mi pecho.

JULIETA.

Pocas palabras son las que aún he oido de esa boca, y sin embargo te reconozco. ¿No eres Romeo? ¿No eres de la familia de los Montescos?

ROMEO.

No seré ni una cosa ni otra, ángel mio, si cualquiera de las dos te enfada.

JULIETA.

¿Cómo has llegado hasta aquí, y para qué? Las paredes de esta puerta son altas y difíciles de escalar, y aquí podrias tropezar con la muerte, siendo quien eres, si alguno de mis parientes te hallase.

ROMEO.

Las paredes salté con las alas que me dió el amor, ante quien no resisten áun los muros de roca. Ni siquiera á tus parientes temo.

JULIETA.

Si te encuentran, te matarán.

ROMEO.

Más homicidas son tus ojos, diosa mia, que las espadas de veinte parientes tuyos. Mírame sin enojos, y mi cuerpo se hará invulnerable.

JULIETA.

Yo daria un mundo por que no te descubrieran.

ROMEO.

De ellos me defiende el velo tenebroso de la noche. Más quiero morir á sus manos, amándome tú, que esquivarlos y salvarme de ellos, cuando me falte tu amor.

JULIETA.

¿ Y quién te guió aquí ?

ROMEO.

El amor que me dijo dónde vivias. De él me aconsejé, él guió mis ojos que yo le habia entregado. Sin ser nauchero, te juro que navegaria hasta la playa más remota de los mares por conquistar joya tan preciada.

JULIETA.

Si el manto de la noche no me cubriera, el rubor de virgen subiria á mis mejillas, recordando las palabras que esta noche me has oido. En vano quisiera corregirlas ó desmentirlas... ¡ Resistencias vanas ! ¿ Me amas ? Sé que me dirás que sí, y que yo lo creeré. Y sin embargo podrias faltar á tu juramento, porque dicen que Jove se rie de los perjuros de los amantes. Si me amas de veras, Romeo, dilo con sinceridad, y si me tienes por fácil y rendida al primer ruego, dímelo tambien, para que me ponga esquiva y ceñuda, y así tengas que rogarme. Mucho te quiero, Montesco, mucho, y no me tengas por liviana, antes he de ser más firme y constante que aquellas que parecen desdeñosas porque son astutas. Te confesaré que más disimulo hubiera guardado contigo, si no me hubieses oido aquellas palabras que, sin pensarlo yo, te revelaron todo el ardor de mi corazon. Perdóname, y no juzgues ligereza este rendirme tan pronto. La soledad de la noche lo ha hecho.

ROMEO.

Júrote, amada mia, por los rayos de la luna que platean la copa de estos árboles...

JULIETA.

No jures por la luna, que en su rápido movimiento cambia de aspecto cada mes. No vayas á imitar su inconstancia.

ROMEO.

¿Pues por quién juraré?

JULIETA.

No hagas ningun juramento. Si acaso, jura por tí mismo, por tu persona que es el dios que adoro y en quien he de creer.

ROMEO.

¡Ojalá que el fuego de mi amor...!

JULIETA.

No jures. Aunque me llene de alegría el verte, no quiero esta noche oir tales promesas que parecen violentas y demasiado rápidas. Son como el rayo que se extingue, apénas aparece. Aléjate ahora: quizá cuando vuelvas haya llegado á abrirse, animado por las brisas del estío, el capullo de esta flor. Adios, y ojalá aliente tu pecho en tan dulce calma como el mio!

ROMEO.

¿Y no me das más consuelo que ese?

JULIETA.

¿Y qué otro puedo darte esta noche?

ROMEO.

Tu fé por la mia.

JULIETA.

Antes te la dí que tú acertaras á pedírmela. Lo que siento es no poder dártela otra vez.

ROMEO.

¿Pues qué? ¿Otra vez quisieras quitármela?

JULIETA.

Sí, para dártela otra vez, aunque esto fuera codicia de un bien que tengo ya. Pero mi afan de dártelo todo es tan profundo y tan sin límite como los abismos de la mar. ¡Cuanto mas te doy, más quisiera darte!... Pero oigo ruido dentro. ¡Adios! no engañes mi esperanza... Ama, allá voy... Guárdame fidelidad, Montesco mio. Espera un instante, que vuelvo en seguida.

ROMEO.

¡Noche, deliciosa noche! Sólo temo que, por ser de noche, no pase todo esto de un delicioso sueño.

JULIETA.

(*Asomada otra vez á la ventana.*) Sólo te diré dos palabras. Si el fin de tu amor es honrado, si quieres casarte, avisa mañana al mensajero que te enviaré, de cómo y cuándo quieres celebrar la sagrada ceremonia.

Yo te sacrificaré mi vida é iré en pos de tí por el mundo.

AMA.

(*Llamando dentro.*) ¡Julieta!

JULIETA.

Ya voy. Pero si son torcidas tus intenciones, suplícote que...

AMA.

¡Julieta!

JULIETA.

Ya corro... Suplícote que desistas de tu empeño, y me dejes á solas con mi dolor. Mañana irá el mensajero...

ROMEO.

Por la gloria...

JULIETA.

Buenas noches.

ROMEO.

No. ¿Cómo han de ser buenas sin tus rayos? El amor va en busca del amor como el estudiante huyendo de sus libros, y el amor se aleja del amor como el niño que deja sus juegos para tornar al estudio.

JULIETA.

(*Otra vez á la ventana.*) ¡Romeo! ¡Romeo! ¡Oh, si yo tuviese la voz del cazador de cetrería, para llamar de lejos á los halcones! Si yo pudiera hablar á gritos, penetraría mi voz hasta en la gruta de la ninfa Eco, y llegaría á ensordecerla repitiendo el nombre de mi Romeo.

ROMEO.

¡Cuán grato suena el acento de mi amada en la apa-

cible noche, protectora de los amantes! Más dulce es
que música en oido atento.

JULIETA.

¡Romeo!

ROMEO.

¡Alma mia!

JULIETA.

¿A qué hora irá mi criado mañana?

ROMEO.

A las nueve.

JULIETA.

No faltará. Las horas se me harán siglos hasta que
esa llegue. No sé para qué te he llamado.

ROMEO.

¡Déjame quedar aquí hasta que lo pienses!

JULIETA.

Con el contento de verte cerca me olvidaré eternamente de lo que pensaba, recordando tu dulce compañía.

ROMEO.

Para que siga tu olvido no he de irme.

JULIETA.

Ya es de dia. Véte... Pero no quisiera que te aleja-
ras más que el breve trecho que consiente alejarse al
pajarillo la niña que le tiene sujeto de una cuerda de
seda, y que á veces le suelta de la mano, y luego le
coge ansiosa, y le vuelve á soltar...

ROMEO.

¡Ojalá fuera yo ese pajarillo!

JULIETA.

¿Y qué quisiera yo sino que lo fueras? aunque recelo que mis caricias habian de matarte. ¡Adios, adios! Triste es la ausencia y tan dulce la despedida, que no sé cómo arrancarme de los hierros de esta ventana.

ROMEO.

¡Que el sueño descanse en tus dulces ojos y la paz en tu alma! ¡Ojalá fuera yo el sueño, ojalá fuera yo la paz en que se duerme tu belleza! De aquí voy á la celda donde mora mi piadoso confesor, para pedirle ayuda y consejo en este trance.

ESCENA III.

Celda de Fray Lorenzo.

FRAY LORENZO y ROMEO.

FRAY LORENZO.

Ya la aurora se sonrie mirando huir á la oscura noche. Ya con sus rayos dora las nubes de oriente. Huye la noche con perezosos piés, tropezando y cayendo como un beodo, al ver la lumbre del sol que se despierta y monta en el carro de Titan. Antes que tienda su dorada lumbre, alegrando el dia y enjugando el llanto que vertió la noche, he de llenar este cesto de bien olientes flores y de yerbas primorosas. La tierra es á la vez cuna y sepultura de la naturaleza, y su seno educa y nutre hijos de varia condicion, pero ninguno tan falto de virtud que no dé alimento ó remedio ó solaz al hombre. Extrañas son las virtudes que derramó la pródiga mano de la naturaleza, en piedras, plantas y yerbas. No hay sér inútil sobre la tierra, por vil y despreciable que parezca. Por el contrario, el sér más noble, si se emplea con mal fin, es dañino y abominable. El bien mismo se trueca en mal y el valor en vicio, cuando no sirve á un fin virtuoso. En esta flor que nace duermen escondidos á la vez medicina y veneno: los dos nacen del mismo orígen, y su olor comunica deleite y vida á los sentidos, pero si se aplica al labio, esa misma flor tan aromosa mata el sentido. Asi es el alma humana; dos monarcas imperan en ella, uno la humildad, otro la pasion; cuando ésta predomina, un gusano roedor consume la planta.

ROMEO.

Buenos dias, padre.

FRAY LORENZO.

Él sea en tu guarda. ¿Quién me saluda con tan dulces palabras, al apuntar el dia? Levantado y á tales horas, revela sin duda intranquilidad de conciencia, hijo mio. En las pupilas del anciano viven los cuidados veladores, y donde reina la inquietud ¿cómo habitará el sosiego? Pero en lecho donde reposa la juventud ajena de todo pesar y duelo, infunde en los miembros deliciosa calma el blando sueño. Tu visita tan de mañana me indica que alguna triste ocasion te hace abandonar tan pronto el lecho. Y si no... será que has pasado la noche desvelado.

ROMEO.

¡Eso es, y descansé mejor que dormido!

FRAY LORENZO.

Perdónete Dios. ¿Estuviste con Rosalía?

ROMEO.

¿Con Rosalía? Ya su nombre no suena dulce en mis oidos, ni pienso en su amor.

FRAY LORENZO.

Bien haces. Luego ¿ dónde estuviste ?

ROMEO.

Te lo diré sin ambages. En la fiesta de nuestros enemigos los Capuletos, donde á la vez herí y fuí herido. Sólo tus manos podrán sanar á uno y otro contendiente. Y con esto verás que no conservo rencor á mi adversario, puesto que intercedo por él como si fuese amigo mio.

FRAY LORENZO.

Dime con claridad el motivo de tu visita, si es que puedo ayudarte en algo.

ROMEO.

Pues te diré en dos palabras que estoy enamorado de la hija del noble Capuleto, y que ella me corresponde con igual amor. Ya está concertado todo — sólo falta que vos bendigais esta union. Luego os diré con más espacio dónde y cómo nos conocimos y nos juramos constancia eterna. Ahora lo que importa es que nos caseis al instante.

FRAY LORENZO.

¡ Por vida de mi padre san Francisco ! ¡ Qué pronto olvidaste á Rosalía, en quien cifrabas antes tu cariño! El amor de los jóvenes nace de los ojos y no del corazon. ¡ Cuánto lloraste por Rosalia ! y ahora tanto amor y tanto enojo se ha disipado como el eco. Aún no ha disipado el sol los vapores de tu llanto. Aún resuenan en mis oidos tus quejas. Aún se ven en tu rostro las huellas de antiguas lágrimas. ¿ No decias que era más bella y gentil que ninguna ? y ahora te has mudado. ¡ Y luego acusais de inconstantes á las mujeres! ¿ Cómo buscais firmeza en ellas, si vosotros les dais el ejemplo de olvidar?

ROMEO.

¿Pero vos no reprobabais mi amor por Rosalía?

FRAY LORENZO.

Yo no reprobaba tu amor, sino tu idolatría ciega.

ROMEO.

¿Y no me dijisteis que hiciera todo lo posible por ahogar ese amor?

FRAY LORENZO.

Pero no para que de la sepultura de ese amor brotase otro amor nuevo y más ardiente.

ROMEO.

No os enojeis conmigo, porque mi señora me quiere tanto como yo á ella y con su amor responde al mio, y la otra no.

FRAY LORENZO.

Es que Rosalía quizá adivinara la ligereza de tu amor. Ven conmigo, inconstante mancebo. Yo te ayudaré á conseguir lo que deseas para que esta boda sea lazo de amistad que extinga el rencor de vuestras familias.

ROMEO.

Vamos, pues, sin detenernos.

FRAY LORENZO.

Vamos con calma para no tropezar.

ESCENA IV.

Calle.

BENVOLIO y MERCUTIO.

MERCUTIO.

¿Dónde estará Rómeo? ¿Pareció anoche por su casa?

BENVOLIO.

Por casa de su padre no estuvo. Así me lo ha dicho su criado.

MERCUTIO.

¡Válgame Dios! Esa pálida muchachuela, esa Rosalía de duras entrañas acabará por tornarle loco.

BENVOLIO.

Teobaldo, el primo de Capuleto, ha escrito una carta al padre de Romeo.

MERCUTIO.

Sin duda será cartel de desafío.

BENVOLIO.

Pues Romeo es seguro que contestará.

MERCUTIO.

Todo el mundo puede responder á una carta.

BENVOLIO.

Quiero decir que Romeo sabrá tratar como se merece al dueño de la carta.

MERCUTIO.

¡Pobre Romeo! Esa rubia y pálida niña le ha atravesado el corazon á estocadas, le ha traspasado los oidos con una cancion de amor, y el centro del alma con las anchas flechas del volador Cupido... ¿Y quién resistirá á Teobaldo?

BENVOLIO.

¿Quién es Teóbaldo?

MERCUTIO.

Algo más que el rey de los gatos; es el mejor y más diestro esgrimidor. Maneja la espada como tú la lengua, guardando tiempo, distancia y compas. Gran cortador de ropillas. Espadachin, espadachin de profesion, y muy enterado del *inmortal passato,* del *punto reverso* y del *par.*

BENVOLIO.

¿Y qué quieres decir con eso?

MERCUTIO.

Mala landre devore á esos nuevos elegantes que han venido con gestos y cortesías á reformar nuestras antiguas costumbres. «¡Qué buena espada, qué buen mozo, qué hermosa mujer!» Decidme, abuelos mios, ¿no es mala vergüenza que estemos llenos de estos moscones extranjeros, estos *pardonnez moi,* tan ufanos con sus nuevas galas y tan despreciadores de lo antiguo? ¡Oh, necedad insigne!

(*Sale Romeo.*)

BENVOLIO.

¡Aquí tienes á Romeo! ¡Aquí tienes á Romeo!

MERCUTIO.

Bien roma trae el alma. No eres carne ni pescado. ¡Oh materia digna de los versos del Petrarca! Comparada con su amor Laura era una fregona, sino que tuvo mejor poeta que la celebrase ; Dido una zagala, Cleopatra una gitana, Hero y Elena dos rameras, y Ciste , á pesar de sus negros ojos, no podria competir con la suya. *Bon jour,* Romeo. Saludo francés corresponde á vuestras calzas francesas. Anoche nos dejaste en blanco.

ROMEO.

¿ Qué dices de dejar en blanco ?

MERCUTIO.

Que te despediste á la francesa. ¿Lo entiendes ahora?

ROMEO.

Perdon, Mercutio. Tenia algo que hacer, y no estaba el tiempo para cortesías.

MERCUTIO.

¿ De suerte que tú tambien las usas á veces y doblas las rodillas ?

ROMEO.

Luego no soy descortes, porque eso es hacer genuflexiones.

MERCUTIO.

Dices bien.

ROMEO.

Pero aquello de que hablábamos es cortesía y no genuflexion.

MERCUTIO.

Es que yo soy la flor de la cortesía.

ROMEO.

¿ Cómo no dices la flor y nata ?

MERCUTIO.

Porque la nata la dejo para tí (1).

ROMEO.

Cállate.

MERCUTIO.

¿Y no es mejor esto que andar en lamentaciones exóticas? Ahora te reconozco: eres Romeo, nuestro antiguo y buen amigo. Andabas hecho un necio con ese amor insensato.

(Salen Pedro y el Ama.)

MERCUTIO.

Vela, vela.

BENVOLIO.

Y son dos: una saya y un sayal.

AMA.

¡Pedro!

PEDRO.

¿Qué?

AMA.

Tráeme el abanico.

MERCUTIO.

Dáselo, Pedro, que siempre será más agradable mirar su abanico que su cara.

AMA.

Buenas tardes, señores.

---

(1) Siguen otros juegos de palabras difíciles de poner en castellano, so pena de sustituir otros.

MERCUTIO.

Buenas tardes, hermosa dama.

AMA.

¿ Pues hemos llegado á la tarde ?

MERCUTIO.

No, pero la mano lasciva del reloj está señalando las doce.

AMA.

¡ Jesus, qué hombre !

MERCUTIO.

Un hombre que Dios crió, para que luego echase él mismo á perder la obra divina.

AMA.

Bien dicho. Para que echase su obra á perder... ¿ Pero me podria decir alguno de vosotros dónde está el jóven Romeo ?

ROMEO.

Yo te lo podré decir, y por cierto que ese jóven será ya más viejo cuando le encontreis, que cuando empezabais á buscarlo. Yo soy Romeo, á falta de otro más jóven.

AMA.

¿ Lo decis de veras ?

MERCUTIO.

¿ Conque á falta de otro mejor, os parece jóven ? Discretamente lo entendeis.

AMA.

Si verdaderamente sois Romeo, tengo que deciros secretamente una palabra.

BENVOLIO.

Si querrá citarle para esta noche...

MERCUTIO.

¿ Es una alcahueta, una perra ?... ¡ Oh, oh !...

ROMEO.

¿ Qué ruido es ese ?

MERCUTIO.

No es que haya encontrado yo ninguna liebre, ni es cosa de seguir la liebre, aunque como dice el cantar : « En cuaresma bien se puede comer una liebre vieja, pero tan vieja llega á podrirse, si se la guarda, que no hay quien la pueda mascar.» ¿ Vas á casa de tu padre, Romeo ? Allá iremos á comer.

ROMEO.

Voy con vosotros.

MERCUTIO.

Adios, hermosa vieja ; hermosa, hermosa, hermosa.

(*Vanse él y Benvolio.*)

AMA.

Bendito sea Dios, que ya se fué éste. ¿ Me podriais decir (*á Romeo*) quién es este majadero, tan pagado de sus chistes ?

ROMEO.

Ama, es un amigo mio que se escucha á sí mismo y gusta de reirse sus gracias, y que habla más en una hora que lo que escuchas tú en un mes.

AMA.

Pues si se atreve á hablar mal de mí, él me lo pagará, aunque vengan en su ayuda otros veinte de su calaña. Y si yo misma no puedo, otros sacarán la cara por mí. Pues no faltaba más. ¡ El grandísimo inpertinente ! ¿ Si creerá que yo soy una mujer de esas ?... Y tú (*á Pedro*) que estás ahí tan reposado, y dejas que cualquiera me insulte.

PEDRO.

Yo no he visto que nadie os insulte, porque si lo viera, no tardaria un minuto en sacar mi espada. Nadie me gana en valor cuando mi causa es justa, y cuando me favorece la ley.

AMA.

¡ Válgame Dios ! todavía me dura el enojo y las carnes me tiemblan... Una palabra sola, caballero. Como iba diciendo, mi señorita me manda con un recado para vos. No voy á repetiros todo lo que me ha dicho. Pero si vuestro objeto es engañarla, ciertamente que será cosa indigna, porque mi señorita es una muchacha jóven, y el engañarla seria muy mala obra, y no tendria perdon de Dios.

ROMEO.

Ama, puedes jurar á tu señora que...

AMA.

¡Bien, bien, así se lo diré, y ha de alegrarse mucho!...

ROMEO.

¿ Y qué le vas á decir, si todavía no me has oido nada ?

AMA.

Le diré que protestais, lo cual, á fe mia, es obrar como caballero.

ROMEO.

Dile que invente algun pretexto para ir esta tarde á

confesarse al convento de fray Lorenzo, y él nos confesará y casará. Toma este regalo.

AMA.

No aceptaré ni un dinero, señor mio.

ROMEO.

Yo te lo mando.

AMA.

¿Conque esta tarde? Pues no faltará.

ROMEO.

Espérame detras de las tápias del convento, y antes de una hora, mi criado te llevará una escala de cuerdas para poder yo subir por ella hasta la cima de mi felicidad. Adios y séme fiel. Yo te lo premiaré todo. Mis recuerdos á Julieta.

AMA.

Bendito seais. Una palabra más.

ROMEO.

¿Qué, ama?

AMA.

¿Es de fiar vuestro criado? ¿Nunca oisteis que á nadie fia sus secretos el varon prudente?

ROMEO.

Mi criado es fiel como el oro.

AMA.

Bien, caballero. No hay señorita más hermosa que la mia. ¡Y si la hubierais conocido cuando pequeña!... ¡Ah! Por cierto que hay en la ciudad un tal Páris que de buena gana la abordaría. Pero ella, bendita sea su alma, más quisiera á un sapo feísimo que á él. A veces me divierto en enojarla, diciéndole que Páris es mejor mozo que vos, y ¡si vierais cómo se pone entonces! Mas pálida que la cera. Decidme ahora: ¿Romero y Romeo no tienen la misma letra inicial?

ROMEO.

Verdad es que ambos empiezan por *R*.

AMA.

Eso es burla. Yo sé que vuestro nombre empieza con otra letra menos áspera... ¡Si vierais qué graciosos equívocos hace con vuestro nombre y con Romero! Gusto os diera oirla.

ROMEO.

Recuerdos á Julieta.

AMA.

Sí que se los daré mil veces. ¡Pedro!

PEDRO.

¡Qué!

AMA.

Toma el abanico, y guíame.

ESCENA V.

Jardín de Capuleto.

JULIETA y el AMA.

JULIETA.

Las nueve eran cuando envié al ama, y dijo que antes de media hora volvería. ¿Si no lo habrá encontrado? ¡Pero sí! ¡Qué torpe y perezosa! Sólo el pensamiento debiera ser nuncio del amor. El corre más que los rayos del sol cuando ahuyentan las sombras de los montes. Por eso pintan al amor con alas. Ya llega el sol á la mitad de su carrera. Tres horas van pasadas desde las nueve á las doce, y él no vuelve todavía. Si ella tuviese sangre juvenil y alma, volvería con las palabras de su boca; pero la vejez es pesada como un plomo. (*Salen el Ama y Pedro.*) ¡Gracias á Dios que viene! Ama mia, querida ama... ¿qué noticias traes? ¿Hablaste con él? Que se vaya Pedro.

AMA.

Vete, Pedro.

JULIETA.

Y bien, ama querida. ¡Qué triste estás! ¿Acaso traes malas noticias? Dímelas, á lo menos, con rostro alegre. Y si son buenas, no las eches á perder con esa mirada torva.

AMA.

Muy fatigada estoy. ¡Qué quebrantados están mis huesos!

JULIETA.

¡Tuvieras tus huesos tú y yo mis noticias! Habla por Dios, ama mia.

AMA.

¡Señor, qué prisa! Aguarda un poco. ¿No me ves sin aliento?

JULIETA.

¿Cómo sin aliento, cuándo te sobra para decirme que no le tienes? Menos que en volverlo á decir, tardarias en darme las noticias. ¿Las traes buenas ó malas?

AMA.

¡Qué mala eleccion de marido has tenido! ¡Vaya, que el tal Romeo! Aunque tenga mejor cara que los demas, todavía es mejor su pié y su mano y su gallardía. No diré que la flor de los cortesanos, pero tengo para mí que es humilde como una oveja. ¡Bien has hecho, hija! y qué Dios te ayude. ¿Has comido en casa?

JULIETA.

Calla, calla: eso ya me lo sabia yo. ¿Pero que hay de la boda? dímelo.

AMA.

¡Jesús! ¡qué cabeza la mia! Pues, y la espalda... ¡Cómo me mortifican los riñones! ¡La culpa es tuya que me haces andar por esos andurriales, abriéndome la sepultura antes de tiempo.

JULIETA.

Mucho siento tus males, pero acaba de decirme, querida ama, lo que te contestó mi amor.

AMA.

Habló cómo un caballero lleno de discrecion y gentileza; puedes creerme. ¿Dónde está tu madre?

JULIETA.

¿Mi madre? Allá dentro. ¡Vaya una pregunta!

AMA.

¡Válgame Dios! ¿Te enojas conmigo? ¡Buen emplasto para curar mis quebraduras! Otra vez vas tú misma á esas comisiones.

JULIETA.

Pero ¡qué confusion! ¿Qué es en suma lo que te dijo Romeo?

AMA.

¿Te dejarán ir sola á confesar?

JULIETA.

Sí.

AMA.

Pues allí mismo te casarás. Vete á la celda de fray Lorenzo. Ya se cubren de rubor tus mejillas con tan sencilla nueva. Vete al convento. Yo, iré por otra parte á buscar la escalera, con que tu amante ha de escalar el nido del amor. A la celda, pues, y yo á comer.

JULIETA.

¡Y yo á mi felicidad! ama mia.

ESCENA VI.

Celda de Fray Lorenzo.

FRAY LORENZO y ROMEO.

FRAY LORENZO.

¡El cielo mire con buenos ojos la ceremonia que vamos á cumplir, y no nos castigue por ella en adelante!

ROMEO.

¡Así sea, así sea! Pero por muchas penas que vengan no bastarán á destruir la impresion de este momento de ventura. Junta nuestras manos, y con tal que yo pueda llamarla mia, no temeré ni siquiera á la muerte, verdugo del amor.

FRAY LORENZO.

Nada violento es duradero: ni el placer ni la pena: ellos mismos se consumen como el fuego y la pólvora al usarse. La excesiva dulcedumbre de la miel empalaga al labio. Ama, pues, con templanza. Aquí está la dama; (*sale Julieta*) su pié es tan leve que no desgastará nunca la eterna roca; tan ligera que puede correr sobre las telas de araña sin romperlas.

JULIETA.

Buenas tardes, reverendo confesor.

FRAY LORENZO.

Romeo te dará las gracias en nombre de los dos.

JULIETA.

Por eso le he incluido en el saludo. Si nó, pecaria él de exceso de cortesía.

ROMEO.

¡ Oh , Julieta ! Si tu dicha es cómo la mia y puedes expresarla con más arte, alegra con tus palabras el aire de este aposento y deja que tu voz proclame la ventura que hoy agita el alma de los dos.

JULIETA.

El verdadero amor es más prodigo de obras que de palabras : más rico en la esencia que en la forma. Sólo el pobre cuenta su caudal. Mi tesoro es tan grande que yo no podria contar ni siquiera la mitad.

FRAY LORENZO.

Acabémos pronto. No os dejaré sólos hasta que os ligue la bendicion nupcial.

ACTO III.

ESCENA PRIMERA.

Plaza de Verona.

MERCUTIO, BENVOLIO.

BENVOLIO.

Migo Mercutio, pienso que debíamos re frenarnos, porque hace mucho calor, y los Capuletos andan encalabrinados, y ya sabes que en verano hierve mucho la sangre.

MERCUTIO.

Tú eres uno de esos hombres que cuando entran en una taberna, ponen la espada sobre la mesa, como diciendo: « ojalá que no te necesite, » y luego, á los dos tragos, la sacan, sin que nadie les provoque.

BENVOLIO.

¿Dices que yo soy de esos?

MERCUTIO.

Y de los más temibles espadachines de Italia, tan fácil de entrar en cólera como de provocar á los demas.

BENVOLIO.

¿Por qué dices eso?

MERCUTIO.

Si hubiera otro como tú, pronto os matariais. Capaz eres de reñir por un solo pelo de la barba. Donde nadie veria ocasion de camorra, la ves tú. Llena está de riña tu cabeza, como de yema un huevo, y eso que á porrazos te han puesto tan blanda como una yema, la cabeza. Reñiste con uno porque te vió en la calle y despertó á tu perro que estaba durmiendo al sol. Y con un sastre porque estrenó su ropa nueva antes de Pascua, y con otro porque ataba sus zapatos con cintas viejas. ¿Si vendrás tú á enseñarme moderacion y prudencia?

BENVOLIO.

Si yo fuera tan camorrista como tú, ¿quién me aseguraria la vida ni siquiera un cuarto de hora?... Mira, aquí vienen los Capuletos.

MERCUTIO.

¿Y qué se me da á mí, vive Dios?

(*Teobaldo y otros.*)

TEOBALDO.

Estad cerca de mí, que tengo que decirles dos palabras. Buenas tardes, hidalgos. Quisiera hablar con uno de vosotros.

MERCUTIO.

¿Hablar sólo? Más valiera que la palabra viniese acompañada de algo, v. g., de un golpe.

TEOBALDO.

Hidalgo, no dejaré de darle si hay motivo.

MERCUTIO.

¿Y no podeis encontrar motivo sin que os lo dén?

TEOBALDO.

Mercutio, tú estás de acuerdo con Romeo.

MERCUTIO.

¡De acuerdo!¿Has creido que somos músicos?Pues aunque lo seamos, no dudes que en esta ocasion vamos á desafinar. Yo te haré bailar con mi arco de violin. ¡De acuerdo! ¡Válgame Dios!

BENVOLIO.

Estamos entre gentes. Buscad pronto algun sitio retirado, donde satisfaceros, ó desocupad la calle, porque todos nos están mirando.

MERCUTIO.

Para eso tienen ojos. No me voy de aquí por dar gusto á nadie.

TEOBALDO.

Adios, señor. Aquí está el doncel que buscábamos.

(Entra Romeo.)

MERCUTIO.

Mátenme si él lleva los colores de vuestro escudo. Aunque de fijo os seguirá al campo, y por eso le llamais doncel.

TEOBALDO.

Romeo, sólo una palabra me consiente decirte el odio que te profeso. Eres un infame.

ROMEO.

Teobaldo, tales razones tengo para quererte que me hacen perdonar hasta la bárbara grosería de ese saludo. Nunca he sido infame. No me conoces. Adios.

TEOBALDO.

Mozuelo imberbe, no intentes cobardemente excusar los agravios que me has hecho. No te vayas, y defiéndete.

ROMEO.

Nunca te agravié. Te lo afirmo con juramento. Al contrario hoy te amo más que nunca, y quizá sepas pronto la razon de este cariño. Véte en paz, buen Capuleto, nombre que estimo tanto como el mio.

MERCUTIO.

¡Qué extraña cobardía! Decídanlo las estocadas. Teobaldo, espadachin, ¿quieres venir conmigo?

TEOBALDO.

¿Qué me quieres?

MERCUTIO.

Rey de los gatos, sólo quiero una de tus siete vidas, y luego aporrearte á palos las otras seis. ¿Quieres tirar de las orejas á tu espada, y sacarla de la vaina? Anda presto, porque si no, la mia te calentará tus orejas antes que la saques.

TEOBALDO.

Soy contigo.

ROMEO.

Detente, amigo Mercutio.

MERCUTIO.

Adelante, hidalgo. Enseñadme ese quite. (*Se baten.*)

ROMEO.

Saca la espada, Benvolio. Separémoslos. ¡Qué afrenta, hidalgos! ¡Oid, Teobaldo! ¡Oye, Mercutio! ¿No sabeis que el Príncipe ha prohibido sacar la espada en las calles de Verona? Deteneos, Teobaldo y Mercutio. (*Se van Teobaldo y sus amigos.*)

MERCUTIO.

Mal me han herido. ¡Mala peste á Capuletos y Montescos! Me hirieron y no los herí.

ROMEO.

¿Te han herido?

MERCUTIO.

Un arañazo, nada más, un arañazo, pero necesita cura. ¿Dónde está mi paje, para que me busque un cirujano? (*Se va el paje.*)

ROMEO.

No temas. Quizá sea leve la herida.

MERCUTIO.

No es tan honda como un pozo, ni tan ancha como el pórtico de una iglesia, pero basta. Si mañana preguntas por mí, verásme tan callado como un muerto. Ya estoy escabechado para el otro mundo. Mala landre devore á vuestras dos familias. ¡Vive Dios! ¡Que un perro, una rata, un raton, un gato mate así á un hombre! Un maton, un pícaro, que pelea contra los ángulos y reglas de la esgrima. ¿Para qué te pusiste á separarnos? Por debajo de tu brazo me ha herido.

ROMEO.

Fué con buena intencion.

MERCUTIO.

Llévame de aquí, Benvolio, que me voy á desmayar. ¡Mala landre devore á entrambas casas! Ya soy una gusanera. ¡Maldita sea la discordia de Capuletos y Montescos! (*Vanse.*)

ROMEO.

Por culpa mia sucumbe este noble caballero, tan cercano deudo del Príncipe. Estoy afrentado por Teobaldo, por Teobaldo que ha de ser mi pariente dentro de poco. Tus amores, Julieta, me han quitado el brio y ablandado el temple de mi acero.

BENVOLIO.

(*Que vuelve.*) ¡Ay, Romeo! Mercutio ha muerto. Aquella alma audaz, que hace poco despreciaba la tierra, se ha lanzado ya á las nubes.

ROMEO.

Y de este dia sangriento nacerán otros que extremarán la copia de mis males.

BENVOLIO.

Por allí vuelve Teobaldo.

ROMEO.

Vuelve vivo y triunfante. ¡Y Mercutio muerto! Huye de mí, dulce templanza. Sólo la ira guie mi brazo. Teobaldo, ese mote de *infame* que tú me diste, yo te le devuelvo ahora, porque el alma de Mercutio está desde las nubes llamando á la tuya, y tú ó yo ó los dos hemos de seguirle forzosamente.

TEOBALDO.

Pues véte á acompañarle tú, necio, que con él ibas siempre.

ROMEO.

Ya lo decidirá la espada. (*Se baten, y cae herido Teobaldo.*)

BENVOLIO.

Huye, Romeo. La gente acude y Teobaldo está muerto. Si te alcanzan, vas á ser condenado á muerte. No te detengas como pasmado. Huye, huye.

ROMEO.

Soy triste juguete de la suerte.

BENVOLIO.

Huye, Romeo.   (*Acude gente.*)

CIUDADANO I.º

¿Por dónde habrá huido Teobaldo, el asesino de Mercutio?

BENVOLIO.

Ahí yace muerto Teobaldo.

CIUDADANO I.º

Seguidme todos. En nombre del Príncipe lo mando.

(*Entran el Príncipe con sus guardias, Montescos, Capuletos, etc.*)

EL PRÍNCIPE.

¿Dónde están los promovedores de esta reyerta?

BENVOLIO.

Ilustre Príncipe, yo puedo referiros todo lo que aconteció. Teobaldo mató al fuerte Mercutio, vuestro deudo, y Romeo mató á Teobaldo.

LA SEÑORA DE CAPULETO.

¡Teobaldo! ¡Mi sobrino, hijo de mi hermano! ¡Oh, Príncipe! un Montesco ha asesinado á mi deudo. Si sois justo, dadnos sangre por sangre. ¡Oh, sobrino mio!

PRÍNCIPE.

Dime con verdad, Benvolio. ¿Quién comenzó la pelea?

BENVOLIO.

Teobaldo, que luego murió á manos de Romeo. En vano Romeo con dulces palabras le exhortaba á la concordia, y le traia al recuerdo vuestras ordenanzas: todo esto con mucha cortesía y apacible ademan. Nada bastó á calmar los furores de Teobaldo, que ciego de ira, arremetió con el acero desnudo contra el infeliz Mercutio. Mercutio le resiste primero á hierro, y apartando de sí la suerte, quiere arrojarla del lado de Teobaldo. Este le esquiva con ligereza. Romeo se interpone, clamando: «Paz, paz, amigos.» En pos de su lengua va su brazo á interponerse entre las armas matadoras, pero de súbito, por debajo de ese brazo, asesta Teobaldo una estocada que arrebata la vida al pobre Mercutio; Teobaldo huye á toda prisa, pero á poco rato vuelve, y halla á Romeo, cuya cólera estalla. Arrójanse como rayos al combate, y antes de poder atravesarme yo, cae Teobaldo y huye Romeo. Esta es la verdad lisa y llana, por vida de Benvolio.

LA SEÑORA DE CAPULETO.

No ha dicho verdad. Es pariente de los Montescos, y la aficion que les tiene le ha obligado á mentir. Más de veinte espadas se desenvainaron contra mi pobre sobrino. Justicia. Príncipe. Si Romeo mató á Teobaldo, que muera Romeo.

PRÍNCIPE.

Él mató á Mercutio, segun se infiere del relato. ¿Y quién pide justicia, por una sangre tan cara?

MONTESCO.

No era Teobaldo el deudor, aunque fuese amigo de Mercutio, ni debia haberse tomado la justicia por su mano, hasta que las leyes decidiesen.

PRÍNCIPE.

En castigo, yo te destierro. Vuestras almas están cegadas por el encono, y á pesar vuestro he de haceros llorar la muerte de mi deudo. Seré inaccesible á lágrimas y á ruegos. No me digais palabra. Huya Romeo; porque si no huye, le alcanzará la muerte. Levantad el cadáver. No seria clemencia perdonar al homicida.

ESCENA II.

Jardin en casa de Capuleto.

JULIETA y el AMA.

JULIETA.

Corred, corred á la casa de Febo, alados corceles del sol. El látigo de Faeton os lance al ocaso. Venga la

dulce noche á tender sus espesas cortinas. Cierra
¡oh sol! tus penetrantes ojos, y deja que en el silencio
venga á mí mi Romeo, é invisible se lance en mis brazos. El amor es ciego y ama la noche, y á su luz misteriosa cumplen sus citas los amantes. Ven, majestuosa
noche, matrona de humilde y negra túnica, y ensé-
·ñame á perder en el blando juego, donde las vírgenes
empeñan su castidad. Cubre con tu manto la pura sangre que arde en mis mejillas. Ven, noche; ven, Romeo, tú que eres mi dia en medio de esta noche, tú
que ante sus tinieblas pareces un copo de nieve sobre
las negras alas del cuervo. Ven, tenebrosa noche,
amiga de los amantes, y vuélveme á mi Romeo. Y
cuando muera, convierte tú cada trozo de su cuerpo
en una estrella relumbrante, que sirva de adorno á tu
manto, para que todos se enamoren de la noche, des-
enamorándose del sol. Ya he adquirido el castillo de
mi amor, pero aún no le poseo. Ya estoy vendida,
pero no entregada á mi señor. ¡Qué dia tan largo! tan
largo como víspera de domingo para el niño que ha de
estrenar en él un traje nuevo. Pero aquí viene mi ama,
y me traerá noticias de él. *(Llega el ama con una escala
de cuerdas.)* Ama, ¿qué noticias traes? ¿Esa es la
escala que te dijo Romeo?

AMA.

Sí, esta es la escala.

JULIETA.

¡Ay, Dios! ¿Qué sucede? ¿Por qué tienes las manos cruzadas?

AMA.

¡Ay, señora! murió, murió. Perdidas somos. No
hay remedio... Murió. Le mataron... Está muerto.

JULIETA.

¿Pero cabe en el mundo tal maldad?

AMA.

En Romeo cabe. ¿Quién pudiera pensar tal cosa de Romeo?

JULIETA.

¿Y quién eres tú, demonio, que así vienes á atormentarme? Suplicio igual sólo debe de haberle en el infierno. Dime, ¿qué pasa? ¿Se ha matado Romeo? Dime que *sí*, y esta palabra basta. Será más homicida que mirada de basilisco. Di que sí ó que *no*, que vive ó que muere. Con una palabra puedes calmar ó serenar mi pena.

AMA.

Sí: yo he visto la herida. La he visto por mis ojos. Estaba muerto: amarillo como la cera, cubierto todo de grumos de sangre cuajada. Yo me desmayé al verle.

JULIETA.

¡Estalla, corazon mio, estalla! ¡Ojos mios, yacereis desde ahora en prision tenebrosa, sin tornar á ver la luz del dia! ¡Tierra, vuelve á la tierra! Sólo resta morir, y que un mismo túmulo cubra mis restos y los de Romeo.

AMA.

¡Oh, Teobaldo amigo mio, caballero sin igual, Teobaldo! ¿Por qué he vivido yo para verte muerto?

JULIETA.

Pero ¡qué confusion es esta en que me pones! ¿Dices que Romeo ha muerto, y que ha muerto Teobaldo, mi dulce primo? Toquen, pues, la trompeta del juicio final. Si esos dos han muerto, ¿qué importa que vivan los demas?

AMA.

A Teobaldo mató Romeo, y éste anda desterrado.

JULIETA.

¡Válgame Dios! ¿Conque Romeo derramó la sangre de Teobaldo? ¡Alma de sierpe, oculta bajo capa de flores! ¿Qué dragon tuvo jamas tan espléndida gruta? Hermoso tirano, demonio angelical, cuervo con plumas de paloma, cordero rapaz como lobo, materia vil de forma celeste, santo maldito, honrado criminal, ¿en qué pensabas, naturaleza de los infiernos, cuando encerraste en el paraíso de ese cuerpo el alma de un condenado? ¿Por qué encuadernaste tan bellamente un libro de tan perversa lectura? ¿Cómo en tan magnífico palacio pudo habitar la traicion y el dolo?

AMA.

Los hombres son todos unos. No hay en ellos verdad, ni fe, ni constancia. Malvados, pérfidos, trapaceros... ¿Dónde está mi escudero? Dáme unas gotas de licor. Con tantas penas voy á envejecer antes de tiempo. ¡Qué afrenta para Romeo!

JULIETA.

¡Maldita la lengua que tal palabra osó decir! En la noble cabeza de Romeo no es posible deshonra. En su frente reina el honor como soberano monarca. ¡Qué necia yo que antes decia mal de él!

AMA.

¿Cómo puedes disculpar al que mató á tu primo?

JULIETA.

¿Y cómo he de decir mal de quien es mi esposo?

Mató á mi primo, porque si no, mi primo le hubiera
matado á él. ¡Atras, lágrimas mias, tributo que erra-
damente ofrecí al dolor, en vez de ofrecerle al gozo!
Vive mi esposo, á quien querian dar muerte, y su
matador yace por tierra. ¿A qué es el llanto? Pero
creo haberte oido otra palabra que me angustia mucho
más que la muerte de Teobaldo. En vano me esfuerzo
por olvidarla. Ella pesa sobre mi conciencia, como
puede pesar en el alma de un culpable el remordi-
miento. Tú dijiste que Teobaldo habia sido muerto y
Romeo desterrado. Esta palabra *desterrado* me pesa
más que la muerte de diez mil Teobaldos. ¡No bastaba
con la muerte de Teobaldo, ó es que las penas se de-
leitan con la compañia y nunca vienen solas! ¿Por qué
cuando dijiste: « ha muerto Teobaldo, » no añadiste:
« tu padre ó tu madre, ó los dos?» Aun entonces no hubiera sido mayor mi pena. ¡Pero decir: *Romeo desterrado!* Esta palabra basta á causar la muerte á mi padre
y á mi madre, y á Romeo y á Julieta. «¡Desterrado
Romeo! » Dime, ¿podrá encontrarse término ó límite á
la profundidad de este abismo? ¿Dónde están mi padre y mi madre? Dímelo.

AMA.

Llorando sobre el cadáver de Teobaldo. ¿Quieres
que te acompañe allá?

JULIETA.

Ellos con su llanto enjugarán las heridas. Yo entre
tanto lloraré por el destierro de Romeo. Toma tú esa
escalera, á quien su ausencia priva de su dulce objeto.
Ella debia haber sido camino para mi lecho nupcial.
Pero yo moriré vírgen y casada. ¡Adios, escala de
cuerda! ¡Adios, nodriza! Me espera el tàlamo de la
muerte.

AMA.

Retírate á tu aposento. Voy á buscar á Romeo sin pérdida de tiempo. Está escondido en la celda de Fray Lorenzo. Esta noche vendrá á verte.

JULIETA.

Dále en nombre mio esta sortija, y dile que quiero oir su postrera despedida.

ESCENA III.

Celda de Fray Lorenzo.

FRAY LORENZO y ROMEO.

FRAY LORENZO.

Ven, pobre Romeo. La desgracia se ha enamorado de ti, y el dolor se ha desposado contigo.

ROMEO.

Decidme, padre. ¿Qué es lo que manda el Príncipe? ¿Hay alguna pena nueva que yo no haya sentido?

FRAY LORENZO.

Te traigo la sentencia del Príncipe.

ROMEO.

¿Y cómo ha de ser si no es de muerte?

FRAY LORENZO.

No. Es algo menos dura. No es de muerte sino de destierro.

ROMEO.

¡De destierro! Clemencia, padre. Decid de muerte. El destierro me infunde más temor que la muerte. No me hableis de destierro.

FRAY LORENZO.

Te manda salir de Verona, pero no temas: ancho es el mundo.

ROMEO.

Fuera de Verona no hay mundo, sino purgatorio, infierno y desesperacion. Desterrarme de Verona es como desterrarme de la tierra. Lo mismo dá que digais muerte que destierro. Con una hacha de oro cortais mi cabeza, y luego os reís del golpe mortal.

FRAY LORENZO.

¡Oh, qué negro pecado es la ingratitud! Tu crímen merecia muerte, pero la indulgencia del Príncipe trueca la muerte en destierro, y aún no se lo agradeces.

ROMEO.

Tal clemencia es crueldad. El cielo está aquí donde vive Julieta. Un perro, un raton, un gato pueden vivir en este cielo y verla. Sólo Romeo no puede. Más prez, más gloria, más felicidad tiene una mosca ó un tábano inmundo que Romeo. Ellos pueden tocar aquella blanca y maravillosa mano de Julieta, ó posarse en sus benditos labios, en esos labios tan llenos de virginal modestia que juzgan pecado el tocarse. No lo hará Romeo. Le mandan volar y tiene envidia á las moscas que vuelan. ¿Por qué decís que el destierro no es la muerte? ¿No teniais algun veneno sutil, algun hierro aguzado que me diese la muerte más pronto que esa vil palabra «desterrado?» Eso es lo que en el infierno se dicen unos á otros los condenados. ¿Y tú, sacerdote, confesor mio y mi amigo mejor, eres el que vienes á matarme con esa palabra?

FRAY LORENZO.

Oye, jóven loco y apasionado.

ROMEO.

¿ Vais á hablarme otra vez del destierro ?

FRAY LORENZO.

Yo te daré tal filosofía que te sirva de escudo y vaya
aliviándote.

ROMEO.

¡ Destierro ! ¡ Filosofía ! Si no basta para crear otra
Julieta, para arrancar un pueblo de su lugar, ó para
hacer variar de voluntad á un príncipe, no me sirve
de nada, ni la quiero, ni os he de oir.

FRAY LORENZO.

¡ Ah, hijo mio ! Los locos no oyen.

ROMEO.

¿ Y cómo han de oir, si los que están en su seso no
tienen ojos ?

FRAY LORENZO.

Te daré un buen consejo.

ROMEO.

No podeis hablar de lo que no sentís. Si fuerais jóven, y recien casado con Julieta, y la adoraseis ciegamente como yo, y hubierais dado muerte á Teobaldo,
y os desterrasen, os arrancariais los cabellos al hablar, y os arrastrariais por el suelo como yo, midiendo
vuestra sepultura.   (*Llaman dentro.*)

FRAY LORENZO.

Llaman. Levántate y ocúltate, Romeo.

ROMEO.

No me levantaré. La nube de mis suspiros me ocultará de los que vengan.

FRAY LORENZO.

¿ No oyes ? ¿ Quién va ?... Levántate, Romeo, que te van á prender... Ya voy... Levántate. Pero, Dios mio, ¡ qué terquedad, qué locura ! Ya voy. ¿ Quién llama ? ¿ Qué quiere decir esto ?

AMA.

(*Dentro.*) Dejadme entrar. Traigo un recado de mi ama Julieta.

FRAY LORENZO.

Bien venida seas.

(*Entra el Ama.*)

AMA.

Decidme, santo fraile. ¿Dónde está el esposo y señor de mi señora?

FRAY LORENZO.

Mírale ahí tendido en el suelo y apacentándose de sus lágrimas.

AMA.

Lo mismo está mi señora : enteramente igual.

FRAY LORENZO.

¡Funesto amor! ¡Suerte cruel!

AMA.

Lo mismo que él : llorar y gemir. Levantad, levantad del suelo : tened firmeza varonil. Por amor de ella, por amor de Julieta. Levantaos, y no lanceis tan desesperados ayes.

ROMEO.

Ama.

AMA.

Señor, la muerte lo acaba todo.

ROMEO.

Decias no sé qué de Julieta. ¿Qué es de ella? ¿No llama asesino á mí que manché con sangre la infancia de nuestra ventura? ¿Dónde está? ¿Qué dice?

AMA.

Nada, señor. Llorar y más llorar. Unas veces se recuesta en el lecho, otras se levanta, grita : « Teobaldo, » Romeo, » y vuelve á acostarse.

ROMEO.

Como si ese nombre fuera bala de arcabuz que la

matase , como lo fué la infame mano de Romeo que
mató á su pariente. Decidme, padre, ¿ en qué parte de
mi cuerpo está mi nombre? Decídmelo, porque quiero
saquear su odiosa morada. (*Saca el puñal.*)

FRAY LORENZO.

Detén esa diestra homicida. ¿ Eres hombre? Tu ex-
terior dice que sí , pero tu llanto es de mujer, y tus
acciones de bestia falta de libre albedrío. Horror me
causas. Juro por mi santo hábito que yo te habia creido de voluntad más firme. ¡ Matarte despues de haber
matado á Teobaldo! Y matar ademas á la dama que
sólo vive por tí. Dime, ¿ por qué maldices de tu linaje,
y del cielo y de la tierra? Todo lo vas á perder en un
momento , y á deshonrar tu nombre y tu familia, y
tu amor y tu juicio. Tienes un gran tesoro , tesoro
de avaro , y no lo empleas en realzar tu persona, tu
amor y tu ingenio. Ese tu noble apetito es figura
de cera , falta de aliento viril. Tu amor es perjurio
y juramento vacío , y profanacion de lo que juraste,
y tu entendimiento , que tanto realce daba á tu amor
y á tu fortuna , es el que ciega y descamina á tus
demas potencias, como soldado que se inflama con
la misma pólvora que tiene , y perece víctima de su
propia defensa. ¡ Alienta, Romeo! Acuérdate que vive
Julieta , por quien hace un momento hubieras dado
la vida. Este es un consuelo. Teobaldo te busca-
ba para matarte , y le mataste tú. Hé aquí otro consuelo. La ley te condenaba á muerte , y la sentencia
se conmutó en destierro. Otro consuelo más. Caen
sobre tí las bendiciones del cielo , y tú , como mujer
liviana , recibes de mal rostro á la dicha que llama á
tus puertas. Nunca favorece Dios á los ingratos. Véte
á ver á tu esposa : sube por la escala , como lo dejamos convenido. Consuélala , y huye de su lado antes

que amanezca. Irás á Mántua, y allí permanecerás, hasta que se pueda divulgar tu casamiento, hechas las paces entre vuestras familias y aplacada la indignacion del Príncipe. Entonces volverás, mil veces más alegre que triste te vas ahora. Véte, nodriza. Mil recuerdos á tu ama. Haz que todos se recojan presto, lo cual será fácil por el disgusto de hoy. Dila que allá va Romeo.

AMA.

Toda la noche me estaria oyéndoos. ¡Qué gran cosa es el saber! Voy á animar á mi ama con vuestra venida.

ROMEO.

Sí: dile que se prepare á reñirme.

AMA.

Toma este anillo que ella me dió, y véte, que ya cierra la noche. (*Vase.*)

ROMEO.

Ya renacen mis esperanzas.

FRAY LORENZO.

Adios. No olvides lo que te he dicho. Sal antes que amanezca, y si sales despues, véte disfrazado; y á Mántua. Tendrás con frecuencia noticias mias, y sabrás todo lo que pueda interesarte. Adios. Dáme la mano. Buenas noches.

ESCENA IV.

Sala en casa de Capuleto.

CAPULETO, su MUJER y PÁRIS.

CAPULETO.

La reciente desgracia me ha impedido hablar con mi hija. Tanto ella como yo queríamos mucho á Teobaldo. Pero la muerte es forzosa. Ya es tarde para que esta noche nos veamos, y á fe mia os juro que si no fuera por vos, ya hace una hora que me habria acostado.

PÁRIS.

Ni es ésta ocasion de galanterías sino de duelo. Dad mis recuerdos á vuestra hija.

CAPULETO.

Páris, os prometo solemnemente la mano de mi hija. Creo que ella me obedecerá. Puedo asegurároslo. Esposa mia, antes de acostarte, vé á contarla el amor de Páris, y dila que el miércoles próximo... Pero ¿ qué dia es hoy ?

PÁRIS.

Lúnes.

CAPULETO.

¡ Lúnes ! Pues no puede ser el miércoles. Que sea el juéves. Dile que el juéves se casará con el conde. ¿ Estais contento ? No tendremos fiesta. Sólo convidaré á los amigos íntimos, porque estando tan fresca la muerte de Teobaldo, el convidar á muchos parecería indicio de poco sentimiento. ¿ Os parece bien el juéves ?

PÁRIS.

¡ Ojalá fuese mañana ! ·

CAPULETO.

Adelante, pues: que sea el juéves. Avisa á Julieta, antes de acostarte. Adios, amigo. Alumbradme. Voy á mi alcoba. Es tan tarde, que pronto amanecerá. Buenas noches.

ESCENA V.

Galería cerca del cuarto de Julieta, con una ventana que da al jardin.

ROMEO y JULIETA.

JULIETA.

¿ Tan pronto te vas? Aún tarda el dia. Es el canto del ruiseñor, no el de la alondra el que resuena. Todas las noches se posa á cantar en aquel granado. Es el ruiseñor, amado mio.

ROMEO.

Es la alondra que anuncia el alba ; no es el ruiseñor. Mira, amada mia, cómo se van tiñendo las nubes del oriente con los colores de la aurora. Ya se apagan las antorchas de la noche. Ya se adelanta el dia con rápido paso sobre las húmedas cimas de los montes. Tengo que partir, ó si no, aquí me espera la muerte.

JULIETA.

No es esa luz la de la aurora. Te lo aseguro. Es un meteoro que desprende de su lumbre el sol para guiarte en el camino de Mántua. Quédate. ¿ Por qué te vas tan luego ?

Despedida de Romeo y Julieta.

ROMEO.

¡Que me prendan, que me maten! Mandándolo tú, poco importa. Diré que aquella luz gris que allí veo no es la de la mañana sino el pálido reflejo de la luna. Diré que no es el canto de la alondra el que resuena. Más quiero quedarme que partir. Ven, muerte, pues Julieta lo quiere. Amor mio, hablemos, que aún no amanece.

JULIETA.

Sí, véte, que es la alondra la que canta con voz áspera y destemplada. ¡Y dicen que son armoniosos sus sones, cuando á nosotros viene á separarnos! Dicen que cambia de ojos como el sapo. ¡Ojalá cambiara de voz! Maldita ella que me aparta de tus atractivos. Véte, que cada vez se clarea más la luz.

ROMEO.

¿Has dicho la luz? No, sino las tinieblas de nuestro destino.

(*Entra el Ama.*)

AMA.

¡Julieta!

JULIETA.

¡Ama!

AMA.

Tu madre viene. Ya amanece. Prepárate y no te descuides.

ROMEO.

¡Un beso! ¡Adios, y me voy!

(*Vase por la escala.*)

JULIETA.

¿Te vas? Mi señor, mi dulce dueño, dáme nuevas

de tí todos los dias, á cada instante. Tan pesados corren los dias infelices, que temo envejecer antes de tornar á ver á mi Romeo.

ROMEO.

Adios. Te mandaré noticias mias y mi bendicion por todos los medios que yo alcance.

JULIETA.

¿ Crees que volveremos á vernos ?

ROMEO.

Sí, y que en dulces coloquios de amor recordaremos nuestras angustias de ahora.

JULIETA.

¡ Válgame Dios ! ¡ Qué présaga tristeza la mia ! Parece que te veo difunto sobre un catafalco. Aquel es tu cuerpo, ó me engañan los ojos.

ROMEO.

Pues tambien á tí te ven los mios pálida y ensangrentada. ¡ Adios, adios !   (*Vase.*)

JULIETA.

¡ Oh, fortuna ! te llaman mudable : á mi amante fiel poco le importan tus mudanzas. Sé mudable en buen hora, y así no le detendrás y me le restituirás luego.

SEÑORA DE CAPULETO.

(*Dentro.*) Hija, ¿ estás despierta ?

JULIETA.

¿ Quién me llama ? Madre, ¿ estás despierta todavía ó te levantas ahora ? ¿ Qué novedad te trae á mí ? (*Entra la señora de Capuleto.*)

SEÑORA DE CAPULETO.

¿Qué es esto, Julieta?

JULIETA.

Estoy mala.

SEÑORA DE CAPULETO.

¿Todavía lloras la muerte de tu primo? ¿Crees que tus lágrimas pueden devolverle la vida? Vana esperanza. Cesa en tu llanto, que aunque es signo de amor, parece locura.

JULIETA.

Dejadme llorar tan dura suerte.

SEÑORA DE CAPULETO.

Eso es llorar la pérdida, y no al amigo.

JULIETA.

Llorando la pérdida, lloro tambien al amigo.

SEÑORA DE CAPULETO.

Más que por el muerto ¿lloras por ese infame que le ha matado?

JULIETA.

¿Qué infame, madre?

SEÑORA DE CAPULETO.

Romeo.

JULIETA.

(*Aparte.*) ¡Cuánta distancia hay entre él y un infame! (*Alto.*) Dios le perdone como le perdono yo, aunque nadie me ha angustiado tanto como él.

SEÑORA DE CAPULETO.

Eso será porque todavía vive el asesino.

19

JULIETA.

Sí, y donde mi venganza no puede alcanzarle. Yo quisiera vengar á mi primo.

SEÑORA DE CAPULETO.

Ya nos vengaremos. No llores. Yo encargué á uno de Mántua, donde ese vil ha sido desterrado, que le envenenen con alguna mortífera droga. Entonces irá á hacer compañia á Teobaldo, y tú quedarás contenta y vengada.

JULIETA.

Satisfecha no estaré, mientras no vea á Romeo... muerto... Señora, si hallas alguno que se comprometa á darle el tósigo, yo misma le prepararé, y así que lo reciba Romeo, podrá dormir tranquilo. Hasta su nombre me es odioso cuando no le tengo cerca, para vengar en él la sangre de mi primo.

SEÑORA DE CAPULETO.

Busca tú el modo de preparar el tósigo, mientras yo busco á quien ha de administrárselo. Ahora oye tú una noticia agradable.

JULIETA.

¡Buena ocasion para gratas nuevas! ¿Y cuál es, señora?

SEÑORA DE CAPULETO.

Hija, tu padre es tan bueno que deseando consolarte, te prepara un dia de felicidad que ni tú ni yo esperábamos.

JULIETA.

¿Y que dia es ese?

SEÑORA DE CAPULETO.

Pues es que el juéves, por la mañana temprano, el conde Páris, ese gallardo y discreto caballero, se des_posará contigo en la iglesia de San Pedro.

JULIETA.

Pues te juro, por la iglesia de San Pedro, y por san Pedro purísimo, que no se desposará. ¿A qué es tanta prisa? ¿Casarme con él cuando todavía no me ha hablado de amor? Decid á mi padre, señora, que todavía no quiero casarme. Cuando lo haga, con juramento os digo que antes será mi esposo Romeo, á quien aborrezco, que Páris. ¡Vaya una noticia que me traeis!

SEÑORA DE CAPULETO.

Aquí viene tu padre. Díselo tú, y verás cómo no le agrada. (*Entran Capuleto y el Ama.*)

CAPULETO.

A la puesta del sol cae el rocío, pero cuando muere el hijo de mi hermano, cae la lluvia á torrentes. ¿Aún no ha acabado el aguacero, niña? Tú débil cuerpo es nave y mar y viento. En tus ojos hay marea de lágrimas, y en ese mar navega la barca de tus ánsias, y tus suspiros son el viento que la impele. Dime, esposa, ¿has cumplido ya mis órdenes?

SEÑORA DE CAPULETO.

Sí, pero no lo agradece. ¡Insensata! Con su sepulcro debia casarse.

CAPULETO.

¿Eh? ¿Qué es eso? Esposa mia. ¿Qué es eso de no querer y no agradecer? ¿Pues no la enorgullece el que la hayamos encontrado para esposo un tan noble caballero?

JULIETA.

¿ Enorgullecerme ? No , agradecer sí. ¿ Quién ha de estar orgullosa de lo que aborrece ? Pero siempre se agradece la buena voluntad , hasta cuando nos ofrece lo que odiamos.

CAPULETO.

¡ Qué retóricas son esas ! « ¡ Enorgullecerse ! » « Sí y no. » « ¡ Agradecer y no agradecer ! » Nada de agradecimientos ni de orgullo , señorita. Prepárate á ir por tus piés el juéves próximo á la iglesia de San Pedro á casarte con París , ó si no , te llevo arrastrando en un seron , ¡ histérica, nerviosa , pálida , necia !

SEÑORA DE CAPULETO.

¿Estás en tí? Cállate.

JULIETA.

Padre mio, de rodillas os pido que me escúcheis una palabra sola.

CAPULETO.

¡Escucharte! ¡Necia, malvada! Oye, el juéves irás á San Pedro, ó no me volverás á mirar la cara. No me supliques ni me digas una palabra más. El pulso me tiembla. Esposa mia, yo siempre creí que era poca bendicion de Dios el tener una hija sola, pero ahora veo que es una maldicion, y que áun ésta sobra.

AMA.

¡Dios sea con ella! No la maltrateis, señor.

CAPULETO.

¿Y por qué no, entremetida vieja? Cállate, y habla con tus iguales.

AMA.

A nadie ofendo... No puede una hablar.

CAPULETO.

Calla, cigarron, y véte á hablar con tus comadres, que aquí no metes baza.

SEÑORA DE CAPULETO.

Loco estás.

CAPULETO.

Loco sí. De noche, de dia, de mañana, de tarde, durmiendo, velando, solo y acompañado, en casa y en la calle, siempre fué mi empeño el casarla, y ahora que la encuentro un jóven de gran familia, rico, gallardo, discreto, lleno de perfecciones, segun dicen, contesta esta mocosa que no quiere casarse, que no puede amar, que es muy jóven. Pues bien, te perdonaré, si no te casas, pero no vivirás un momento aquí. Poco falta para el juéves. Piénsalo bien. Si consientes, te casarás con mi amigo. Si no, te ahorcarás, ó irás pidiendo limosna, y te morirás de hambre por esas calles, sin que ninguno de los mios te socorra. Piénsalo bien, que yo cumplo siempre mis juramentos.

              (*Vase.*)

JULIETA.

¿Y no hay justicia en el cielo que conozca todo el abismo de mis males? No me dejes, madre. Dilatad un mes, una semana el casamiento, ó si no, mi lecho nupcial será el sepulcro de Teobaldo.

SEÑORA DE CAPULETO.

Nada me digas, porque no he de responderte. Decídete como quieras.   (*Se va.*)

JULIETA.

¡Válgame Dios! Ama mia, ¿qué haré? Mi esposo está en la tierra, mi fe en el cielo. ¿Y cómo ha de volver á la tierra mi fe, si mi esposo no la envia desde el cielo? Aconséjame, consuélame. ¡Infeliz de mí! ¿Por qué el cielo ha de emplear todos sus recursos contra un sér tan débil como yo? ¿Qué me dices? ¿Ni una palabra que me consuele?

AMA.

Sólo te diré una cosa. Romeo está desterrado, y puede apostarse doble contra sencillo á que no vuelve á verte, ó vuelve ocultamente, en caso de volver. Lo mejor seria, pues, á mi juicio, que te casaras con el Conde, que es mucho más gentil y discreto caballero que Romeo. Ni un águila tiene tan verdes y vivaces ojos como Páris. Este segundo esposo te conviene más que el primero. Y ademas, al primero puedes darle por muerto. Para tí como si lo estuviera.

JULIETA.

¿ Hablas con el alma ?

AMA.

Con el alma, ó maldita sea yo.

JULIETA.

Así sea.

AMA.

¿ Por qué ?

JULIETA.

Por nada. Buen consuelo me has dado. Véte, di a mi madre que he salido. Voy á confesarme con Fray Lorenzo, por el enojo que he dado á mi padre.

AMA.

Obras con buen seso.   (Vase.)

JULIETA.

¡Infame vieja! ¡Aborto de los infiernos! ¿Cuál es mayor pecado en tí: querer hacerme perjura, ó mancillar con tu lengua al mismo á quien tantas veces pusiste por las nubes? Maldita séa yo si vuelvo á aconsejarme de tí. Sólo mi confesor me dará amparo y consuelo, ó á lo menos fuerzas para morir.

ACTO IV.

ESCENA PRIMERA.

Celda de Fray Lorenzo.

FRAY LORENZO y PÁRIS.

FRAY LORENZO.

L juéves dices? Pronto es.

PÁRIS.

Así lo quiere Capuleto, y yo lo deseo tambien.

FRAY LORENZO.

¿ Y todavía no sabeis si la novia os quiere? Mala manera es esa de hacer las cosas, á mi juicio.

PÁRIS.

Ella no hace más que llorar por Teobaldo y no tiene tiempo para pensar en amores, porque el amor huye de los duelos. A su padre le acongoja el que ella se angustie tanto, y por eso quiere hacer la boda cuanto antes, para atajar ese diluvio de lágrimas, que pudiera parecer mal á las gentes. Esa es la razon de que nos apresuremos.

FRAY LORENZO.

(*Aparte.*) ¡Ojalá no supiera yo las verdaderas causas de la tardanza! Conde Páris, hé aquí la dama que viene á mi celda.

PÁRIS.

Bien hallada, señora y esposa mia.

JULIETA.

Lo seré cuando me case.

PÁRIS.

Eso será muy pronto: el juéves.

JULIETA.

Será lo que sea.

PÁRIS.

Claro es. ¿Venis á confesaros con el padre?

JULIETA.

Con vos me confesaria, si os respondiera.

PÁRIS.

No me negueis que me amais.

JULIETA.

No os negaré que quiero al padre.

PÁRIS.

Y le confesareis que me teneis cariño.

JULIETA.

Más valdria tal confesion á espaldas vuestras, que cara á cara.

PÁRIS.

Las lágrimas marchitan vuestro rostro.

JULIETA.

Poco hacen mis lágrimas : no valia mucho mi rostro,
antes que ellas le ajasen.

PÁRIS.

Más la ofenden esas palabras que vuestro llanto.

JULIETA.

Señor, en la verdad no hay injuria, y más si se dice
frente á frente.

PÁRIS.

Mio es ese rostro del cual decis mal.

JULIETA.

Vuestro será quizá, puesto que ya no es mio. Padre,
¿podeis oirme en confesion, ó volveré al Ave-María?

FRAY LORENZO.

Pobre niña, dispuesto estoy á oirte ahora. Dejadnos
solos, Conde.

PÁRIS.

No seré yo quien ponga obstáculos á tal devocion.
Julieta, adios. El juéves muy temprano te despertaré.

(Vase.)

JULIETA.

Cerrad la puerta, padre, y venid á llorar conmigo :
ya no hay esperanza ni remedio.

FRAY LORENZO.

Julieta, ya sé cuál es tu angustia, y tambien ella
me tiene sin alma. Sé que el juéves quieren casarte
con el Conde.

JULIETA.

Padre, no me digais que dicen tal cosa, si al mismo

tiempo no discurris, en vuestra sabiduría y prudencia, algun modo de evitarlo. Y si vos no me consolais, yo con un puñal sabré remediarme. Vos, en nombre del Señor, juntasteis mi mano con la de Romeo, y antes que esta mano, donde fué por vos estampado su sello, consienta en otra union, ó yo amancille su fe, matará-nos este hierro. Aconsejadme bien, ó el hierro sentenciará el pleito que ni vuestras canas ni vuestra ciencia saben resolver. No os detengais: respondedme ó muero.

FRAY LORENZO.

Hija mia, detente. Aún veo una esperanza, pero tan remota y tan violenta, como es violenta tu situacion actual. Pero ya que prefieres la muerte á la boda con Páris, pasarás por algo que se parezca á la muerte. Si te atreves á hacerlo, yo te daré el remedio.

JULIETA.

Padre, á trueque de no casarme con Páris, mandadme que me arroje de lo alto de una torre, que recorra un camino infestado por bandoleros, que habite y duerma entre sierpes y osos, ó en un cementerio, entre huesos humanos, que crujan por la noche, y amarillas calaveras, ó enterradme con un cadáver reciente. Todo lo haré, por terrible que sea, antes que ser infiel al juramento que hice á Romeo.

FRAY LORENZO.

Bien: véte á tu casa, fíngete alegre: di que te casarás con Páris. Mañana es miércoles: por la noche quédate sola, sin que te acompañe ni siquiera tu ama, y cuando estés acostada, bebe el licor que te doy en esta ampolleta. Un sueño frio embargará tus miembros. No pulsarás ni alentarás, ni darás señal alguna de vida.

Huirá el color de tus rosados labios y mejillas, y le
sucederá una palidez térrea. Tus párpados se cerrarán
como puertas de la muerte que excluyen la luz del
dia, y tu cuerpo quedará rígido, inmóvil, frio como
el mármol de un sepulcro. Así permanecerás 42 horas
justas, y entonces despertarás como de un apacible
sueño. A la mañana anterior habrá venido el novio á

despertarte, te habrá creido muerta, y ataviándote,
segun es uso, con las mejores galas, te habrán llevado
en ataud abierto al sepulcro de los Capuletos. Durante
tu sueño, yo avisaré por carta á Romeo; él vendrá en
seguida, y velaremos juntos hasta que despiertes. Esa
misma noche Romeo volverá contigo á Mántua. Es el
único modo de salvarte del peligro actual, si un vano
y mujeril temor no te detiene.

JULIETA.

Dáme la ampolleta, y no hablemos de temores.

FRAY LORENZO.

Tómala. Valor y fortuna. Voy á enviar á un lego con una carta á Mántua.

JULIETA.

Dios me dé valor, aunque ya le siento en mí. Adios, padre mio.

ESCENA II.

Casa de Capuleto.

CAPULETO, su MUJER, el AMA y CRIADOS.

CAPULETO.

(*A un criado.*) Convidarás á todos los que van en esta lista. Y tú buscarás veinte cocineros.

CRIADO 1.º

Los buscaré tales que se chupen el dedo.

CAPULETO.

¡Rara cualidad!

CRIADO 2.º

Nunca es bueno el cocinero que no sabe chuparse los dedos, ni traeré á nadie que no sepa.

CAPULETO.

Véte, que el tiempo apremia, y nada tenemos dispuesto. ¿Fué la niña á confesarse con Fray Lorenzo?

AMA.

Sí.

CAPULETO.

Me alegro: quizá él pueda rendir el ánimo de esa niña mal criada.

AMA.

Vedla., qué alegre viene del convento.

CAPULETO.

(*A Julieta.*) ¿Dónde has estado, terca?

JULIETA.

En la confesion, donde me arrepentí de haberos des-
obedecido. Fray Lorenzo me manda que os pida perdon, postrada á vuestros piés. Así lo hago, y desde
ahora prometo obedecer cuanto me mandáreis.

CAPULETO.

Id en busca de Páris, y que lo prevenga todo para
la comida que ha de celebrarse mañana.

JULIETA.

Ví á ese caballero en la celda de Fray Lorenzo, y le
concedí cuanto podia concederle mi amor, sin agravio
del decoro.

CAPULETO.

¡Cuánto me alegro! Levántate: has hecho bien en
todo. Quiero hablar con el Conde. (*A un criado.*) Dile
que venga. ¡Cuánto bien hace este fraile en la ciudad!

JULIETA.

Ama, ven á mi cuarto, para que dispongamos jun-
tas las galas de desposada.

SEÑORA DE CAPULETO.

No: eso debe hacerse el juéves: todavía hay tiempo.

CAPULETO.

No: ahora, ahora: mañana temprano á la iglesia.
(*Se van Julieta y el Ama.*)

SEÑORA DE CAPULETO.

Apenas nos queda tiempo. Es de noche.

CAPULETO.

Todo se hará, esposa mia. Ayuda á Julieta á vestirse. Yo no me acostaré, y por esta vez seré guardian de la casa. ¿ Qué es eso ? ¿ Todos los criados han salido ? Voy yo mismo en busca de Páris, para avisarle que mañana es la boda. Este cambio de voluntad me da fuerzas y mocedad nueva.

ESCENA III.

Habitacion de Julieta.

JULIETA y su MADRE.

JULIETA.

Sí, ama, sí: este traje está mejor, pero yo quisiera quedarme sola esta noche, para pedir á Dios en devotas oraciones que me ilumine y guie en estado tan lleno de peligros.   (*Entra la señora de Capuleto.*)

SEÑORA DE CAPULETO.

Bien trabajais. ¿ Quereis que os ayude ?

JULIETA.

No, madre. Ya estarán escogidas las galas que he de vestirme mañana. Ahora quisiera que me dejaseis sola, y que el ama velase en vuestra compañía, porque es poco el tiempo, y falta mucho que disponer.

SEÑORA DE CAPULETO.

Buenas noches, hija. Véte á descansar, que falta te hace.   (*Vase.*)

JULIETA.

¡Adios! ¡Quién sabe si volveremos á vernos! Un
miedo helado corre por mis venas y casi apaga en mí
el aliento vital. ¿Les diré que vuelvan? Ama... Pero
¿á qué es llamarla? Yo sola debo representar esta tragedia. Ven á mis manos, ampolla. Y si este licor no
produjese su efecto, ¿tendria yo que ser esposa del
Conde? No, no, jamas: tú sabrás impedirlo. Aquí,
aquí le tengo guardado. (*Señalando el puñal.*) ¿Y si este
licor fuera un veneno preparado por el fraile para matarme y eludir su responsabilidad por haberme casado
con Romeo? Pero mi temor es vano. ¡Si dicen que es
un santo!¡Lejos de mí tan ruines pensamientos! ¿Y si
me despierto encerrada en el ataud, antes que vuelva
Romeo? ¡Qué horror! En aquel estrecho recinto, sin
luz, sin aire... me voy á ahogar antes que él llegue. Y
la espantosa imágen de la muerte... y la noche... y el
horror del sitio... la tumba de mis mayores... aquellos
huesos amontonados por tantos siglos... el cuerpo
de Teobaldo que está en putrefaccion muy cerca de
allí... los espíritus que, segun dicen, interrumpen...
de noche, el silencio de aquella soledad...¡Ay, Dios
mio! ¿no será fácil que al despertarme, respirando
aquellos miasmas, oyendo aquellos lúgubres gemidos
que suelen entorpecer á los mortales, aquellos gritos
semejantes á las quejas de la mandrágora cuando se
la arranca del suelo... ¿no es fácil que yo pierda la razon, y empiece á jugar en mi locura con los huesos de
mis antepasados, ó á despojar de su velo funeral el cadáver de Teobaldo, ó á machacarme el cráneo con los
pedazos del esqueleto de alguno de mis ilustres mayores? Ved... Es la sombra de mi primo, que viene
con el acero desnudo, buscando á su matador Romeo.
¡Detente, Teobaldo! ¡A la salud de Romeo! (*Bebe.*)

ESCENA IV.

Casa de Capuleto.

La SEÑORA y el AMA.

SEÑORA DE CAPULETO.

Toma las llaves: tráeme más especias.

AMA.

Ahora piden clavos y dátiles.

CAPULETO.

(*Que entra.*) Vamos, no os detengais, que ya ha sonado por segunda vez el canto del gallo. Ya tocan á maitines. Son las tres. Tú, Ángela, cuida de los pasteles, y no repareis en el gasto.

AMA.

Idos á dormir, señor impertinente. De seguro que por pasar la noche en vela, amaneceis enfermo mañana.

CAPULETO.

¡ Qué bobería! Muchas noches he pasado en vela sin tanto motivo, y nunca he enfermado.

SEÑORA DE CAPULETO.

Sí: buen raton fuiste en otros tiempos. Ahora ya velo yo, para evitar tus veladas.

CAPULETO.

¡ Ahora celos! ¿ Qué traes, muchacho ?

CRIADO I.º

El cocinero lo pide. No sé lo que es.

CAPULETO.

Véte corriendo : busca leña seca. Pedro te dirá dónde puedes encontrarla.

CRIADO 1.º

Yo la encontraré : no necesito molestar á Pedro.

(Se van.)

CAPULETO.

. Dice bien, á fe mia. ¡Es gracioso ese galopin! Por vida mia. Ya amanece. Pronto llegará Páris con música, segun anunció. ¡Ahí está! Ama, mujer mia, venid aprisa! (Suena música.) (Al Ama.) Véte, despierta y viste á Julieta, mientras yo hablo con Páris. Y no te detengas mucho, que el novio llega. No te detengas.

ESCENA V.

Aposento de Julieta. Esta en el lecho.

EL AMA y la SEÑORA.

AMA.

¡Señorita, señorita! ¡Cómo duerme! ¡Señorita, novia, cordero mio! ¿No despiertas? Haces bien : duerme para ocho dias, que mañana ya se encargará Páris de no dejarte dormir. ¡Válgame Dios, y cómo duerme! Pero es necesario despertarla. ¡Señorita, señorita! No falta más sino que venga el Conde y te halle en la cama. Bien te asustarias. Dime, ¿no es verdad? ¿Vestida estás, y te volviste á acostar? ¿Cómo es esto? ¡Señorita, señorita!... ¡Válgame Dios! Socorro, que mi ama se ha muerto. ¿Por qué he vivido yo para ver esto? Maldita sea la hora en que nací. ¡Esencias, pronto! ¡Señor, señora, acudid!

SEÑORA DE CAPULETO.

(Entrando.) ¿ Por qué tal alboroto ?

AMA.

¡ Dia aciago !

SEÑORA DE CAPULETO.

¿ Qué sucede ?

AMA.

Ved , ved. ¡ Aciago dia !

SEÑORA DE CAPULETO.

¡ Dios mio, Dios mio ! ¡ Pobre niña ! ¡ Vida mia !
Abre los ojos , ó dejáme morir contigo. ¡ Favor,
favor !   *(Entra Capuleto.*)

CAPULETO.

¿ No os da vergüenza ? Ya debia de haber salido Julieta. Su novio la está esperando.

AMA.

¡ Si está muerta ! ¡ Aciago dia !

SEÑORA DE CAPULETO.

¡ Aciago dia ! ¡ Muerta , muerta !

CAPULETO.

¡ Dejádmela ver ! ¡ Oh , Dios ! qué espanto. ¡ Helada
su sangre , rígidos sus miembros ! Huyó la rosa de sus
labios. ¡ Yace tronchada como la flor por prematura y
repentina escarcha ! ¡ Hora infeliz !

AMA.

¡ Dia maldito !

SEÑORA DE CAPULETO.

¡ Aciago dia !

CAPULETO.

La muerte que fiera la arrebató, traba mi lengua é impide mis palabras.

(*Entran Fray Lorenzo, Páris y músicos.*)

FRAY LORENZO.

¿ Cuándo puede ir la novia á la iglesia ?

CAPULETO.

Sí irá, pero para quedarse allí. En vísperas de boda, hijo mio, vino la muerte á llevarse á tu esposa,

flor que deshojó inclemente la Parca. Mi yerno y mi heredero es el sepulcro: él se ha desposado con mi hija. Yo moriré tambien, y él heredará todo lo que poseo.

PÁRIS.

¡Yo que tanto deseaba ver este dia, y ahora es tal vista la que me ofrece!

SEÑORA DE CAPULETO.

¡Infeliz, maldito, aciago dia! ¡Hora la más terrible que en su dura peregrinacion ha visto el tiempo! ¡Una hija sola! ¡Una hija sola, y la muerte me la lleva! ¡Mi esperanza, mi consuelo, mi ventura!...

AMA.

¡Dia aciago y horroroso, el más negro que he visto nunca! ¡El más horrendo que ha visto el mundo! ¡Aciago dia!

PÁRIS.

¡Y yo burlado, herido, descasado, atormentado! ¡Cómo te mofas de mí, cómo me conculcas á tus plantas, fiera muerte! ¡Ella, mi amor, mi vida, muerta ya!

CAPULETO.

¡Y yo despreciado, abatido, muerto! Tiempo cruel, ¿por qué viniste con pasos tan callados á turbar la alegría de nuestra fiesta? ¡Hija mia, que más que mi hija era mi alma! ¡Muerta, muerta, mi encanto, mi tesoro!

FRAY LORENZO.

Callad, que no es la queja remedio del dolor. Antes vos y el cielo poseiais á esa doncella: ahora el cielo solo la posee, y en ello gana la doncella. No pudisteis arrancar vuestra parte á la muerte. El cielo guarda para siempre la suya. ¿No queriais verla honrada y ensalzada? ¿Pues á qué vuestro llanto, cuando Dios la ensalza y encumbra más allá del firmamento? No amais á vuestra hija tanto como la ama Dios. La mejor esposa no es la que más vive en el mundo, sino la que muere jóven y recien casada. Detened vuestras lágrimas. Cubrid su cadáver de romero, y llevadla á la iglesia segun costumbre, ataviada con sus mejores galas. La naturaleza nos obliga al dolor, pero la razon se rie.

CAPULETO.

Los preparativos de una fiesta se convierten en los de un entierro: nuestras alegres músicas en solemne doblar de campanas: el festin en comida funeral: los himnos en trenos: las flores en adornos de ataud... todo en su contrario.

FRAY LORENZO.

Retiraos, señor, y vos, señora, y vos, conde Páris. Prepárense todos á enterrar este cadáver. Sin duda el cielo está enojado con vosotros. Ved si con paciencia y mansedumbre lograis desarmar su cólera.

(*Vanse.*)

MÚSICO 1.°

Recojamos los instrumentos, y vámonos.

AMA.

Recogedlos sí, buena gente. Ya veis que el caso no es para música.

MÚSICO. 1.°

Más alegre podia ser.   (*Entra Pedro.*)

PEDRO.

¡Oh, músicos, músicos! «La paz del corazon.» «La paz del corazon.» Tocad por vida mia «la paz del corazon.»

MÚSICO 1.º

¿ Y por qué « la paz del corazon ? »

PEDRO.

¡Oh, músicos! porque mi corazon está tañendo siempre « mi dolorido corazon. » Cantad una cancion alegre , para que yo me distraiga.

MÚSICO 1.º

No es esta ocasion de canciones.

PEDRO.

¿ Y por qué no ?

MÚSICO 1.º

Claro que no.

PEDRO.

Pues entonces yo os voy á dar de veras.

MÚSICO 1.º

¿ Qué nos darás ?

PEDRO.

No dinero ciertamente , pues soy un pobre lacayo, pero os daré que sentir.

MÚSICO 1.º

¡ Vaya con el lacayo !

PEDRO.

Pues el cuchillo del lacayo os marcará cuatro puntos en la cara. ¿ Venirme á mí con corchetes y bemoles ? Yo os enseñaré la solfa.

MÚSICO 1.º

Y vos la notareis , si quereis enseñárnosla.

MÚSICO 2.º

Envainad la daga, y sacad á plaza vuestro ingenio.

PEDRO.

Con mi ingenio más agudo que un puñal os traspasaré, y por ahora envaino la daga. Respondedme finalmente: « *La música argentina,*» ¿y qué quiere decir «la música argentina?» ¿Por qué ha de ser *argentina* la música? ¿Qué dices á esto, Simon Bordon?

MÚSICO 1.º

¡Toma! Porque el sonido de la plata es dulce.

PEDRO.

Está bien, ¿y vos, Hugo Rabel, qué decis á esto?

MÚSICO 2.º

Yo digo «música argentina», porque el son de la plata hace tañer á los músicos.

PEDRO.

Tampoco está mal. ¿Y qué dices tú, Jaime Clavija?

MÚSICO 3.º

Ciertamente que no sé qué decir.

PEDRO.

Os pido que me perdoneis la pregunta. Verdad es que sois el cantor. Se dice «música argentina» porque á músicos de vuestra calaña nadie los paga con oro, cuando tocan.

MÚSICO 1.º

Este hombre es un pícaro.

MÚSICO 2.º

Así sea su fin. Vamos allá á aguardar la comitiva fúnebre, y luego á comer.

ACTO V.

ESCENA PRIMERA.

Calle de Mántua.

ROMEO y BALTASAR.

ROMEO.

I hemos de confiar en un dulce y agradable sueño, alguna gran felicidad me espera. Desde la aurora pensamientos de dicha agitan mi corazon, rey de mi pecho, y como que me dan alas para huir de la tierra. Soñé con mi esposa y que me encontraba muerto. ¡Raro fenómeno: que piense un cadáver! Pero con sus besos me dió tal vida que, al despertar, no me hubiera trocado por un emperador. ¡Oh, cuán dulces serán las realidades del amor, cuando tanto lo son las sombras! (*Entra Baltasar*.) ¿Traes alguna nueva de Verona? ¿Te ha dado Fray Lorenzo alguna carta para mí? ¿Cómo está mi padre? ¿Y Julieta? Nada malo puede sucederme si ella está buena.

BALTASAR.

Pues ya nada malo puede sucederte, porque su cuerpo reposa en el sepulcro, y su alma está con los ángeles. Yace en el panteon de su familia. Y perdonadme que tan pronto haya venido á traeros tan mala noticia, pero vos mismo, señor, me encargasteis que os avisara de todo.

ROMEO.

¿Será verdad? ¡Cielo cruel, yo desafio tu poder! Dadme papel y plumas. Busca esta tarde caballos, y vámonos á Verona esta noche.

BALTASAR.

Señor, dejadme acompañaros, porque vuestra horrible palidez me anuncia algun mal suceso.

ROMEO.

Nada de eso. Déjame en paz y obedece. ¿No traes para mí carta de Fray Lorenzo?

BALTASAR.

Ninguna.

ROMEO.

Lo mismo da. Busca en seguida caballos, y en marcha. (*Se va Baltasar.*) Sí, Julieta, esta noche descansaremos juntos. ¿Pero cómo? ¡Ah, infierno, cuán presto vienes en ayuda de un ánimo desesperado! Ahora me acuerdo que cerca de aquí vive un boticario de torvo ceño y mala catadura, gran herbolario de yerbas medicinales. El hambre le ha convertido en esqueleto. Del techo de su lóbrega covacha tiene colgados una tortuga, un cocodrilo, y varias pieles de fornidos peces; y en cajas amontonadas, frascos vacíos y verdosos, viejas semillas, cuerdas de bramante, todo muy separado para aparentar más. Yo, al ver tal miseria, he pensado que aunque está prohibido so pena de muerte, el despachar veneno, quizá este infeliz, si se lo pagaran, lo venderia. Bien lo pensé, y ahora voy á ejecutarlo. Cerrada tiene la botica. ¡Hola, eh!

(*Sale el Boticario.*)

BOTICARIO.

¿ Quién grita ?

ROMEO.

Oye. Tu pobreza es manifiesta. Cuarenta ducados te daré por una dósis de veneno tan activo que, apenas circule por las venas, extinga el aliento vital tan rápidamente como una bala de cañon.

BOTICARIO.

Tengo esos venenos, pero las leyes de Mántua condenan á muerte al que los venda.

ROMEO.

Y en tu pobreza extrema ¿ qué te importa la muerte ? Bien clara se ve el hambre en tu rostro, y la tristeza y la desesperacion. ¿ Tiene el mundo alguna ley, para hacerte rico ? Si quieres salir de pobreza, rompe la ley y recibe mi dinero.

BOTICARIO.

Mi pobreza lo recibe, no mi voluntad.

ROMEO.

Yo no pago tu voluntad, sino tu pobreza.

BOTICARIO.

Este es el ingrediente: desleidlo en agua ó en un licor cualquiera, bebedlo, y caereis muerto en seguida, aunque tengais la fuerza de veinte hombres.

ROMEO.

Recibe tú el dinero. Él es la verdadera ponzoña, engendradora de más asesinatos que todos los venenos que no debes vender. La venta la he hecho yo, no tú. Ádios: compra pan, y cúbrete. No un veneno, sino una bebida consoladora llevo conmigo al sepulcro de Julieta.

ESCENA II.

Celda de Fray Lorenzo.

FRAY JUAN y FRAY LORENZO.

FRAY JUAN.

¡ Hermano mio, santo varon !

FRAY LORENZO.

Sin duda es Fray Juan el que me llama. Bien venido seais de Mántua ; ¿ qué dice Romeo ? Dadme su carta, si es que traeis alguna.

FRAY JUAN.

Busqué á un fraile descalzo de nuestra órden, para que me acompañara. Al fin le encontré, curando enfermos. La ronda, al vernos salir de una casa, temió que en ella hubiese peste. Sellaron las puertas, y no nos dejaron salir. Por eso se desbarató el viaje á Mántua.

FRAY LORENZO.

¿ Y quién llevó la carta á Romeo ?

FRAY JUAN.

Nadie : aquí está. No pude encontrar siquiera quién os la devolviese. Tal miedo tenian todos á la peste.

FRAY LORENZO.

¡Qué desgracia! ¡Por vida de mi padre san Francisco! Y no era carta inútil, sino con nuevas de grande importancia. Puede ser muy funesto el retardo. Fray Juan, búscame en seguida un azadon y llévale á mi celda.

FRAY JUAN.

En seguida, hermano.   (*Vase.*)

FRAY LORENZO.

Sólo tengo que ir al cementerio, porque dentro de tres horas ha de despertar la hermosa Julieta de su desmayo. Mucho se enojará conmigo porque no dí oportunamente aviso á Romeo. Volveré á escribir á Mántua, y entre tanto la tendré en mi celda esperando á Romeo. ¡Pobre cadáver vivo encerrado en la cárcel de un muerto!

ESCENA III.

Cementerio, con el panteon de los Capuletos.

PÁRIS y un PAJE con flores y antorchas.

PÁRIS.

Dáme una tea. Apártate: no quiero ser visto. Ponte al pié de aquel arbusto, y estáte con el oido fijo en la tierra, para que nadie huelle el movedizo suelo del cementerio, sin notarlo yo. Apenas sientas á alguno, da un silbido. Dáme las flores, y obedece.

PAJE.

Así lo haré; (*aparte*) aunque mucho temor me da el quedarme solo en este cementerio.

PÁRIS.

Vengo á cubrir de flores el lecho nupcial de la flor
más hermosa que salió de las manos de Dios. Hermosa
Julieta, que moras entre los coros de los ángeles, recibe este mi postrer recuerdo. Viva, te amé: muerta!
vengo á adornar con tristes ofrendas tu sepulcro. (*El
paje silba.*) Siento la señal del paje: álguien se acerca.
¿ Qué pié infernal es el que se llega de noche á interrumpir mis piadosos ritos ? ¡ Y trae una tea encendida !
¡ Noche, cúbreme con tu manto ! (*Entran Romeo y Baltasar.*)

ROMEO.

Dáme ese azadon y esa palanca. Toma esta carta.
Apénas amanezca, procurarás que la reciba Fray Lorenzo. Dáme la luz, y si en algo estimas la vida, nada
te importe lo que veas ú oigas, ni quieras estorbarme
en nada. La principal razon que aquí me trae no es ver
por última vez el rostro de mi amada, sino apoderar-
me del anillo nupcial que aún tiene en su dedo, y llevarle siempre como prenda de amor. Aléjate, pues. Y
si la curiosidad te mueve á seguir mis pasos, júrote que
he de hacerte trizas, y esparcir tus miembros desgar-
rados por todos los rincones de este cementerio. Más
negras y feroces son mis intenciones, que tigres ham-
brientos ó mares alborotadas.

BALTASAR.

En nada pienso estorbaros, señor.

ROMEO.

Es la mejor prueba de amistad que puedes darme.
Toma, y sé feliz, amigo mio.

BALTASAR.

(*Aparte.*) Pues, á pesar de todo, voy á observar lo

que hace; porque su rostro y sus palabras me espantan.

ROMEO.

¡Abominable seno de la muerte, que has devorado la mejor prenda de la tierra, aún has de tener mayor alimento!   (*Abre las puertas del sepulcro.*)

PÁRIS.

Este es Montesco, el atrevido desterrado, el asesino de Teobaldo, del primo de mi dama, que por eso murió de pena, segun dicen. Sin duda ha venido aquí á profanar los cadáveres. Voy á atajarle en su diabólico intento. Cesa, infame Montesco; ¿no basta la muerte á detener tu venganza y tus furores? ¿Por qué no te rindes, malvado proscrito? Sígueme, que has de morir.

ROMEO.

Sí: á morir vengo. Noble jóven, no tientes á quien viene ciego y desalentado. Huye de mí: déjame; acuérdate de los que fueron y no son. Acuérdate y tiembla, no me provoques más, jóven insensato. Por Dios te lo suplico. No quieras añadir un nuevo pecado á los que abruman mi cabeza. Te quiero más que lo que tú puedes quererte. He venido á luchar conmigo mismo. Huye, si quieres salvar la vida, y agradece el consejo de un loco.

PÁRIS.

¡Vil desterrado, en vano son esas súplicas!

ROMEO.

¿Te empeñas en provocarme? Pues muere... (*Pelean.*)

PAJE.

¡Ay, Dios! pelean: voy á pedir socorro. (*Vase. Cae herido Páris.*)

PÁRIS.

¡Ay de mí, muerto soy! Si tienes lástima de mí, ponme en el sepulcro de Julieta.

ROMEO.

Sí que lo haré. Veámosle el rostro. ¡El pariente de Mercutio, el conde Páris! Al tiempo de montar á caballo, ¿no oí, como entre sombras decir, á mi escudero, que iban á casarse Páris y Julieta? ¿Fué realidad ó sueño? ¿Ó es que estaba yo loco y creí que me hablaban de Julieta? Tu nombre está escrito con el mio en el sangriento libro del destino. Triunfal sepulcro te espera. ¿Qué digo sepulcro? Morada de luz, pobre jóven. Allí duerme Julieta, y ella basta para dar luz y hermosura al mausoleo. Yace tú á su lado: un muerto es quien te entierra. Cuando el moribundo se acerca al trance final, suele reanimarse, y á esto lo llaman el último destello. Esposa mia, amor mio, la muerte que ajó el néctar de tus labios, no ha podido vencer del todo tu hermosura. Todavía irradia en tus ojos y en tu semblante, donde aún no ha podido desplegar la muerte su odiosa bandera. Ahora quiero calmar la sombra de Teobaldo, que yace en ese sepulcro. La misma mano que cortó tu vida, va á cortar la de tu enemigo. Julieta, ¿por qué estás aún tan hermosa? ¿Será que el descarnado mónstruo te ofrece sus amores y te quiere para su dama? Para impedirlo, dormiré contigo en esta sombría gruta de la noche, en compañía de esos gusanos, que son hoy tus únicas doncellas. Este será mi eterno reposo. Aquí descansará mi cuerpo, libre de la fatídica ley de los astros. Recibe tú la última mirada de mis ojos, el último abrazo de mis brazos, el último beso de mis labios, puertas de la vida, que vienen á sellar mi eterno contrato con la muerte. Ven, áspero y vencedor piloto: mi nave, harta de combatir con las olas, quiere quebrantarse en los peñascos. Brindemos por mi dama. ¡Oh, cuán portentosos son los efectos de tu bálsamo, alquimista veraz! Así, con este beso... muero. (*Cae.*)

(*Llega Fray Lorenzo.*)

FRAY LORERZO.

¡Por san Francisco y mi santo hábito! ¡Esta noche mi viejo pié viene tropezando en todos los sepulcros! ¿Quién á tales horas interrumpe el silencio de los muertos?

BALTASAR.

Un amigo vuestro, y de todas veras.

FRAY LORENZO.

Con bien seas. ¿Y para qué sirve aquella luz, ocupada en alumbrar á gusanos y calaveras? Me parece que está encendida en el monumento de los Capuletos.

BALTASAR.

Verdad es, padre mio, y allí se encuentra mi amo, á quien tanto quereis.

FRAY LORENZO.

¿De quién hablas?

BALTASAR.

De Romeo.

FRAY LORENZO.

¿Y cuánto tiempo hace que ha venido?...

BALTASAR.

Una media hora.

FRAY LORENZO.

Sígueme.

BALTASAR.

¿Y cómo, padre, si mi amo cree que no estoy aquí, y me ha amenazado con la muerte, si yo le seguia?

FRAY LORENZO.

Pues quédate, é iré yo solo. ¡Dios mio! Alguna catástrofe temo.

BALTASAR.

Dormido al pié de aquel arbusto, soñé que mi señor mataba á otro en desafío.

FRAY LORENZO.

¡Romeo! Pero ¡Dios mio! ¿qué sangre es esta en las gradas del monumento? ¿Qué espadas estas sin dueño, y tintas todavía de sangre? (*Entra en el sepulcro.*) ¡Romeo! ¡Pálido está como la muerte!

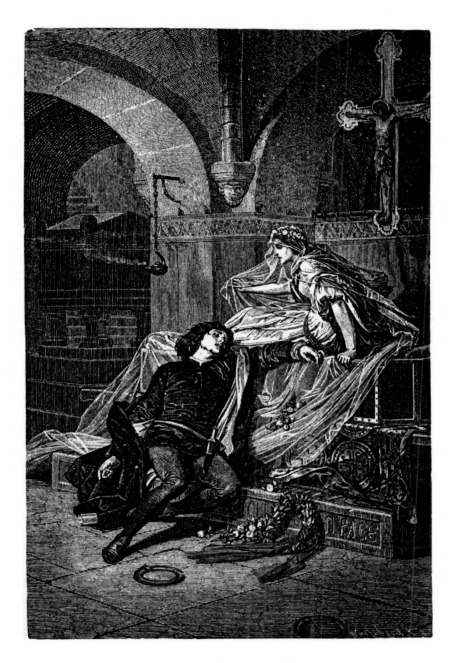

Muerte de Romeo y Julieta.

¡ Y Páris cubierto de sangre !... La doncella se mueve.

(*Despierta Julieta.*)

JULIETA.

Padre, ¿ dónde está mi esposo ? Ya recuerdo dónde debia yo estar y allí estoy. Pero ¿ dónde está Romeo, padre mio ?

FRAY LORENZO.

Oigo ruido. Deja tú pronto ese foco de infeccion, ese lecho de fingida muerte. La suprema voluntad de Dios ha venido á desbaratar mis planes. Sígueme. Tu esposo yace muerto á tu lado, y Páris muerto tambien. Sígueme á un devoto convento y nada más me digas, porque la gente se acerca. Sígueme, Julieta, que no podemos detenernos aquí.   (*Vase.*)

JULIETA.

Yo aquí me quedaré. ¡Esposo mio! Mas ¿ qué veo ? Una copa tiene en las manos. Con veneno ha apresurado su muerte. ¡Cruel! no me dejó ni una gota que beber. Pero besaré tus labios que quizá contienen algun resabio del veneno. Él me matará y me salvará. (*Le besa.*) Aún siento el calor de sus labios.

ALGUACIL 1.° (*dentro*).

¿ Dónde está ? Guiadme.

JULIETA.

Siento pasos. Necesario es abreviar. (*Coge el puñal de Romeo.*) ¡Dulce hierro, descansa en mi corazon, mientras yo muero!

(*Se hiere y cae sobre el cuerpo de Romeo.*)

(*Entran la ronda y el paje de Páris.*)

PAJE.

Aquí es donde brillaba la luz.

ALGUACIL 1.º

Recorred el cementerio. Huellas de sangre hay.
Prended á todos los que encontráreis. ¡Horrenda vista! Muerto Páris, y Julieta, á quien hace dos dias en-
terramos por muerta, se está desangrando, caliente
todavía. Llamad al Principe, y á los Capuletos y á los
Montescos. Sólo vemos cadáveres, pero no podemos
atinar con la causa de su muerte.

(*Traen algunos á Baltasar.*)

ALGUACIL 2.º

Este es el escudero de Romeo, y aquí le hemos encontrado.

ALGUACIL 1.º

Esperemos la llegada del Príncipe.

(*Entran otros con Fray Lorenzo.*)

ALGUACIL 3.º

Tembloroso y suspirando hemos hallado á este fraile
cargado con una palanca y un azadon; salia del cementerio.

ALGUACIL 1.º

Sospechoso es todo eso: detengámosle.

(*Llegan el Príncipe y sus guardas.*)

PRÍNCIPE.

¿Qué ha ocurrido para despertarme tan de madrugada?   (*Entran Capuleto, su mujer, etc.*)

CAPULETO.

¿Qué gritos son los que suenan por esas calles?

SEÑORA CAPULETO.

Unos dicen « Julieta, » otros « Romeo, » otros « Páris, » y todos corriendo y dando gritos , se agolpan al cementerio.

EL PRÍNCIPE.

¿ Qué historia horrenda y peregrina es esta ?

ALGUACIL 1.º

Príncipe , ved. Aquí están el conde Páris y Romeo, violentamente muertos , y Julieta , caliente todavía y desangrándose.

PRÍNCIPE.

¿ Averiguasteis la causa de estos delitos ?

ALGUACIL 1.º

Sólo hemos hallado á un fraile y al paje de Romeo, cargados con picos y azadones propios para levantar la losa de un sepulcro.

CAPULETO.

¡ Dios mio ! Esposa mia , ¿ no ves correr la sangre de nuestra hija ? Ese puñal ha errado el camino : debia haberse clavado en el pecho del Montesco y no en el de nuestra inocente hija.

SEÑORA CAPULETO.

¡ Dios mio ! Siento el toque de las campanas que guian mi vejez al sepulcro. (*Llegan Montesco y otros.*)

PRÍNCIPE.

Mucho has amanecido, Montesco, pero mucho antes cayó tu primogénito.

MONTESCO.

¡ Poder de lo alto ! Ayer falleció mi mujer de pena por el destierro de mi hijo. ¿ Hay reservada alguna pena más para mi triste vejez ?

PRÍNCIPE.

Tú mismo puedes verla.

MONTESCO.

¿Por qué tanta descortesía, hijo mio? ¿Por qué te atreviste á ir al sepulcro antes que tu padre?

PRÍNCIPE.

Contened por un momento vuestro llanto, mientras busco la fuente de estas desdichas. Luego procuraré consolaros ó acompañaros hasta la muerte. Callad entre tanto: la paciencia contenga un momento al dolor. Traed acá á esos presos.

FRAY LORENZO.

Yo el más humilde y á la vez el más respetable por mi estado sacerdotal, pero el más sospechoso por la hora y el lugar, voy á acusarme y á defenderme al mismo tiempo.

PRÍNCIPE.

Decidnos lo que sepais.

FRAY LORENZO.

Lo diré brevemente, porque la corta vida que me queda, no consiente largas relaciones. Romeo se habia desposado con Julieta. Yo los casé, y el mismo dia murió Teobaldo. Esta muerte fué causa del destierro del desposado y del dolor de Julieta. Vos creisteis mitigarle, casándola con Páris. En seguida vino á mi celda, y loca y ciega me rogó que buscase una manera de impedir esta segunda boda, porque si no, iba á matarse en mi presencia. Yo le di un narcótico preparado por mí, cuyos efectos simulaban la muerte, y avisé á Romeo por una carta, que viniese esta noche (en que ella despertaria) á ayudarme á desenterrarla.

Fray Juan, á quien entregué la carta, no pudo salir de Verona, por súbito accidente. Entonces me vine yo solo á la hora prevista, para sacarla del mausoleo, y llevarla á mi convento, donde esperase á su marido. Pero cuando llegué, pocos momentos antes de que ella despertara, hallé muertos á París y á Romeo. Despertó ella, y le rogué por Dios que me siguiese y respetara la voluntad suprema. Ella desesperada no me siguió, y á lo que parece, se ha dado la muerte. Hasta aquí sé. Del casamiento puede dar testimonio su ama. Y si yo delinquí en algo, dispuesto estoy á sacrificar mi vida al fallo de la ley, que sólo en pocas horas podrá adelantar mi muerte.

PRÍNCIPE.

Siempre os hemos tenido por varon santo y de virtudes. Oigamos ahora al criado de Romeo.

BALTASAR.

Yo dí á mi amo noticia de la muerte de Julieta. A toda prisa salimos de Mántua, y llegamos á este cementerio. Me dió una carta para su padre, y se entró en el sepulcro desatentado y fuera de sí, amenazándome con la muerte, si en algo yo le resistia.

PRÍNCIPE.

Quiero la carta; ¿ y dónde está el paje que llamó á la ronda ?

PAJE.

Mi amo vino á derramar flores sobre el sepulcro de Julieta. Yo me quedé cerca de allí, segun sus órdenes. Llegó un caballero y quiso entrar en el panteon. Mi amo se lo estorbó, riñeron, y yo fuí corriendo á pedir auxilio.

PRÍNCIPE.

Esta carta confirma las palabras de este bendito fraile. En ella habla Romeo de su amor y de su muerte : dice que compró veneno á un boticario de Mántua, y que quiso morir, y descansar con su Julieta. ¡ Capuletos, Montescos, esta es la maldicion divina que cae sobre vuestros rencores! No tolera el cielo dicha en vosotros, y yo pierdo por causa vuestra dos parientes. A todos alcanza hóy el castigo de Dios.

CAPULETO.

Montesco, dáme tu mano, el dote de mi hija : más que esto no puede pedir tu hermano.

MONTESCO.

Y aún te daré más. Prometo hacer una estátua de oro de la hermosa Julieta, y tal que asombre á la ciudad.

CAPULETO.

Y á su lado haré yo otra igual para Romeo.

PRÍNCIPE.

¡ Tardía amistad y reconciliacion, que alumbra un sol bien triste! Seguidme : aún hay que hacer más : premiar á unos y castigar á otros. Triste historia es la de Julieta y Romeo.

OTELO.

TRADUCCION

DE

D. M. MENENDEZ PELAYO.

Ilustracion de *Eugenio Klimsch* y *Fernando Piloty*.
Grabados de *H. Käseberg* y *G. Treibmann*.

PERSONAJES.

~~~~~~

DUX DE VENECIA.

El senador BRABANCIO.

GRACIANO, su hermano.

LUIS, su pariente.

Varios Senadores.

OTELO, moro al servicio de la República.

CASIO, teniente suyo.

YAGO, su alférez.

RODRIGO, caballero veneciano.

MONTANO, gobernador de Chipre antes que Otelo.

Un criado de Otelo.

DESDÉMONA, hija de Brabancio y mujer de Otelo.

EMILIA, mujer de Yago.

BLANCA, querida de Casio.

UN MARINERO, UN NUNCIO, UN PREGONERO, ALGUACILES,
MÚSICOS, CRIADOS, etc.

ACTO I.

ESCENA PRIMERA.

Una calle en Venecia.

RODRIGO y YAGO.

RODRIGO.

O vuelvas á tocar esa cuestion, Yago: mucho me pesa que estés tan enterado de eso tú á quien confié mi bolsa, como si fuera tuya.

YAGO.

¿Por qué no me ois? Si alguna vez me ha pasado tal pensamiento por la cabeza, castigadme como os plazca.

RODRIGO.

¿No me dijiste que le aborrecias?

YAGO.

Y podeis creerlo. Más de tres personajes de esta ciudad le pidieron con la gorra en la mano que me hiciese teniente suyo. Yo sé si valgo como soldado y

si sabria cumplir con mi obligacion. Pero él, orgullo-
so y testarudo se envuelve en mil retóricas hinchadas
y bélicas metáforas, y acaba por decirles que no, fun-
dado en que ya tiene su hombre. ¿Y quién es él? Un
tal Miguel Casio, florentino, gran matemático, lindo
y condenado como una mujer hermosa. Nunca ha
visto un campo de batalla, y entiende tanto de guerra
como una vieja. No sabe más que la teoría, lo mismo
que cualquier togado. Habilidad y práctica ninguna.
Á ese ha preferido, y yo que delante de Otelo derramé
tantas veces mi sangre en Chipre, en Rodas y en otras
mil tierras de cristianos y de gentiles, le he parecido
inferior á ese necio sacacuentas. Él será el teniente
del moro, y yo su alférez.

RODRIGO.

¡Ira de Dios! Yo mejor seria su verdugo.

YAGO.

Cosa inevitable. En la milicia se asciende por favor
y no por antigüedad. Decidme ahora si hago bien ó
mal en aborrecer al moro.

RODRIGO.

Pues entonces, ¿por qué no dejas su servicio?

YAGO.

Sosiégate: le sigo por mi interes. No todos podemos mandar, ni se encuentran siempre fieles criados.
A muchos verás satisfechos con su condicion servil,
bestias de carga de sus amos, á quienes agradecen la
pitanza, aunque en su vejez los arrojen á la calle. ¡Qué
lástima de palos! Otros hay que con máscara de su-
mision y obediencia atienden sólo á su utilidad, y
viven y engordan á costa de sus amos, y llegan á ser
personas de cuenta. Éstos aciertan, y de éstos soy yo.

Porque habeis de saber, Rodrigo, que si yo fuera el moro, no seria Yago, pero siéndolo, tengo que servirle, para mejor servicio mio. Bien lo sabe Dios : si le sirvo no es por agradecimiento ni por cariño ni obligacion, sino por ir derecho á mi propósito. Si alguna vez mis acciones dieran indicio de los ocultos pensamientos de mi alma, colgaria de la manga mi corazon para pasto de grajos. No soy lo que parezco.

RODRIGO.

¡Qué fortuna tendria el de los labios gruesos, si consiguiera lo que desea!

YAGO.

Véte detrás del padre : cuenta el caso por las plazas : amotina á todos los parientes, y aunque habite en delicioso clima, hiere tú sin cesar sus oidos con moscas que le puncen y atormenten : de tal modo que su misma felicidad llegue á él tan mezclada con el dolor, que pierda mucho de su eficacia.

RODRIGO.

Hemos llegado á su casa. Le llamaré.

YAGO.

Llámale á gritos y con expresiones de angustia y furor, como si de noche hubiese comenzado á arder la ciudad.

RODRIGO.

¡Levantaos, señor Brabancio!

YAGO.

¡Levantaos, Brabancio! ¡Que los ladrones se llevan vuestra riqueza y vuestra hija! ¡Al ladron, al ladron!

(*Aparece Brabancio en la ventana.*)

BRABANCIO.

¿Qué ruido es ese? ¿Qué pasa?

RODRIGO.

¿Teniais en casa toda la familia?

YAGO.

¿Estaban cerradas todas las puertas?

BRABANCIO.

¿Por qué esas preguntas?

YAGO.

Porque os han robado. Vestíos presto, por Dios vivo. Ahora mismo está solazándose con vuestra blanca cordera un macho negro y feo. Pedid ayuda á los ciudadanos, ó si no, os vais á encontrar con nietos por arte del diablo. Salid.

BRABANCIO.

¿Te has vuelto loco?

RODRIGO.

¿No me conoceis, señor?

BRABANCIO.

No te conozco. ¿Quién sois?

RODRIGO.

Soy Rodrigo, señor.

BRABANCIO.

Pues lo siento mucho. Ya te he dicho que no pasees la calle á mi hija, porque no ha de ser esposa tuya, y ahora sales de la taberna medio borracho, á interrumpir mi sueño con gritos é impertinencias.

RODRIGO.

¡Señor, señor!

BRABANCIO.

Pero has de saber que mi condicion y mi nobleza me dan fáciles medios de vengarme de ti.

RODRIGO.

Calma, señor.

BRABANCIO.

¿Qué decias de robos? ¿Estamos en despoblado ó en Venecia?

RODRIGO.

Respetable señor Brabancio, la intencion que á vos me trae es buena y loable.

YAGO.

Vos, señor Brabancio, sois de aquellos que no obedecerian al diablo aunque él les mandase amar á Dios. ¿Asi nos agradeceis el favor que os hacemos? ¿Ó será mejor que del cruce de vuestra hija con ese cruel berberisco salgan potros que os arrullen con sus relinchos?

BRABANCIO.

¿Quién eres tú que tales insolencias ensartas? Eres un truhan.

YAGO.

Y vos... un consejero.

BRABANCIO.

Caro te ha de costar, Rodrigo.

RODRIGO.

Como querais. Sólo os preguntaré si consentisteis

que vuestra hija, á hora desusada de la noche, y sin más compañía que la de un miserable gondolero, fuera á entregarse á ese moro soez. Si fué con noticia y consentimiento vuestro, confieso que os hemos ofendido, pero si fué sin saberlo vos, ahora nos reñis injustamente. ¿Cómo habia de faltaros al respeto yo, que al fin soy noble y caballero? Insisto en que vuestra hija os ha hecho muy torpe engaño, á no ser que la hayais dado licencia para juntar su hermosura, su linaje y sus tesoros con los de ese infame aventurero, cuyo orígen se ignora. Vedlo: averiguadlo; y si por casualidad la encontrais en su cuarto ó en otra parte de la casa, podeis castigarme como calumniador, conforme lo mandan las leyes.

BRABANCIO.

¡Dadme una luz! Despierten mis criados. Sueño parece lo que me pasa. El recelo basta para matarme. ¡Luz, luz! *(Brabancio se quita de la ventana.)*

YAGO.

Me voy. No me conviene ser testigo contra el moro. A pesar de este escándalo, no puede la República destituirle sin grave peligro de que la isla de Chipre se pierda. Nadie más que él puede salvarla, ni á peso de oro se encontraria otro hombre igual. Por eso, aunque le odio más que al mismo Lucifer, debo fingirme sumiso y cariñoso con él y aparentar lo que no siento. Los que vayan en persecucion suya, le alcanzarán de seguro en el *Sagitario*. Yo estaré con él. Adios. *(Se va.)*

Salen Brabancio y sus servidores con antorchas.

BRABANCIO.

Cierta es mi desgracia. Ha huido mi hija. Lo que me resta de vida será una cadena de desdichas. Respóndeme, Rodrigo. ¿Dónde viste á mi niña? ¿La viste con el moro? Respóndeme. ¡Ay de mí! ¿La conociste bien? ¿Quién es el burlador? ¿Te habló algo? ¡Luces, luces! ¡Levántense todos mis parientes y familiares! ¿Estarán ya casados? ¿Qué piensas tú?

RODRIGO.

Creo que lo estarán.

BRABANCIO.

¿Y cómo habrá podido escaparse? ¡Qué traicion más negra! ¿Qué padre podrá desde hoy en adelante tener confianza en sus hijas, aunque parezcan honestas? Sóbranle al demonio encantos y brujerías con que triunfar de su recato. Rodrigo, ¿no has visto en libros algo de esto?

RODRIGO.

Algo he leido.

BRABANCIO.

Despertad á mi hermano. ¡Ojalá que la hubiera yo casado con vos! Corred en persecucion suya, unos por un lado, otros por otro. ¿Dónde podríamos encontrarla á ella y al moro?

RODRIGO.

Yo los encontraré fácilmente, si me dais gente de brios que me acompañe.

BRABANCIO.

Id delante. Llamaremos á todas las puertas, y si álguien se resiste, autoridad tengo para hacer abrir. Armas, y llamad á la ronda. Sígueme, Rodrigo: yo premiaré tu buen celo. (*Se van.*)

ESCENA II.

Otra calle,

OTELO, YAGO y criados con teas encendidas.

YAGO.

En la guerra he matado sin escrúpulo á muchos, pero tengo por pecado grave el matar á nadie de caso pensado. Soy demasiado bueno, más de lo que convendria á mis intereses. Ocho ó diez veces anduve á punto de traspasarle de una estocada.

OTELO.

Prefiero que no lo hayas hecho.

YAGO.

Pues yo lo siento, porque anduvo tan provocativo y tales insolencias dijo contra tí, que yo que soy tan poco sufrido, apenas pude irme á la mano. Pero dime, ¿ os habeis casado ya ? El senador Brabancio es hombre de mucha autoridad y tiene más partido que el mismo Dux. Pedirá el divorcio, invocará las leyes, y si no consigue su propósito, os inquietará de mil modos.

OTELO.

Por mucho que él imagine, más han de poder los servicios que tengo hechos al Senado. Todavía no he dicho á nadie, pero lo diré ahora que la alabanza puede honrarme, que desciendo de reyes, y que merezco la dicha que he alcanzado. A fe mia, Yago, que si no fuera por mi amor á Desdémona, no me hubiera yo sometido, siendo de tan soberbia condicion, al servicio de la República, aunque me dieran todo el oro de

la otra parte de los mares. Pero ¿qué antorchas veo
allí?

YAGO.

Son el padre y los parientes de Desdémona, que
vienen furiosos contra tí. Retírate.

OTELO.

No, aquí me encontrarán, para que mi valor, mi nobleza y mi alma dén testimonio de quién soy. ¿Llegan?

YAGO.

Me parece que no, por vida mia.

Salen Casio y soldados con antorchas.

OTELO.

Es mi teniente con algunos criados del Dux. Buenas
noches, amigos mios. ¿Qué novedades traeis?

CASIO.

General, el Dux me envia á que os salude, y desea
veros en seguida.

OTELO.

Pues ¿qué sucede?

CASIO.

Deben de ser noticias de Chipre. Es urgente el peligro. Esta noche han llegado uno tras otro, doce mensajeros de las galeras, y el Dux y muchos consejeros
están secretamente reunidos, á pesar de ser tan avan-
zada la hora. Os llaman con mucha prisa: no os han encontrado en vuestra posada, y á mí me han enviado
más de una vez en busca vuestra.

OTELO.

Y gracias á Dios que me encontrasteis. Voy á dar
un recado en mi casa, y vuelvo inmediatamente. (*Se va.*)

CASIO.

¿ Cómo aquí, alférez Yago ?

YAGO.

Calculo que esta noche he alcanzado buena presa.

CASIO.

No lo entiendo.

YAGO.

El moro se ha casado.

CASIO.

¿ Y con quién ?

(Sale Otelo.)

YAGO.

Con... ¿ En marcha, capitan ?

OTELO.

Andando.

CASIO.

Mucha gente viene buscándoos.

YAGO.

Son los de Brabancio. Cuidado, general, que no traen buenas intenciones. *(Salen Brabancio, Rodrigo y alguaciles con armas y teas encendidas.)*

OTELO.

Deteneos.

RODRIGO.

Aquí está Otelo, señor.

BRABANCIO.

¡ Ladron de mi honra ! ¡ matadle ! *(Trábase la pelea.)*

YAGO.

Ea, caballero Rodrigo: aquí, á pié firme, os espero.

OTELO.

Envainad esos aceros vírgenes, porque el rocío de la noche podria violarlos. Venerable anciano, vuestros años me vencen más que vuestra espada.

BRABANCIO.

¡ Infame ladron ! ¿ Dónde tienes á mi hija ? ¿ Con qué hechizos le has perturbado el juicio ? Porque si no la hubieras hechizado con artes diabólicas, ¿ cómo seria posible que una niña tan hermosa y tan querida y tan sosegada, que ha despreciado los más ventajosos casamientos de la ciudad, hubiera abandonado la casa de su padre, atropellando mis canas y su honra, y siendo ludibrio universal, para ir á entregarse á un asqueroso monstruo como tú, afrenta del linaje humano, y cuya vista no produce deleite sino horror ?

¡ Que digan cuantos tengan recto juicio si aquí no han intervenido malas artes y engaño del demonio, por virtud de brebajes ó de drogas que trastornan el seso, y encadenan el libre albedrío! Yo he de ponerlo todo en claro. Y entre tanto aquí te prendo y te acuso criminalmente como embaidor y hechicero, que profesa ciencias malas y reprobadas. Prendedle, y si se resiste, matadle.

OTELO.

Deteneos, amigos y adversarios. Yo sé cuál es mi obligacion cuando se trata de pelear. Ahora debo responder en juicio. Dime en dónde.

BRABANCIO.

Por de pronto irás á un calabozo, hasta que la ley te llame á comparecer ante el tribunal.

OTELO.

¿ Y crees que el Dux te lo agradecerá? Mira : todos éstos han venido de su parte, llamándome á comparecer ante él para un gran negocio de Estado.

BRABANCIO.

¿ Llamarte el Dux á consejo? ¿ Y á media noche? ¿ Para qué? Prendedle: que el Dux y el Consejo han de sentir esta afrenta mia como propia suya. Porque si tales crímenes hubieran de quedar impunes, valdria mas que rigieran la República viles siervos ó paganos.

ESCENA III.

Sala del Consejo.

El DUX y los SENADORES sentados á una mesa.

DUX.

Estas noticias entre sí no tienen relacion.

SENADOR 1.º

En verdad que no concuerdan, porque segun las cartas que yo he recibido, las galeras son 107.

DUX.

Pues aquí dice que 137.

SENADOR 2.º

Y esta que yo tengo asegura que llegan á 200. Pero aunque en el número no convengan (y en tales ocasiones bien fácil es equivocarse), lo cierto y averiguado es que una armada turca navega hácia Chipre.

DUX.

Esto es lo principal y lo indudable, y esta es bastante causa para nuestros temores.

UN MARINERO.

(Dentro.) ¡ Ah del Senado !

OFICIAL 1.º

Trae noticias de la armada. *(Sale el marinero.)*

DUX.

¿ Qué sucede ?

MARINERO.

El capitan me envia á deciros que los turcos navegan hácia Ródas.

DUX.

¿ Qué pensais de esta novedad ?

SENADOR 1.°

No la creo: es algun ardid para engañarnos. No sólo Chipre es para el turco conquista más importante que la de Rodas, sino más fácil, por estar enteramente desguarnecida, y ser menos fuerte por naturaleza. Y no hemos de creer tan necio al turco, que deje lo cierto por lo dudoso, empeñándose en una empresa estéril y de dudoso resultado.

DUX.

Para mí es seguro que no piensa en atacar á Rodas.

OFICIAL.

Ahora llegan otras noticias. (*Entra el marinero 2.°*)

MARINERO.

Ilustrísimo Senado, el turco se ha reforzado en Rodas con buen número de naves.

SENADOR 1.°

Lo sospeché. ¿ Sabes cuántas ?

MARINERO.

Treinta. Y ahora navega de retorno hácia Chipre, con propósito manifiesto de atacarla. Esto me manda á deciros con todo respeto vuestro fiel servidor Montano.

DUX.

No hay duda que atacarán á Chipre. ¿ Está allí Márcos Luchesi ?

SENADOR 1.°

Está en Florencia.

DUX.

Escribidle de mi parte que vuelva en seguida.

SENADOR I.º

Aquí llegan Brabancio y el moro.

(*Salen Brabancio, Otelo, Yago, Rodrigo, Alguaciles, etc.*)

DUX.

Esforzado Otelo, necesario es que sin dilacion salgais á combatir al turco. (*A Brabancio.*) Señor, bien venido seais : no os ví al entrar. ¡Lástima que esta noche nos hayan faltado vuestra ayuda y consejo!

BRABANCIO.

Más me ha faltado á mí el vuestro. Perdon, señor. No me he levantado tan á deshora por tener yo noticia de este peligro, ni ahora me conmueven las calamidades públicas, porque mi dolor particular, como despeñado torrente, lleva delante de sí y devora cuantos pesares se le atraviesan en el camino.

DUX.

¿Qué ha acontecido?

BRABANCIO.

¡Ay hija mia, desdichada hija mia!

DUX Y SENADORES.

¿Ha muerto?

BRABANCIO.

Peor aún. Para mí como si hubiese muerto. La han sacado de mi casa, le han trastornado el seso con bebedizos de charlatanes, porque sin arte diabólica ¿cómo ella, que no está loca ni ciega, habia de caer en tal desvarío?

DUX.

Sea quien fuere el autor de vuestra afrenta, el que ha privado de la razon á vuestra hija y la ha arrancado de vuestra casa, vos mismo aplicareis con inflexible rigor la sangrienta ley, aunque recaiga en mi propio hijo.

BRABANCIO.

Gracias, señor. Quien la robó es el moro.

DUX Y SENADORES.

¡ Lástima grande !

DUX.

¿ Qué contestais, Otelo ? ¿ Qué podeis decir en propia defensa ?

BRABANCIO.

¿ Qué ha de decir, sino confesar la verdad ?

OTELO.

Generoso é ilustre Senado, dueños y señores mios, confieso que he robado á la hija de este anciano, y que me he casado con ella, pero ese es todo mi delito. Mi lenguaje es tosco: la vida del campo no me ha dejado aprender palabras suaves, porque desde que apenas contaba yo seis años y mis brazos iban cobrando vigor, los he empleado en las lides, y por eso sé menos del mundo que de las armas. Mala será, pues, mi defensa, y poco ha de aprovecharme; con todo eso, si me otorgais vénia, os contaré breve y sencillamente cómo llegué al término de mi amor, y con qué filtros y hechicerías logré vencer á la hija de Brabancio.

BRABANCIO.

¡ Una niña tan tierna é inocente que de todo se ruborizaba ! ¿ cómo habia de enamorarse de un monstruo feísimo como tú, que ni eres de su edad, ni de su índole ni de su tierra ? Es aberracion contra naturaleza suponer tal desvarío en una niña que es la misma perfeccion. No: sólo con ayuda de Satanas puedes haber triunfado. Por eso vuelvo á sostener que has alterado su sangre con yerbas ó con veneno.

DUX.

No basta que lo creais ni que lo sospecheis. Es necesario probarlo, y las conjeturas no son pruebas.

SENADOR 1.º

Dime, Otelo, ¿es cierto que la has seducido con algun engaño, ó es que mutuamente os amabais ?

OTELO.

Mandad á buscar á mi esposa, que está á bordo del *Sagitario*. Ella sabrá defenderse y contestarle á su padre. Y si despues de oirla me condenais, no sólo despojadme del mando que me habeis confiado, sino condenadme á dura muerte.

DUX.

Que venga Desdémona.

OTELO.

Acompáñalos, alférez mio. *(A Yago.)* Tú sabes dónde está. Y mientras llega, yo, tan sinceramente como á Dios me confieso, os referiré de qué manera fué creciendo el amor de esa dama y el mio.

DUX.

Hablad, Otelo.

OTELO.

Era su padre muy amigo mio, y con frecuencia me convidaba, gustando de oirme contar mi vida año por año: mis viajes, desastres, peleas y aventuras. Todo se lo referí, cuanto me habia sucedido desde mis primeros años: naufragios y asaltos de mar y tierra, en que á duras penas salvé la vida: cómo fui vendido por esclavo: cómo me rescaté, y cómo peregriné por desiertos, cavernas, precipicios, y rocas que parecen levantarse á las nubes: le hablé de los antropófagos caribes que se devoran los unos á los otros, y de aquellos pueblos que tienen la cabeza bajo los hombros. Desdémona escuchaba con avidez mi relacion, levantándose á veces cuando la llamaban las faenas de la casa, pero volviendo á sentarse en cuanto volvia, y devorando con los oidos mis palabras. Yo lo advertí, y aprovechando una ocasion favorable, hice que un dia estando á solas, me pidiese la entera relacion de mi vida. La hice llorar, contándole las desgracias de mis primeros años, y con lágrimas y sollozos premió mi narracion, que llamaba lastimosa y peregrina. Me dió mil gracias y acabó diciéndome que si algun dia era yo amigo de algun amante suyo, le enseñase á contar aquella historia, porque era el modo más seguro de vencerla. Esto me dijo. Ella me amó por mis trabajos, victorias y desdichas. Yo la amé por su compasion, y no hubo más sortilegios. Aquí llega Desdémona que puede dar testimonio de ello.

(Salen Desdémona y Yago.)

DUX.

Y pienso que aún mi hija se hubiera movido á compasion con tal historia. Respetable Brabancio, consolaos y echadlo todo á buena parte. Más vale en la lid espada vieja que mano desarmada.

BRABANCIO.

Oigámosla, señor, y si ella me confiesa que le tuvo

algun cariño, ¡ caiga sobre mí la maldicion del cielo, si vuelvo á quejarme de ellos ! Ven acá, niña : entre todos los que están aquí congregados ¿ á quién debes obedecer más ?

DESDÉMONA.

Padre mio, dos obligaciones contrarias tengo : vos me habeis dado el sér y la crianza, y en agradecimiento á una y otra debo respetaros y obedeceros como hija. Pero aquí veo á mi esposo, y creo que debo preferirle, como mi madre os prefirió á su padre, y os obedeció más que á él. El moro es mi esposo y mi señor.

BRABANCIO.

¡ Dios sea en tu ayuda ! Nada más puedo decir, señor ; si quereis, tratemos ahora de los negocios de la República. ¡ Cuánto más vale adoptar á un hijo extraño qué tenerlos propios ! Óyeme, Otelo : de buena voluntad te doy todo lo que te negaria, si ya no lo tuvieras. Desdémona, ¡ cuánto me alegro de no tener más hijos ! Porque despues de tu fuga, yo los hubiera encarcelado y tratado como tirano.

DUX.

Poco voy á decir, y quiero que mis palabras sirvan como de escalera que hagan entrar en vuestra gracia á esos enamorados. ¿ De qué sirven el llanto y las quejas cuando no hay esperanza ? Sólo de acrecentar el dolor. Pero el alma que se resigna con serena firmeza, burla los embates de la suerte. Quien se ria del ladron podrá robarle, y al contrario el que llora es ladron de sí mismo.

BRABANCIO.

No estémos ociosos, mientras que el turco nos arrebata á Chipre. No estemos sosegados y con la risa en los labios. Poco le importa la condenacion ajena al que sale libre del tribunal, pero no así al mísero reo que sólo tiene el recurso de conformarse con la sentencia y el dolor. Siempre son oportunas vuestras sentencias, pero de sentencias no pasan, por más que digan que las dulces palabras curan el ánimo. Hablemos ya de los asuntos de la República.

DUX.

Poderosa escuadra otomana va á atacar á Chipre. Vos, Otelo, conoceis bien aquella isla, y aunque teneis un teniente de toda nuestra confianza, la opinion, dueña del éxito, os cree más idóneo que á él. No os pese de interrumpir vuestra dicha de hoy con esta nueva y peligrosa expedicion.

OTELO.

Generoso Senado, la costumbre ha trocado para mí en lecho de muelle pluma el silíceo y férreo tálamo de la guerra. Mi corazon está dispuesto siempre al peligro. Ya ardo en deseos de encontrarme con el turco. Humildemente os pido que presteis á mi esposa, durante mi ausencia, el acatamiento que á su rango se debe, con casa y criados dignos de ella.

DUX.

Que viva en casa de su padre.

BRABANCIO.

De ninguna suerte.

OTELO.

No, en modo alguno.

DESDÉMONA.

Ni yo tampoco quiero turbar la tranquilidad de mi

padre, estando siempre delante de sus ojos. Oid propicio, señor, lo que quiero deciros, y concededme una sencilla peticion.

DUX.

¿Cuál, Desdémona?

DESDÉMONA.

Que no quiero separarme del moro ni un punto solo: para eso me rendí á él como el vasallo al monarca: no me enamoré de su rostro sino de su valor y de sus hazañas: por eso le rendí mi alma y mi vida. Si él va ahora á la guerra, y yo como polilla me quedo en la paz, ¿de qué me ha servido este enlace? ¿Qué fruto cogeré de él sino llorar en triste soledad su ausencia? Quiero acompañarle.

OTELO.

Concédaselo el ilustre Senado, y á fe mia que no lo deseo por carnal apetito y brutal ardor (que ya se va apagando el de mi sangre africana), sino por corresponder á su generoso amor. Y no temais que por ella olvide el alto empeño que me fiais. No ¡vive Dios! Y si alguna vez la torpe lujuria amortigua ó entorpece mis sentidos, ó roba vigor á mi brazo, consentiré que las viejas truequen mi yelmo en olla ó marmita, y que caiga sobre mi nombre la niebla de oscuridad.

DUX.

Conviene que resolvais pronto si ella le ha de acompañar ó no.

SENADOR 1.º

Debeis salir esta misma noche.

OTELO.

Iré gustoso.

EL DUX.

Nos reuniremos á las nueve. Un oficial que para esto dejeis os enviará los despachos y las insignias de vuestra dignidad, Otelo.

OTELO.

Si quereis, puede quedarse mi alférez, cuya probidad tengo experimentada. Él podrá acompañar á mi mujer, si consentis en ello.

DUX.

Así será. Buenas noches. Oidme una palabra, Brabancio: si la virtud es el mejor adorno, no hay duda que vuestro yerno es hermoso.

SENADOR I.º

Moro, amad mucho á Desdémona.

BRABANCIO.

Moro, guárdala bien, porque engañó á su padre, y puede engañarte á tí.

(Vanse todos menos Otelo, Yago y Desdémona.)

OTELO.

¡Con mi vida respondo de su fidelidad! Yago, te confio á Desdémona: tu mujer puede acompañarla. Llévala pronto á Chipre. Ven, hermosa mia: sólo una hora nos queda para coloquios de amor. El tiempo urge, y es preciso conformarse al tiempo.

(Vanse Desdémona y Otelo.)

RODRIGO.

Yago.

YAGO.

¿ Qué dices, noble caballero ?

RODRIGO.

¿ Y qué imaginas tú que haré ?

YAGO.

Acostarte y reposar.

RODRIGO.

Voy á echarme de cabeza al agua.

YAGO.

Si haces tal locura, no seremos amigos. ¡ Vaya un mentecato !

RODRIGO.

La locura es la vida cuando la vida es dolor, y la mejor medicina de un ánimo enfermo es la muerte.

YAGO.

¡ Qué desvarío ! Conozco bien el mundo, y todavía no sé de un hombre que se ame de veras á sí mismo. Antes que ahogarme por una mujer, me convertiria en mono.

RODRIGO.

¿ Y qué he de hacer? Me avergüenzo de estar enamorado, pero ¿ cómo remediarlo?

YAGO.

¿ Pues no has de remediarlo? La voluntad es el hortelano de la vida, y puede criar en ella ortigas y cardos, ó hisopos y tomillo : una sola yerba ó muchas : enriquecer la tierra ó empobrecerla : tenerla de barbecho ó abonarla. Para eso es la prudencia, el seso y el libre albedrío. Si en la balanza de la humana naturaleza, el platillo de la razon no contrapesara al de los sentidos, nos llevaria el apetito á cometer mil aberraciones. Pero por dicha tenemos la luz de la mente que doma esa sensualidad, de la cual me parece que no es más que una rama lo que llamais amor.

RODRIGO.

No lo creo.

YAGO.

Hervor de sangre, y flaqueza de voluntad. Muéstrate hombre. No te ahogues en poca agua. Siempre he sido amigo tuyo, y estoy ligado á tí por invencible afecto. Ahora puedo servirte como nunca. Toma dinero : síguenos á la guerra, disfrazado y con barba postiza. Toma dinero. ¿ Piensas tú que á Desdémona le ha de durar mucho su amor por el moro? Toma dinero. ¿ Qué ha de durar? ¿ No ves que el fin ha de ser tan violento como el principio? Toma dinero. Los moros son versátiles é inconstantes. Dinero, mucho dinero. Pronto le amargará el dulzor de ahora. Ella es jóven y ha de cansarse de él, y caer en infidelidad y mudanza. Toma dinero. Y si te empeñas en irte al infierno, véte de un modo algo más dulce que ahogándote. Recoge todo el dinero que puedas. Tú la logra-

rás, si es que mis artes y el poder del infierno no
bastan á triunfar de la bendicion de un clérigo, y de
un juramento de amor prestado á un salvaje vagabundo por una discretísima veneciana. Toma dinero, mucho dinero. No te ahogues, ni te vuelvas loco. Más
vale que te ahorquen despues que la hayas poseido,
que no ahogarte antes.

RODRIGO.

¿Me prometes ayudarme, si me arrojo á tal empresa?

YAGO.

No lo dudes. Pero toma dinero. Te repetiré lo que
mil veces te he dicho. Aborrezco de muerte al moro:
yo sé por qué, y la razon es poderosa. Tú no le aborreces menos. Conjurémonos los dos para vengarnos.
Tú tendrás el deleite, yo la risa. Muchas cosas andan
envueltas en el seno del porvenir. Véte, y toma dinero
y disfrázate. Mañana volveremos á hablar. Pásalo bien.

RODRIGO.

¿Dónde nos veremos?

YAGO.

En mi posada.

RODRIGO.

Iré temprano.

YAGO.

Así sea. ¿Rodrigo?

RODRIGO.

¿Tienes más que decirme?

YAGO.

No te ahogues. ¿Eh?

RODRIGO.

Ya no pienso en eso : voy á convertir en dinero todo lo que poseo.

YAGO.

Hazlo así, y mucho dinero, mucho dinero en el bolsillo. *(Se va Rodrigo.)* Este necio será mi tesorero. Bien poco me habia de servir mi experiencia del mundo si yo fuera á perder más tiempo con él. Pero aborrezco al moro, porque se susurra que enamoró á mi mujer. No sé si es verdad, pero tengo sospechas, y me bastan como si fueran verdad averiguada. Él me estima mucho : así podré engañarle mejor. Casio es apuesto mancebo. ¡Qué bien me valdria su empleo! Así mataria dos pájaros á la vez. ¿Qué haré? Yo he de pensarlo despacio. Dejaré correr algun tiempo, y luego me insinuaré en el ánimo de Otelo, haciéndole entender que es muy sospechosa la amistad de Casio con su mujer. Las apariencias suyas, son propias para seducir á las hembras. Por otra parte, el moro es hombre sencillo y crédulo : á todos cree buenos, y se dejará llevar del ronzal como un asno. ¡Ya he encontrado el medio! ¡Ya voy engendrando mi plan! ¡El infierno le dará luz para salir!

ACTO II.

ESCENA PRIMERA.

Un puerto de Chipre.

Salen MONTANO y dos CABALLEROS.

MONTANO.

Ué se descubre en alta mar?

CABALLERO 1.º

Nada distingo, porque la tormenta crece, y confundidos mar y cielo no dejan ver ni una sola nave.

MONTANO.

Paréceme que el viento anda muy desatado en tierra: nunca he visto en nuestra isla temporal tan horrendo. Si es lo mismo en alta mar, ¿qué quilla, por fuerte que sea, habrá podido resistir al empuje de esos montes de olas? ¿Qué resultará de aquí?

CABALLERO 2.º

Sin duda el naufragio de la armada de los turcos. Pero acerquémonos á la orilla, y ved cómo las espumosas olas quieren asaltar las nubes, y cómo arrojan su rugidora, ingente y líquida cabellera sobre la ardiente Osa, como queriendo apagar el brillo de las estrellas del polo inmóvil. Nunca he visto tal tormenta en el mar.

MONTANO.

Es seguro que la armada turca ha perecido, á menos que se haya refugiado en algun puerto ó ensenada. Imposible parece que resista á tan brava tempestad.

(Sale otro caballero.)

CABALLERO 3.º

Albricias, amigos mios. Acabó la guerra. La tormenta ha dispersado las naves turcas. Una de Venecia, que ahora llega, ha visto naufragar la mayor parte de los barcos, y á los restantes con graves averías.

MONTANO.

¿Dices verdad?

CABALLERO 3.º

Ahora acaba de entrar en el puerto la nave, que es Veronesa. De ella ha desembarcado Miguel Casio, teniente de Otelo, el esforzado moro, quien arribará de un momento á otro, y trae toda potestad del gobierno de Venecia.

MONTANO.

Mucho me complace la eleccion de tan buen gobernador.

CABALLERO 3.º

Pero Casio, aunque se alegra del descalabro de los turcos, está inquieto y hace mil votos por que llegue salvo el moro, á quien una tempestad separó de él.

MONTANO.

Ojalá se salve. Yo he peleado cerca de él, y es bravo capitan. Vamos á la playa, á ver si Otelo llega, ó se descubre en el mar su nave, aunque sea en el límite donde el azul del cielo se confunde con el del mar.

CABALLERO 3.º

No nos detengamos: puede estar ahí dentro de un instante. *(Sale Casio.)*

CASIO.

Valerosos isleños, gracias por el amor que mostrais al moro. Ayúdele el cielo contra la furia de los elementos, que me separaron de él en lo más recio de la borrasca.

MONTANO.

¿ Es fuerte su navío ?

CASIO.

Y bien carenado, y lleva un piloto de larga ciencia y experiencia. Por eso no pierdo aún toda esperanza. *(Suenan dentro voces: « vela, vela.») (Sale otro caballero.)*

CASIO.

¿ Qué ruido es ese ?

CABALLERO 2.º

El pueblo se agolpa á la playa, gritando « una vela.»

CASIO.

El alma me está diciendo que es la de Otelo. *(Se oye el disparo de un cañon.)*

CABALLERO 2.º

¿ Ois el cañon ? Es gente amiga.

CASIO.

Preguntad quién ha llegado.

CABALLERO 2.º

No tardaré. (*Vase.*)

MONTANO.

Decid , señor Casio : ¿ el gobernador es casado ?

CASIO.

É hizo una gran boda , porque su dama es de tal perfeccion y hermosura que ni pluma ni lengua humana pueden describirla , y vence todos los primores del arte la realidad de sus encantos. (*Sale el caballero 2.º*) ¿ Quién ha llegado ?

CABALLERO 2.º

Yago , el alférez del gobernador.

CASIO.

Rápido y feliz ha sido su viaje. Huracanes, mares alborotados, vientos sonoros, bancos de arena y falaces rocas, escollo del confiado navegante, han amansado un instante su natural dureza, cual si tuvieran entendimiento de hermosura, para dejar paso libre y seguro á Desdémona.

MONTANO.

¿ Y quién es Desdémona ?

CASIO.

Aquella de quien te hablé , la mujer de nuestro gobernador, que dejó á cargo de Yago el conducirla aquí. Por cierto que se ha adelantado cerca de siete dias á nuestras esperanzas. ¡ Dios soberano, protege á Otelo, manda á sus velas viento favorable, para que

Llegada de Desdémona á Chipre.

su nave toque pronto la bendecida orilla, y él torne amante á los brazos de su hermosa Desdémona, inflame el valor de nuestros pechos y asegure la tranquilidad de Chipre! *(Salen Desdémona, Emilia, Yago, Rodrigo y acompañamiento.)* ¡Vedla! Ahí está. La nave ha echado á tierra su tesoro. ¡Ciudadanos de Chipre, doblad la rodilla ante ella! Bien venida seais, señora. La celeste sonrisa os acompañe y guie por doquiera.

DESDÉMONA.

Gracias, amigo Casio. ¿Qué sabeis de mi marido?

CASIO.

Todavía no ha llegado, pero puedo deciros que está bueno y que no tardará.

DESDÉMONA.

Mi temor es que... ¿Por qué no vinisteis juntos?

CASIO.

Nos separamos en la tremenda porfía del cielo y del mar. *(Voces de « una vela, una vela. » Cañonazos.)* ¿Ois? Una vela se divisa.

CABALLERO 2.º

Han hecho el saludo á la playa. Gente amiga son.

CASIO.

Veamos qué novedades hay. Salud, alférez, y vos, señora *(á Emilia). (La besa).* No os enojeis, señor Yago, por esta libertad, que no es más que cortesía.

YAGO.

Bien os portariais si con los labios os deleitase tanto como á mí con la lengua.

DESDÉMONA.

¡Pero si nunca habla!

YAGO.

A veces más de lo justo, sobre todo cuando tengo sueño. Sin duda, delante de vos se reporta, y riñe sólo con el pensamiento.

EMILIA.

¿Y puedes quejarte de mí?

YAGO.

Eres tan buena como las demas mujeres. Sonajas en el estrado, gatas en la cocina, santas cuando ofendeis, demonios cuando estais agraviadas, perezosas en todo menos en la cama.

EMILIA.

¡Deslenguado!

YAGO.

Verdades digo. Y todavía la cama os parece estrecha.

EMILIA.

¡Buen panegírico harias de mi!

YAGO.

Más vale no hacerle.

DESDÉMONA.

Y si tuvieras que hacer el mio, ¿qué dirias?

YAGO.

No me desafieis, señora, porque no acierto á decir nada sin punta de sátira.

DESDÉMONA.

Hagamos la prueba. ¿Fué álguien al puerto?

YAGO.

Sí, señora.

DESDÉMONA.

Mi aparente alegría oculta honda tristeza. ¿Qué dirias de mí, si tuvieras que alabarme?

YAGO.

Por más vueltas que doy al magin, con nada atino. Parece que mi ingenio se me escapa como liga de frisa. Hé aquí por fin el parto de mi musa. «Si es blanca y rubia, su hermosura engendrará placer de que ella sabiamente participe.»

DESDÉMONA.

No dices mal. ¿Y si es morena y discreta?

YAGO.

Si es discreta y morena, puede estar segura de hechizar á algun blanco.

DESDÉMONA.

¡Mal, mal!

EMILIA.

¿Y si es necia y hermosa?

YAGO.

Nunca la hermosa fué necia, porque no hay ninguna tan necia que no llegue á casarse.

DESDÉMONA.

Chistes de mal gusto, frias agudezas de taberna. ¿Qué elogio podrás hacer de la que es necia y fea?

YAGO.

«Ninguna hay tan necia ni tan fea que al cabo no logre ser amada.»

DESDÉMONA.

¡Oh ignorante! El mayor elogio para quien menos

lo merece. ¿Y qué podrás decir de la mujer virtuosa? en quien no puede clavar el diente la malicia misma,

YAGO.

« La hermosa, que jamas cae en pecado de vanidad, la que no habla palabras ociosas, la que, siendo rica, no hace ostentacion de lujosas galas, la que nunca pasa de la ocasion al deseo, la que no se venga del agravio, aunque la venganza sea fácil, la que nunca equivoca la cabeza del salmon con la cola, la que hace todas las cosas con maduro seso y no por ciego capricho, la que no mira atras aunque la sigan, tal mujer como esta, si pudiera hallarse, seria muy apetecible.»

DESDÉMONA.

¿Y para qué la querrias?

YAGO.

Para criar necios y hacer su labor.

DESDÉMONA.

Fria y mal entendida conclusion. No hagas caso de él, Emilia, aunque sea tu marido, y tú, Casio, ¿qué dices? ¿No te parece deslenguado é insolente?

CASIO.

Peca de franco, señora mia, y es mejor soldado que hombre de córte.

(Hablan entre sí Casio y Desdémona.)

YAGO.

(Aparte.) Ahora le coge de la mano: hablad, hablad quedo, aunque la red es harto pequeña para coger tan gran pez como Casio. Mirale de hito en hito: sonríete. Yo te cogeré en tus propias redes. Bien, bien: así está bien. Si de esta manera pierdes tu oficio de teniente,

más te valiera no haber besado nunca esa mano. ¡Bien, admirable beso! No te lleves los dedos á la boca. *(Óyese una trompeta.)* El moro llega.

CASIO.

Él es.

DESDÉMONA.

Vamos á recibirle.

CASIO.

Viene por allí.

(Sale Otelo.)

OTELO.

¡Mi hermosa guerrera!

DESDÉMONA.

¡Otelo!

OTELO.

Tan grande es mi alegría como mi admiracion de verte aquí antes de lo que esperaba. Si la tempestad ha de producir luego esta calma, soplen en hora buena los vendavales, levántense las olas y alcen las naves hasta tocar las estrellas, ó las sepulten luego en los abismos del infierno. ¡Qué grande seria mi dicha en morir ahora! Tan rico estoy de felicidad, que dudo que mi suerte me reserve un dia tan feliz como éste!

DESDÉMONA.

¡Quiera Dios que crezcan nuestro amor y nuestra felicidad al paso de los años!

OTELO.

¡Quiéralo Dios! Apenas puedo resistir lo intenso de mi alegría: fáltanme palabras y el contento se desborda. ¡Oh, la menor armonía que suene entre nosotros sea la de este beso! *(La besa.)*

YAGO.

(*Aparte.*) Todavía estais en buen punto, pero yo trastornaré muy pronto las llaves de esa armonía.

OTELO.

Vamos, amigos. Se acabó la guerra: los turcos van de vencida. ¿Qué tal, mis antiguos compañeros? Bien recibida serás en Chipre, amada mia. Grande honra me hizo el Senado en enviarme aquí. No sé lo que me digo, bien mio, porque estoy loco de placer. Véte á la playa, amigo Yago, haz que saquen mis equipajes, y conduce al castillo al piloto de la nave, que es hombre de valor y de experiencia, y merece ser recompensado. Ven, Desdémona. (*Vanse.*)

YAGO.

(*A Rodrigo.*) Espérame en el puerto. Pero oye antes una cosa, si es que eres valiente (y dicen que el amor hace valientes hasta á los cobardes). Esta noche el teniente estará de guardia en el patio del castillo. Has de saber que Desdémona está ciegamente enamorada de él.

RODRIGO.

Pero cómo?

YAGO.

Déjate guiar por mí. Tú recuerda con qué ardor se enamoró del moro, sólo por haber oido sus bravatas. ¿Pero crees tú que eso puede durar? Si tienes entendimiento ¿cómo has de creerlo? Sus ojos desean contemplar algo agradable, y ver á Otelo es como ver al demonio. Ademas la sangre, despues del placer, se enfria y necesita alimento nuevo: alguna armonía de líneas y proporciones, alguna semejanza de edad ó de costumbres. Nada de esto tiene el moro, y por eso

Desdémona se encontrará burlada : empezará por fastidiarse y acabará por aborrecerle, y entonces la naturaleza, que es la mejor maestra, le guiará á nueva eleccion. Y dando por supuestas todas estas cosas llanas y naturales, ¿quién está en más favorable coyuntura que Casio? Él es listo y discreto : conciencia ninguna : todo en él es hipocresía y simulada apariencia y falsa cortesía, para lograr sus torpes antojos. Es un pícaro desalmado : no dejará perder ninguna ocasion oportuna, y hasta sabe fingir favores que no existen. Luego, es mozo y apuesto y posee cuantas cualidades pueden llevar detras de sí los ojos de una mujer. Yo veo que ya piensa en ella.

RODRIGO.

Pues yo de ella no sospecho nada : me parece la virtud misma.

YAGO.

¡Buena virtud la de tus narices! Si poseyera esa virtud, ¿se hubiera casado con el moro? ¡No está mala la virtud! ¿no has reparado con qué cariño le estrechaba la mano?

RODRIGO.

Seria cortesía.

YAGO.

Seria lujuria : una especie de prólogo de sus livianos apetitos. Y luego se besaron hasta confundirse los alientos. No dudes que se aman, Rodrigo. Cuando se empieza con estas confianzas, el término está muy cercano. Calla y déjate guiar : no olvides que yo te hice salir de Venecia. Tú harás guardia esta noche, donde yo te indique. Casio no te ha visto nunca. Yo me alejaré poco. Procura tú mover á indignacion á Casio con cualquier pretexto, desobedeciendo sus órdenes, *verbi gratia.*

RODRIGO.

Así lo haré.

YAGO.

Tiene mal genio, y fácilmente se incomodará y te pondrá la mano en el rostro; con tal ocasion le desafias, y esto me basta para que se arme un tumulto entre los isleños, que llevan muy á mal el gobierno de Casio. No pararemos hasta quitarle su empleo. Así allanas el camino que puede conducirte á tu felicidad. Yo te ayudaré de mil modos, pero antes hay que derribar el obstáculo mayor, y sin esto no podemos hacer nada.

RODRIGO.

Haré todo lo que las circunstancias exijan.

YAGO.

Ten confianza en lo que te digo. Esperaré en el castillo, á donde tengo que llevar los cofres del moro. Adios.

RODRIGO.

Adios. (Se va.)

YAGO.

Para mí es seguro que Casio está enamorado de ella, y parece natural que ella le ame. Á pesar del odio que le tengo, no dejo de conocer que es el moro hombre bueno, firme y tenaz en sus afectos, y á la vez de apacible y serena condicion, y creo que será buen marido para Desdémona. Yo tambien la quiero, y no con torpe intencion (aunque quizá sea mayor mi pecado). La quiero por instinto de venganza, porque tengo sospechas de que el antojadizo mozo merodeó en otro tiempo por mi jardin. Y de tal manera me conmueve y devora esta sospecha, que no quedaré contento hasta verme vengado. Mujer por mujer : y si esto no consigo, trastornar el seso del moro con celos matadores. Para eso, si no me sirve este gozquecillo veneciano que èstoy criando para que siga la pista, me servirá Miguel Casio. Yo le acusaré ante el moro de amante de su mujer. (Y mucho me temo que ni áun la mia está segura con Casio.) Con esto lograré que Otelo me tenga por buen amigo suyo y me agradezca y premie con liberal mano, por haberle hecho hacer papel de bestia, enloqueciéndole y privándole de sosiego. Todavía mi pensamiento vive confuso y entre sombras : que los pensamientos ruínes sólo en la ejecucion se descubren del todo.

ESCENA II.

Calle.

Un PREGONERO, seguido de pueblo.

PREGONERO.

Manda nuestro general y gobernador Otelo que, sabida la destruccion completa de la armada turca, todos la celebren y se regocijen, bailando y encendiendo hogueras, ó con otra cualquier muestra de alegría que bien les pareciere. Ademas hoy celebra sus bodas. Este es el bando que me manda pregonar. Estará abierto el castillo, y puede durar libremente la fiesta desde las cinco que ahora son, hasta que suene la campana de las doce. Dios guarde á Chipre y á Otelo.

ESCENA III.

Sala del castillo.

Salen OTELO , DESDÉMONA , CASIO y acompañamiento.

OTELO.

Miguel, amigo mio, quédate esta noche á guardar el castillo. No olvidemos aquel prudente precepto de la moderacion en la alegría.

CASIO.

Ya he dado mis órdenes á Yago. Con todo eso , tendré la vigilancia necesaria.

OTELO.

Yago es hombre de bien. Buenas noches, Casio. Mañana temprano te hablaré. Ven , amor mio (*á Desdémona*): despues de comprar un objeto entra el disfrutar de él. Todavía no hemos llegado á la posesion , esposa mia. Buenas noches. (*Vanse todos menos Casio y Yago.*)

CASIO.

Buenas noches , Yago. Es preciso hacer la guardia.

YAGO.

Aún tenemos una hora : no han dado las diez. El general nos ha despedido tan pronto , por quedarse solo con Desdémona. Y no me extraña : aún no la ha disfrutado, y por cierto que es digna del mismo Jove.

CASIO.

Sí que es mujer bellísima.

YAGO.

Y tiene trazas de ser alegre y saltadora como un cabrito.

CASIO.

Me parece lozana y hermosa.

YAGO.

Tiene ojos muy provocativos. Parece que tocan á rebato.

CASIO.

Y á pesar de eso, su mirada es honesta.

YAGO.

¿Has oido su voz tan halagüeña que convida á amar?

CASIO.

Ciertamente que es perfectísima.

YAGO.

¡Benditas sean sus bodas! Ven, teniente mio: vaciemos un tonel de vino de Chipre á la salud de Otelo. Allá fuera tengo dos amigos que no dejarán de acompañarnos.

CASIO.

Mala noche para eso, Yago. Mi cabeza no resiste el vino. ¿Por qué no se habrá inventado otra manera de pasar el rato?

YAGO.

Es broma entre amigos. Nada más que una copa. Lo demas lo beberé yo por vos, si os empeñais en decir que no.

CASIO.

Esta noche no he bebido más que un vaso de vino y

ése aguado, y así y todo ya siento los efectos. Mi debilidad es tan grande, que no me atrevo á acrecentar el daño.

YAGO.

Cállate. Es noche de alegría. Darás gusto á los amigos.

CASIO.

¿Dónde están?

YAGO.

Ahí fuera. Les diré que entren, si quereis.

CASIO.

Díselo, pero á fe que no lo hago de buen grado.

(*Se va.*)

YAGO.

Con otra copa más que yo le haga beber, sobre la de esta tarde, se alborotará más que un gozquecillo ladrador. Ese Rodrigo, que es un necio, loco de amor, ha bebido esta noche largo y tendido á la salud de Desdémona. Él hace la guardia y con él tres mancebos de Chipre, nobles, pundonorosos y valientes, á quienes ya he exaltado los cascos con largas libaciones. Veremos si Casio, mezclado con esta tropa de borrachos, hace alguna locura, que le acarree enemistades en la isla. Aquí viene. Si esto me sale bien, adelantarán mucho mis proyectos. (*Sale Casio con Montano y criados con ánforas de vino.*)

CASIO.

Por Dios vivo... ya siento el efecto.

MONTANO.

Pues si no ha sido nada: apenas una botella.

YAGO.

¡Ea! ¡ Traed vino ! *(Canta.)* ¡ Sacudid , sacudid las copas : el soldado es mortal , y debe beber sin término ! ¡ Más vino , amigos !

CASIO.

¡ Linda cancion , á fe mia !

YAGO.

En Inglaterra la oí : tierra de grandes bebedores. Nada valen en cotejo con ellos daneses, alemanes y flemáticos holandeses.

CASIO.

¿ Bebe más el ingles ?

YAGO.

Fácil le es poner debajo de la mesa al danes , y con poca fatiga al aleman , y antes de apurar la última botella , al holandes.

CASIO.

Brindo por el general.

YAGO.

¡ Oh, dulce Inglaterra ! *(Canta.)* « Hubo un rey, noble y caballero, que se llamaba Estéban: las calzas le costaban un doblon, y se enojaba de gastar tanto dinero, y llamaba al sastre ladron. Si esto hacia el que era tan gran monarça, ¿ qué has de hacer tú, pobre pechero? ¡ A cuántos perdió el subirse á mayores! » ¡ Más vino !

CASIO.

Más me gusta esta cancion que la primera.

YAGO.

¿ Quereis que la repita ?

CASIO.

No, porque quien tales cosas canta merece perder su empleo. En fin, Dios es poderoso, y unos se salvarán y otros se condenarán.

YAGO.

Bien dicho, teniente Casio.

CASIO.

Sin agravio del gobernador, ni de ningun otro personaje, yo creo que me salvaré.

YAGO.

Y yo tambien lo creo, mi teniente.

CASIO.

Pero permitidme que os diga que primero me he de salvar yo, porque el teniente debe ir antes que el alférez. Basta. Cada cual á su negocio... No creais que estoy borracho, amigos mios. Ved: aquí está mi alférez: esta es mi mano derécha, esta mi mano izquierda : os aseguro que no estoy borracho. ¿No veis que hablo con sustancia y concierto?

TODOS.

Hablais en todo seso.

CASIO.

¡Ya lo creo! En entera razon. No vayais á creer que estoy borracho. *(Se va.)*

MONTANO.

Vamos á la explanada á hacer la guardia.

YAGO.

¿Habeis visto á ese mancebo que acaba de irse? Digno es de mandar al lado del mismo César. ¡Lástima que tenga ese vicio, equinoccio de su virtud, porque la iguala! ¡Cuánto lo siento! ¡Pobre isla de Chipre si cuando se la confiara Otelo, acertase Casio á padecer este accidente!

MONTANO.

¿Suele embriagarse?

YAGO.

Todas las noches antes de acostarse. Tardaria más de 24 horas en dormirse, si con la bebida no arrullara el sueño.

MONTANO.

Bien haríamos en avisar al gobernador con tiempo. Puede que no haya reparado en ello. Tal es la estimacion que profesa á Casio, cuyas buenas cualidades compensan sus defectos. ¿No es verdad?

(Sale Rodrigo.)

YAGO.

¿Qué hay de nuevo? Véte detras de Casio: no te detengas. *(Se va Rodrigo.)*

MONTANO.

¡Lástima que el moro otorgue tanta amistad y confianza á un hombre dominado por tan feo vicio! Convendrá hablar á Otelo.

YAGO.

No he de ser yo quien le hable, porque quiero muy de veras á Casio, y me alegraria de curarle. ¿Oyes el ruido? *(Voces dentro.)*

(Sale Casio persiguiendo á Rodrigo.)

CASIO.

¡Infame, perverso!

MONTANO.

¿Qué sucede, mi teniente?

CASIO.

¿Tú enseñarme á mí? Mil palos le he de dar, á fe de quien soy!

RODRIGO.

¡Tú apalearme!

CASIO.

¿Y todavía te atreves á replicar?

MONTANO.

Manos quedas, señor teniente.

CASIO.

Déjame, ó te señalo en la cara.

MONTANO.

Estais beodo.

CASIO.

¿Beodo yo?

YAGO.

(A Rodrigo.) Echa á correr gritando: «favor, alarma.» (Se va Rodrigo.) Paz, señores. ¡Favor, favor! ¡órden! ¡Buena guardia está la nuestra. (Óyese el tañido de una campana.) ¿Quién tocará la campana? ¡Qué alboroto! ¡Válgame el cielo! Deteneos, señor teniente. Caminais ciego á vuestra ruina.

(Sale Otelo con sus criados.)

OTELO.

¿Qué ha sucedido?

MONTANO.

Yo me voy en sangre. Me han herido de muerte.

OTELO.

¡Deteneos!

YAGO.

¡Deteneos, teniente Casio! ¡Montano, amigos mios! ¿Tan olvidados estais de vuestras obligaciones? ¿No veis que el general os está dando sus órdenes?

OTELO.

¿Qué pendencia es esta? ¿Estamos entre turcos, ó nos destrozamos á nosotros mismos, ya que el cielo no permitió que ellos lo hiciesen? Si sois cristianos, contened vuestras iras, ó caro le ha de costar al primero que levante el arma ó dé un paso más. Haced callar esta campana que altera el sosiego de la isla. ¿Qué es esto, caballeros? Tú, mi buen Yago, ¿por qué palideces? Cuéntamelo todo. ¿Quién comenzó la pendencia? No me ocultes nada. Tu lealtad invoco.

YAGO.

El motivo no lo sé. Hace poco estaban en tanta paz

y armonía como dos novios antes de entrar en el lecho, pero de repente, como si alguna maligna influencia sideral los hubiese tocado, desenvainan los aceros y se atacan y pelean á muerte. Repito que no sé la causa de la rencilla. ¡ Ojalá yo hubiera perdido, lidiando bizarramente en algun combate glorioso, las dos piernas que me trajeron á ser testigo de tal escena !

OTELO.

¿ Por qué tal atropello, amigo Casio ?

CASIO.

Perdonadme, señor: ahora no puedo deciros nada.

OTELO.

Y vos, amigo Montano, que soliais ser tan cortes, y que áun de jóven teniais fama bien ganada de prudente, ¿cómo habeis venido á perderla ahora, cual si fuerais cualquier pendenciero nocturno ? Respondedme.

MONTANO.

Mis heridas apenas me lo consienten, señor. Vuestro alférez Yago os podrá responder por mí. No tengo conciencia de haber ofendido á nadie esta noche, de obra ni de palabra, á no ser que sea agravio el defender la propia existencia contra un agresor injusto.

OTELO.

¡ Vive Dios ! Ya la sangre y la pasion vencen en mí al juicio. Y si llego á enojarme y á levantar el brazo, juro que el más esforzado ha de caer por tierra. Decidme cómo empezó la cuestion, quién la provocó. ¡ Infeliz de él, aunque fuera mi hermano gemelo ! ¿ Estabais locos ? Cuando todavía resuenan en el castillo los gritos de guerra, cuando áun estarán llenas de terror las gentes de la isla, ¿ mis propios guardas han de

---

alterar el sosiego de la noche con disputas y rebatos?
Dímelo con verdad, Yago. ¿ Quién comenzó?

MONTANO.

No te juzgaré buen soldado, si por amistad con Casio faltas á la verdad.

YAGO.

No me obligueis tan duramente. Antes que faltar á mi amigo Casio, me morderia la lengua. Pero hablaré, porque creo que el decir yo la verdad no le perjudica en nada. Las cosas pasaron así, señor gobernador. Estaba Montano hablando conmigo, cuando se nos acercó un mancebo pidiéndonos ayuda contra Casio que venia detras de él, espada en mano. Este amigo se interpuso y rogó á Casio que se detuviera. Yo corrí detras del fugitivo, para que no alarmara al pueblo con sus gritos, como al fin sucedió, porque no pude alcanzarle. Con esto volví á donde sonaba ruido de espadas, y juramentos de Casio, que nunca hasta esta noche se le habian oido. Andaba entre ellos tan recia y trabada la pelea como cuando vos los separasteis. Nada más sé ni puedo deciros. El hombre es hombre, y el más justo cae y peca. Y tengo para mí que aunque Casio golpeó á Montano, como hubiera podido golpear á su mejor amigo en un arrebato de furor, fué sin duda porque habia recibido del fugitivo alguna ofensa intolerable.

OTELO.

La amistad que con Casio tienes, y tu natural benévolo, amigo Yago, te mueven á disculparle. Mucho te quiero, Casio, pero ya no puedes ser mi teniente. (*Sale Desdémona.*) Ved: con el alboroto habeis despertado á mi esposa. Voy á hacer en vosotros un ejemplar castigo.

DESDÉMONA.

¿ Qué ha sido esto ?

OTELO.

Ya está acabado todo , amiga mia. Vámonos á descansar. Yo haré curar vuestra herida , caballero, *(á Montano.)* Yago , procura calmar al pueblo , si es que anda alterado con la riña. Vámonos, Desdémona. Esta es la vida del guerrero. Hasta en el seno del placer viene á despertarle ruido de armas. (*Quedan solos Casio y Yago.*)

YAGO.

¿ Estais herido , teniente ?

CASIO.

Sí , y no hay cirujano que pueda curarme.

YAGO.

¡ No lo quiera Dios !

CASIO.

¡ He perdido la fama, el buen nombre , lo más espiritual y puro de mi sér, y sólo me queda la parte brutal. ¡ El buen nombre , el buen nombre , Yago !

YAGO.

Por Dios vivo , creí que habiais recibido alguna herida material , la cual debiera angustiaros más que la pérdida de la fama. La fama no es sino vano ruido y falsedad é impostura , que las más veces se gana sin mérito y se pierde sin culpa. Y si vos no dais por perdida la fama, de fijo que no la habeis perdido. ¡ Valor, amigo Casio ! Medios teneis para volver á la gracia del general. Os ha quitado el empleo en un momento de ira, y más por política y buen parecer, que por mala intencion. Así pega uno á veces al perro fiel , para asustar al bravo leon. Suplicadle, pedidle perdon, y todo os lo concederá.

CASIO.

¡Cómo ha de atreverse á suplicar nada á un jefe tan íntegro y bueno, un oficial tan perdido, borracho, y sin seso como yo! ¡Embriagarme yo, perder el juicio, hablar por los codos, disputar, decir bravatas y reñir hasta con mi sombra! ¿Cómo te llamaré, espíritu incorpóreo del vino, que aún no tienes nombre? Sin duda que debo llamarte demonio.

YAGO.

¿Y á quién perseguiais con el acero desnudo? ¿Qué os habia hecho?

CASIO.

Lo.ignoro.

YAGO.

¿Es posible?

CASIO.

Muchas cosas recuerdo, pero todas confusas é incoherentes. Sólo sé que hubo una pendencia, pero de la causa no puedo dar razon. ¡Dios mio! ¿No es buena locura que los hombres beban á su propio enemigo, y que se conviertan, por medio del júbilo y de la algazara, en brutos animales?

YAGO.

Ya os vais serenando. ¿Cómo habeis recobrado el juicio tan pronto?

CASIO.

El demonio de la ira venció al de la embriaguez. Un defecto provoca á otro, para que yo me avergüence más y más de mí mismo.

YAGO.

Esa moral es severa con exceso. Por la hora, por el lugar, y por el estado intranquilo de la isla, valiera más que esto no hubiera sucedido, pero ya que pasó y no podeis remediarlo, tratad de reparar el yerro.

CASIO.

Cuando yo le vuelva á pedir mi empleo, me llamará borracho. Aunque yo tuviera todas las bocas de la hidra, esta respuesta bastaria para hacerlas callar. ¡Pasar yo en breve rato desde el estado de hombre juicioso al de loco frenético y luego al de bestia! ¡Qué horror! Cada copa es una maldicion del infierno, cada botella un demonio.

YAGO.

No digais eso, que el buen vino alegra el corazon humano, cuando no se abusa de él. No creo, teniente Casio, que dudareis de la firmeza de mi amistad.

CASIO.

Tengo pruebas de ello. ¡Borracho yo!

YAGO.

Vos y cualquiera puede emborracharse alguna vez. Ahora oid lo que os toca hacer. La mujer de nuestro gobernador le domina á él, porque él está encantado y absorto en la contemplacion de su belleza. Decidle la verdad, ponedla por intercesora, para que os restituya vuestro empleo. Ella es tan buena, dulce y cariñosa que hará de seguro más de lo que acerteis á pedirla: ella volverá á componer esa amistad quebrada entre vos y su esposo, y apostaria toda mi dicha futura á que este disgustillo sirve para estrecharla más y más.

CASIO.

Me das un buen consejo.

YAGO.

Y tan sincero y honrado como es mi amistad hácia vos.

CASIO.

Así lo creo. Lo primero que haré mañana será rogar á Desdémona, que interceda por mí. Si ella me abandona, ¿qué esperanza puede quedarme?

YAGO.

Bien decis. Buenas noches, teniente. Voy á la guardia.

CASIO.

Buenas noches, Yago.

YAGO.

¿Y quién dirá que soy un malvado, y que no son buenos y sanos mis consejos? Ese es el único modo de persuadir á Otelo, y muy fácil es que Desdémona interceda en favor de él, porque su causa es buena, y porque Desdémona es más benigna que un ángel del cielo. Y poco le ha de costar persuadir al moro. Aunque le exigiera que renegase de la fe de Cristo, de tal manera le tiene preso en la red de su amor, que puede llevarle á donde quiera, y le maneja á su antojo. ¿En qué está mi perfidia, si aconsejo á Casio el medio más fácil de alcanzar lo que desea? ¡Diabólico consejo el mio! ¡Arte propia del demonio engañar á un alma incauta con halagos que parecen celestiales! Así lo hago yo, procurando que este necio busque la intercesion de Desdémona, para que ella ruegue al moro en favor de él. Y entre tanto yo destilaré torpe veneno en los oidos del moro, persuadiéndole que Desdémona pone tanto empeño en que no se vaya Casio, porque quiere conservar su ilícito amor. Y cuanto ella haga por favorecerle, tanto más crecerán las sospechas de Otelo. De esta manera convertiré el vicio en virtud, tejiendo con la piedad de Desdémona la red en que ambos han de caer. (*Sale Rodrigo.*) ¿ Qué novedades traes, Rodrigo ?

RODRIGO.

Sigo la caza, pero sin fruto. Mi dinero se acaba : esta noche me han apaleado, y creo que el mejor desenlace de todo seria volverme á Venecia, con alguna experiencia de más, harto duramente adquirida, y con algunos ducados de menos.

YAGO.

¡ Pobre del que no tiene paciencia ! ¿ Qué herida se curó de primera intencion ? No procedemos por ensalmos, sino con maña y cautela, y dando tiempo al tiempo. ¿ No ves en qué estado andan las cosas ? Es verdad que Casio te ha apaleado, pero él en cambio pierde su oficio. La mala yerba crece sin sol, pero la flor temprana es señal de temprana fruta. Ten paciencia y sosiego. Véte á tu posada : luego sabrás lo restante : véte, véte. Dos cosas tengo que hacer. La primera, hacer que mi mujer ayude á Desdémona en su peticion á favor de Casio : y cuando ella esté suplicando con más ahinco, me interpondré yo y hablaré al moro. No es ocasion de timideces ni de esperas.

ACTO III.

ESCENA PRIMERA.

Sala del castillo.

CASIO y MÚSICOS.

CASIO.

O os pago. Tocad un breve rato para festejar el natalicio del gobernador.

(*Sale el Bufon.*)

BUFON.

Señores, ¿ vuestros instrumentos han adquirido en Nápoles esa voz tan gangosa ?

MÚSICOS.

¿ Qué decis ?

BUFON.

Tomad dinero : el gobernador gusta tanto de vuestra música que os paga para que no continueis.

MÚSICO I.º

Bien, señor. Callaremos.

BUFON.

Tocad sólo alguna música que no se oiga, si es que

25

la sabeis. En cuanto á la que se oye, el general no puede sufrirla.

MÚSICOS.

Nunca hemos sabido tales músicas.

BUFON.

Pues idos con la vuestra á otra parte, porque si no, me iré yo. ¡Idos lejos!   (*Se van.*)

CASIO.

¿Oyes, amigo?

BUFON.

No oigo al amigo: te oigo á tí.

CASIO.

Basta de bromas: toma una moneda de oro. Si la

dama que acompaña á la mujer del gobernador está ya levantada, dile que un tal Casio quiere hablarla. ¿Se lo dirás?

BUFON.

Ya está levantada, y si la encuentro, le diré lo que deseais.

CASIO.

Díselo, amigo mio. (*Se va el Bufon.—Sale Yago.*) Bien venido, Yago.

YAGO.

¿No os habeis acostado?

CASIO.

Era casi de dia, cuando me separé de tí. Ahora he enviado un recado á tu mujer, para que me facilite una entrevista con Desdémona.

YAGO.

Yo haré que la veas, y procuraré alejar á Otelo, para que no os interrumpa.

CASIO.

De todas veras te lo agradeceré. (*Aparte.*) Ni en Florencia misma he hallado hombre tan cortes y atento.
(*Sale Emilia.*)

EMILIA.

Buenos dias, teniente. Mucho siento el percance que os ha pasado, pero creo que al fin ha de remediarse. De ello están hablando el gobernador y su mujer. Ella os defiende mucho. Otelo replica que heristeis á una persona muy conocida en Chipre: que era forzoso el castigo, y que por eso os destituyó. Pero como es tan amigo vuestro, no tardará en devolveros el empleo, apenas haya ocasion propicia.

CASIO.

A pesar de todo, me parece conveniente hablar á solas á Desdémona, si es que mi pretension no te parece descabellada.

EMILIA.

Ven conmigo: yo te llevaré á sitio donde puedas hablarla con toda libertad.

CASIO.

Mucho os agradeceré tal favor.   (*Se van.*)

ESCENA II.

Una sala del castillo.

Salen OTELO, YAGO y varios Caballeros.

OTELO.

Yago, entrega tú estas cartas al piloto, para que las comunique al Senado. Entre tanto yo voy á las murallas. Allí me encontrarás.

YAGO.

Está bien, general.

OTELO.

Caballeros, ¿quereis visitar la fortificacion?

CABALLEROS.

Cómo gusteis.

ESCENA III.

Jardin del castillo.

DESDÉMONA, EMILIA y CASIO.

DESDÉMONA.

Pierde el temor, amigo mio. Te prestaré toda la ayuda y favor que pueda.

EMILIA.

Señora, os suplico que lo hagais, porque mi marido lo toma como asúnto propio.

DESDÉMONA.

Es muy honrado. Espero veros pronto amigos á Otelo y á tí, buen Casio.

CASIO.

Generosa señora, sucédame lo que quiera, Miguel Casio será siempre esclavo vuestro.

DESDÉMONA.

En mucho aprecio tu amistad. Sé que hace tiempo la tienes con mi marido, y que sólo se alejará de tí el breve tiempo que la prudencia lo exija.

CASIO.

Pero esa prudencia puede durar tanto, ó acrecentarse con tan perverso alimento, ó atender á tan falsas apariencias, que estando ausente yo, y sucediéndome otro en el destino, olvide el general mis servicios.

DESDÉMONA.

No tengas ese recelo. A Emilia pongo por testigo de que no he de desistir hasta que te restituyan él empleo. Yo cumplo siempre lo que prometo y juro. No dejaré descansar á mi marido, de dia y de noche he de seguirle y abrumarle con ruegos y súplicas en tu favor. Ni en la mesa ni en el lecho cesaré de importunarle. Buen abogado vas á tener. Antes moriré que abandonar la pretension de Casio.

EMILIA.

Señora, el amo viene.

CASIO.

Adios, señora.

DESDÉMONA.

Quédate, y oye lo que voy á decirle.

CASIO.

No puedo oirte ahora ni estoy de buen temple para hablar en causa propia.

DESDÉMONA.

Como querais. (*Se va Casio. — Salen Otelo y Yago.*)

YAGO.

No me parece bien esto.

OTELO.

¿Qué dices entre dientes?

YAGO.

Nada... No lo sé, señor.

OTELO.

¿No era Casio el que hablaba con mi mujer?

YAGO.

¿Casio? No, señor. ¿Por qué habia de huir él tan pronto, apenas os vió llegar?

OTELO.

Pues me pareció que era Casio.

DESDÉMONA.

¿Tú de vuelta, amor mio? Ahora estaba hablando con un pobre pretendiente, que se queja de tus enojos.

OTELO.

¿Quién?

DESDÉMONA.

Tu teniente Casio. Y si en algo estimas mi amor y mis caricias, óyeme benévolo. Ó yo no entiendo nada de fisonomías, ó Casio ha pecado más que por malicia, por ignorancia. Perdónale.

OTELO.

¿Era el que se fué de aquí ahora mismo?

DESDÉMONA.

Sí, tan triste y abatido, que me dejó parte de su tristeza. Haz que vuelva contento, esposo mio.

OTELO.

Ahora no: otra vez será, esposa mia.

DESDÉMONA.

¿Pronto?

OTELO.

Tus ruegos adelantarán el plazo.

DESDÉMONA.

¿Esta noche, á la hora de cenar?

OTELO.

Esta noche no puede ser.

DESDÉMONA.

¿Mañana á la hora de comer?

OTELO.

Mañana no comeré en casa. Tenemos junta militar en el castillo.

DESDÉMONA.

Entonces mañana por la noche, ó el mártes por la mañana, por la tarde ó por la noche, ó el miércoles muy de madrugada. Fíjame un término y que sea corto: tres dias á lo más. Ya está arrepentido. Y aunque dicen que las leyes de la guerra son duras, y que á veces exigen el sacrificio de los mejores, su falta es bien leve, y digna sólo de alguna reprension privada. Dime, Otelo: ¿cuándo volverá? Si tú me pidieras algo, no te lo negaria yo ciertamente. Mira que en nada pienso tanto como en esto. ¿No te acuerdas que Casio fué confidente de nuestros amores? ¿No sabes que él te defendia siempre, cuando yo injustamente y por algun arrebato de celos, hablaba mal de tí? ¿Por qué dudas en perdonarle? No sé cómo persuadirte...

OTELO.

Basta, mujer: no me digas más. Que vuelva cuando quiera.

DESDÉMONA.

No te he pedido gracia, ni sacrificio, sino cosa que á tí mismo te está bien y te importa. Es como si te pidiera que te abrigaras, ó que te pusieras guantes, ó que comieses bien. Si mi peticion fuera de cosa más difícil ó costosa, á fe que tendria yo que medir y pesar bien las palabras, y aún así sabe Dios si lo alcanzaria.

OTELO.

Nada te negaré. Una cosa sola he de pedirte. Déjame solo un rato.

DESDÉMONA.

¿Yo dejar de obedecerte? Adios, señor mio, adios.

OTELO.

Adios, Desdémona. Pronto seré contigo.

DESDÉMONA.

Ven, Emilia. (*A Otelo.*) Siempre seré rendida esclava de tus voluntades.   (*Se van.*)

OTELO.

¡Alma de mi alma! Condenada sea mi alma, si yo no te quiero; y si alguna vez dejo de quererte, confúndase y acábese el universo!

YAGO.

General.

OTELO.

¿Qué dices, Yago?

YAGO.

¿Miguel Casio tuvo alguna noticia de vuestros amores con la señora?

OTELO.

Lo supo todo, desde el principio hasta el fin. ¿A qué esa pregunta?

YAGO.

Por nada: para matar un recelo mio.

OTELO.

¿Qué recelo?

YAGO.

Yo creí que nunca la habia tratado.

OTELO.

¡ Si fué confidente y mensajero de nuestros amores!

YAGO.

¿ Eso dices?

OTELO.

La verdad digo. ¿ Por qué te sorprende? Pues ¿ no es. hombre de fiar?

YAGO.

Sí : hombre de bien.

OTELO.

Muy de bien.

YAGO.

Así que sepa...

OTELO.

¿ Qué estais murmurando?

YAGO.

¿ Murmurar?

OTELO.

¡ Sí, algo piensas, vive Dios! Vas repitiendo como un eco mis palabras, como si tuvieras en la conciencia algun mónstruo, y no te atrevieras á arrojarle. Hace un momento, cuando viste juntos á Casio y á mi mujer, dijiste que no te parecia bien. ¿ Y por qué no? Ahora cuando te he referido que fué medianero de nuestros amores, preguntaste : «¿ Es verdad eso?» y te quedaste caviloso, como si madurases alguna siniestra idea. Si eres amigo mio, dime con verdad lo que piensas.

YAGO.

Señor, ya sabeis que de todas veras os amo.

OTELO.

Por lo mismo que lo sé y lo creo, y que te juzgo hombre sério y considerado en lo que dices, me asustan tus palabras y tu silencio. No los extrañaria en hombres viles y soeces, pero en un hombre honrado como tú son indicios de que el alma está ardiendo, y de que quiere estallar la indignacion comprimida.

YAGO.

Juro que tengo á Miguel Casio por hombre de honor.

OTELO.

Yo tambien.

YAGO.

El hombre debe ser lo que parece, ó á lo menos, aparentarlo.

OTELO.

Dices bien.

YAGO.

Repito que á Casio le tengo por hombre honrado.

OTELO.

Eso no es decírmelo todo. Declárame cuanto piensas y recelas, hasta lo peor y más oculto.

YAGO.

Perdonadme, general: os lo suplico. Yo estoy obligado á obedeceros en todo, menos en aquellas cosas donde ni el mismo esclavo debe obedecer. ¿Revelaros mi pensamiento? ¿Y si mi pensamiento fuera torpe, vil y menguado? ¿En qué palacio no penetra alguna vez la alevosía ? ¿ En qué pecho no caben injustos recelos y cavilosidades ? Hasta con el más recto juicio pueden unirse bajos pensamientos.

OTELO.

Yago, faltas á la amistad, si creyendo infamado á tu amigo, no le descubres tu sospecha.

YAGO.

¿ Y si mi sospecha fuera infundada ? Porque yo soy naturalmente receloso y perspicaz, y quizá veo el mal donde no existe. No hagais caso de mis malicias, vagas é infundadas, ni perturbeis vuestro reposo por ellas, ni yo como hombre honrado y pundonoroso debo revelaros el fondo de mi pensamiento.

OTELO.

¿ Qué quieres decir con eso ?

YAGO.

¡ Ay, querido jefe mio, la buena reputacion, asi en hombre como en mujer, es el tesoro más preciado. Poco roba quien roba mi dinero: antes fué algo, despues nada: antes mio, ahora suyo, y puede ser de otros cincuenta. Pero quien me roba la fama, no se enriquece, y á mí me deja pobre.

OTELO.

¿Qué estás pensando ? Dímelo, por Dios vivo. Quiero saberlo.

YAGO.

No lo sabreis nunca, aunque tengais mi corazon en la mano.

OTELO.

¿ Por qué ?

YAGO.

Señor, temed mucho á los celos, pálido mónstruo, burlador del alma que le da abrigo. Feliz el engañado que descubre el engaño y consigue aborrecer á la engañadora, pero ¡ ay del infeliz que aún la ama, y duda, y vive entre amor y recelo !

OTELO.

¡ Horrible tortura !

YAGO.

Más feliz que el rico es el pobre, cuando está resignado con su suerte. Por el contrario el rico, aunque posea todos los tesoros de la tierra, es infeliz por el temor que á todas horas le persigue, de perder su... ¡ Dios mio, aparta de mis amigos, los celos !

OTELO.

¿ Qué quieres decir ? ¿ Imaginas que he de pasar la vida entre sospechas y temores, cambiando de rostro como la luna ? No : la duda y la resolucion sólo pueden durar en mí un momento, y si alguna vez hallares que me detengo en la sospecha y que no la apuro, llámame imbécil. Yo no me encelo si me dicen que mi mujer es hermosa y alegre, que canta y toca y danza con primor, ó que se complace en las fiestas. Si su virtud es sincera, más brillará así. Tampoco he llegado á dudar nunca de su amor. Ojos tenia ella y entendimiento para escoger. Yago, para dudar necesito pruebas, y así que las adquiera, acabaré con el amor ó con los celos.

YAGO.

Dices bien. Y así conocerás mejor la lealtad que te profeso. Ahora no puedo darte pruebas. Vigila á tu esposa: repárala bien cuando hable con Casio, pero que no conozcan tus recelos en la cara. No sea que se burlen de tu excesiva buena fe. Las venecianas sólo confian á Dios el secreto, y saben ocultársele al marido. No consiste su virtud en no pecar, sino en esconder el pecado.

OTELO.

¿Eso dices?

YAGO.

A su padre engañó por amor tuyo, y cuando fingia mayor esquiveza, era cuando más te amaba.

OTELO.

Verdad es.

YAGO.

Pues la que tan bien supo fingir, hasta engañar á su padre, que no podia explicarse vuestro amor sino como obra de hechicería... Pero ¿qué estoy diciendo? Perdóname si me lleva demasiado lejos el cariño que te profeso.

OTELO.

Eterna será mi gratitud.

YAGO.

Mal efecto te han hecho mis palabras, señor.

OTELO.

No. Mal efecto, ninguno.

YAGO.

Paréceme que sí. Repara que cuanto te he dicho ha sido por tu bien. Pero, señor, ¡estais desconcertado! Ruégoos que no entendais mis palabras más que como suenan, ni deis demasiado crédito é importancia á una sospecha.

OTELO.

Te lo prometo.

YAGO.

Si no, lo sentiria, y áun seria más pronto el desenlace, que lo que yo imaginé. Casio es amigo mio... Pero ¡estais turbado!

OTELO.

¿Por qué? Yo tengo á Desdémona por honrada.

YAGO.

¡Que lo sea mucho tiempo! ¡Que por muchos años lo creas tú así!

OTELO.

Pero cuando la naturaleza comienza á extraviarse...

YAGO.

Ahí está el peligro. Y á decir verdad, el haber despreciado tan ventajosos casamientos de su raza, de su patria y de su condicion y haberse inclinado á tí, parece indicio no pequeño de torcidas y livianas inclinaciones. La naturaleza hubiera debido moverla á lo contrario. Pero... perdonadme: al decir esto, no aludo á ella solamente, aunque temo que al compararos con los mancebos de Venecia, pudiera arrepentirse.

OTELO.

Adios, adios, y si algo más averiguas, no dejes de contármelo. Que tu mujer los vigile mucho. Adios, Yago.

YAGO.

Me voy, general. Quédate con Dios. *(Se aparta breve trecho.)*

OTELO.

¿Para qué me habré casado? Sin duda este amigo sabe mucho más que lo que me ha confesado.

YAGO.

Gobernador, os suplico que no volvais á pensar en eso. Dad tiempo al tiempo, y aunque parece justo que Casio recobre su empleo, puesto que es hábil para desempeñarlo, mantened las cosas en tal estado algun tiempo más, y entre tanto podeis estudiar su carácter, y advertir si vuestra mujer toma con mucho calor su vuelta. Este será vehemente indicio, pero entre tanto, inclinaos á pensar que me he equivocado en mis sospechas y temores, y no desconfieis de su fidelidad.

OTELO.

Nada temas.

YAGO.

Adios otra vez.   (Vase.)

OTELO.

Este Yago es buen hombre y muy conocedor del mundo. ¡Ay, halcon mio! si yo te encontrara fiel, aunque te tuviera sujeto al corazon con garfios ó correas, te lanzaria al aire en busca de presa. ¿Quizá me estará engañando por ser yo viejo y negro, ó por no tener la cortesía y ameno trato propios de la juventud? ¿Pero qué me importa la razon? Lo cierto es que la he perdido, que me ha engañado, y que no tengo más recurso que aborrecerla. ¡Maldita boda : ser yo dueño de tan hermosa mujer pero no de su alma! Más quisiera yo ser un sapo asqueroso ó respirar la atmósfera de una cárcel, que compartir con nadie la posesion de esa mujer. Pero tal es la maldicion que pesa sobre los grandes, más infelices en esto que la plebe. Maldicion que nos amenaza, desde que comenzamos á respirar el vital aliento. Aquí viene Desdémona. *(Salen Desdémona y Emilia.) (Aparte.)* ¿Será verdad que es infiel? ¿Se burlará el cielo de sí mismo?

DESDÉMONA.

Otelo, vén: los nobles de la isla están ya congregados para el banquete.

.OTELO.

¡Qué insensatez la mia!

DESDÉMONA.

¿Por qué hablas entre dientes? ¿Estás malo?

OTELO.

Me duele la cabeza.

DESDÉMONA.

Sin duda, por el insomnio. Pero pronto sanarás. Yo te vendaré la cabeza, y antes de una hora estarás aliviado. *(Intenta ponerle el pañuelo.)*

OTELO.

Ese pañuelo es pequeño. *(Se cae el pañuelo.)* Déjalo. Me voy contigo.

DESDÉMONA.

Mucho siento tu incomodidad. *(Vanse.)*

EMILIA.

¡Oh felicidad! Este es el pañuelo, primera ofrenda amorosa del moro. Mi marido me ha pedido mil veces que se lo robe á Desdémona, pero como ella lo tiene en tanto aprecio, y Otelo se lo encomendó tanto, jamas lo deja de la mano, y muchas veces le besa y acaricia. Haré copiar la misma labor, y se le daré á

26

Yago, aunque no puedo atinar para qué le desea. Dios
lo sabe. A mí sólo me toca obedecer.   (*Sale Yago.*)

YAGO.

¿ Cómo estás sola ?

EMILIA.

No te enojes , que algo tengo que regalarte.

YAGO.

¿ A mí qué ? Buena cosa será.

EMILIA.

¡ Ya lo creo !

YAGO.

Eres necia , esposa mia.

EMILIA.

¡ Ya lo creo ! ¿ Cuánto me darás por aquel pañuelo ?

YAGO.

¿ Qué pañuelo ?

EMILIA.

Aquel que el moro regaló á Desdémona , y que tantas veces me has mandado robar.

YAGO.

¿ Y ya lo has hecho ?

EMILIA.

No le he robado , sino que le he recogido del suelo,
donde ella le dejó caer. Tómale, aquí está.

YAGO.

Dámele , pues, amor mio.

EMILIA.

¿ Y para qué ? ¿ Cómo tuviste tanto empeño en que
yo le robara ?

YAGO.

(*Cogiendo el pañuelo.*) ¿Qué te importa? Dámele.

EMILIA.

Si no le necesitas para cosa de importancia, devuélvemele pronto, Yago, porque mi señora se morirá de pena, así que eche de ver la falta.

YAGO.

No le confieses nada. Necesito el pañuelo. ¿Oyes? Véte. (*Vase Emilia.*) Voy á tirar este pañuelo en el aposento de Casio, para que allí le encuentre Otelo.

La sombra más vana, la más ligera sospecha son para un celoso irrecusables pruebas. Ya comienza á hacer su efecto el veneno : al principio apenas ofende los labios, pero luego, como raudal de lava, abrasa las entrañas. Aquí viene el moro. (*Aparte.*) No podrás conciliar hoy el sueño tan apaciblemente como ayer, aunque la adormidera, el beleño y la mandrágora mezclen para tí sus adormecedores jugos.

OTELO.

¡Infiel! ¡Infiel!

YAGO.

¿Qué decís, gobernador?

OTELO.

¡Lejos, lejos de mí! Tus sospechas me han puesto en el tormento. Vale más ser engañado del todo que padecer, víctima de una dúda.

YAGO.

¿Por qué decís eso, general?

OTELO.

¿Qué me importaban sus ocultos retozos, si yo no los veia ni me percataba de ellos, ni perdia por eso el sueño, la alegría, ni el reposo? Jamas advertí en sus labios la huella del beso de Casio. Y si el robado no conoce el robo, ¿qué le importa que le hurten?

YAGO.

Duéleme oirte hablar asi.

OTELO.

Yo hubiera podido ser feliz aunque los más infimos soldados del ejército hubiesen disfrutado de la hermosura de ella. ¡Pero haberlo sabido! ¡Adios, paz de mi alma! ¡Adios, bizarros escuadrones, glorioso campo de pelea, que truecas la ambicion en virtud! ¡Adios, corceles de batalla, clarin bastardo, bélicos atambores, pífanos atronantes, banderas desplegadas, pompa de los ojos, lujo y estruendo de las armas! ¡Adios todo, que la gloria de Otelo se ha acabado!

YAGO.

¿Será verdad, señor?

OTELO.

¡Infame! Dáme pruebas infalibles de que mi esposa es adúltera. ¿Me oyes? Quiero pruebas que entren por los ojos, y si no me las das, perro malvado, más te valiera no haber nacido que encontrarte al alcance de mis manos. ¡Haz que yo lo vea, ó á lo menos pruébalo de tal suerte, que la duda no encuentre resquicio ni pared donde aferrarse. Y si no, ¡ay de tí!

YAGO.

¡Señor, jefe mio!

OTELO.

Si lo que me has dicho, si el tormento en que me has puesto no es más que una calumnia, no vuelvas á rezar en todos los dias de tu vida: sigue acumulando horrores y maldades, porque tu eterna condenacion es tan segura que poco puede importarte un crímen más.

YAGO.

¡Piedad, Dios mio! ¿Sois hombre, Otelo, ó es que habeis perdido el juicio? Desde ahora renuncio á mi empleo. ¡Qué necia yo, cuyos favores se toman por agraviós! ¡Cuán triste cosa es en este mundo ser honrado y generoso! Mucho me alegro de haberlo aprendido. Desde hoy prometo no querer bien á nadie, sí la amistad se paga de este modo.

OTELO.

No te vayas. Escúchame. Mejor es que seas honrado.

YAGO.

No: seré ladino y cauteloso. La bondad se convierte en insensatez cuando trabaja contra sí misma.

OTELO.

¡Por Dios vivo! Yo creo y no creo que mi mujer es casta, y creo y no creo que tú eres hombre de bien. Pruebas, pruebas. Su nombre, que resplandecia antes más que el rostro de la luna, está ahora tan oscuro y negro como el mio. No he de sufrirlo, mientras haya

en el mundo cuerdas, aceros, venenos, hogueras y
rios desbordados. ¡Pruebas, pruebas!

YAGO.

Señor, veo que sois juguete de la pasion; y ya me
va pesando de mi franqueza. ¿Quereis pruebas?

OTELO.

No las quiero: las tendré.

YAGO.

Y podeis tenerlas. ¡Pero qué género de pruebas!
¿Quereis verlos juntos? ¡Qué grosería!

OTELO.

¡Condenacion! ¡Muerte!

YAGO.

Y tengo para mí que habia de ser difícil sorpren-
derlos en tal ocasion. Buen cuidado tendrán ellos de
ocultar sus adúlteras caricias de la vista de todos.
¿Qué prueba bastará á convenceros? ¿Ni cómo habeis
de verlos? Aunque estuviesen mas ardorosos que ji-
mios ó cabras ó que lobos en el celo, ó mas torpes y
necios que la misma estupidez. De todas suertes, aunque yo no pueda daros pruebas evidentes, tengo indicios tales, que pueden llevaros á la averiguacion de la
verdad.

OTELO.

Dame alguna prueba clara y evidente de su infidelidad.

YAGO.

A fe mia que no me gusta el oficio de delator, pero
á tal extremo han llegado las cosas que ya no puedo
evitarlo. Ya sabes que mi aposento está cerca del de

Casio, y que aquejado por el dolor de muelas, no puedo dormir. Hay hombres tan ligeros que entre sueños descubren su secreto. Así Casio, que entre sueños decia: «Procedamos con cautela, amada Desdémona.» Y luego me cogió la mano, y me la estrechó con fuerza, diciéndome: «Amor mio,» y me besó como si quisiera desarraigar los besos de mis labios, y dijo en altas voces: «¡Maldita fortuna la que te hizo esposa del moro!»

OTELO.

¡Qué horror!

YAGO.

Pero todo eso fué un sueño.

OTELO.

Prueba palpable, aunque fuera sueño, puesto que descubre que su amor ha llegado á la posesion definitiva.

YAGO.

Esta prueba sirve para confirmar otras, aunque ninguna de ellas convence.

OTELO.

Quiero destrozarla.

YAGO.

Ten prudencia. Con certidumbre no sé nada. ¿Quién sabe si será fiel todavía? ¿No has visto alguna vez un pañuelo bordado en manos de Desdémona?

OTELO.

Sí, por cierto; fué el primer regalo que la hice.

YAGO.

No lo sabia yo, pero vi en poder de Casio un pañue-

lo, del todo semejante. Sí : estoy seguro de que era el
de vuestra mujer.

OTELO.

¡Si fuera el mismo !...

YAGO.

Aquel ú otro : basta que fuera de ella para ser un
indicio desfavorable.

OTELO.

Ojalá tuviera él cien mil vidas, que una sola no me
basta para saciar mi venganza. Mira, Yago : con mi
aliento arrojo para siempre mi amor. ¡ Sal de tu ca-
verna, hórrida venganza ! Amor, ¡ríndete al mónstruo
del odio ! ¡ Pecho mio, llénate de víboras !

YAGO.

Cálmate, señor.

OTELO.

¡ Sangre, Yago, sangre !

YAGO.

Sangre no : paciencia. ¿ Quién sabe si mudareis de
pensamiento ?

OTELO.

Nunca, Yago. Así como el gélido mar corre siempre
con rumbo á la Propóntide y al Helesponto, sin volver
nunca atras su corriente , así mis pensamientos de
venganza no se detienen nunca en su sanguinaria carrera, ni los templará el amor, mientras no los devore
la venganza. Lo juro solemnemente por el cielo que
nos cubre. (*Se arrodilla.*)

YAGO.

No os levanteis. (*Se arrodilla tambien.*) Sed testigos,

vosotros, luceros de la noche, y vosotros, elementos que girais en torno del mundo, de que Yago va á dedicar su corazon, su ingenio y su mano á la venganza de Otelo. Lo que él mande, yo lo obedeceré, aunque me parezca feroz y sanguinario.

OTELO.

Gracias, y acepto gustoso tus ofertas, y voy á ponerte á prueba en seguida. Ojalá dentro de tres dias puedas decirme: «ya no existe Casio.»

YAGO.

Dad por muerto á mi amigo, aunque ella viva.

OTELO,

No, no: ¡vaya al infierno esa mujer carnal y lujuriosa! Voy á buscar astutamente medios de dar muerte á tan hermoso demonio. Yago, desde hoy serás mi teniente.

YAGO.

Esclavo vuestro siempre.

ESCENA IV.

Explanada delante del castillo.

Salen DESDÉMONA, EMILIA y un BUFON.

DESDÉMONA.

Dime: ¿dónde está Casio?

BUFON.

No en parte alguna que yo sepa.

DESDÉMONA.

¿Por qué dices eso? ¿No sabes á lo menos cuál es su alojamiento?

BUFON.

Si os lo dijera, seria una mentira.

DESDÉMONA.

¿No me dirás algo con seriedad?

BUFON.

No sé cuál es su posada, y sí yo la inventara ahora, seria hospedarme yo mismo en el pecado mortal.

DESDÉMONA.

¿Podrás averiguarlo y adquirir noticias de él?

BUFON.

Preguntaré como un catequista, y os traeré las noticias que me dieren.

DESDÉMONA.

Véte a buscarle; dile que venga, porque ya he persuadido á mi esposo en favor suyo, y tengo por arreglado su negocio. (*Vase.*)

DESDÉMONA.

Emilia, ¿dónde habré perdido aquel pañuelo?

EMILIA.

No lo sé, señora mia.

DESDÉMONA.

Créeme. Preferiria yo haber perdido un bolsillo lleno de ducados. A fe que si el moro no fuera de alma tan generosa y noble incapaz de dar en la ceguera de los celos, bastaria esto para despertar sus sospechas.

EMILIA.

¿No es celoso?

DESDÉMONA.

El sol de su nativa África limpió su corazon de todas
esas malas pasiones.

EMILIA.

Por allí viene.

DESDÉMONA.

No me separaré de él hasta que llegue Casio. (*Sale
Otelo.*) ¿Cómo estás, Otelo?

OTELO.

Muy bien, esposa mia. (*Aparte.*) ¡Cuán difícil me
parece el disimulo! ¿Cómo te va, Desdémona?

DESDÉMONA.

Bien, amado esposo.

OTELO.

Dáme tu mano, amor mio. ¡Qué húmeda está!

DESDÉMONA.

No la quitan frescura ni la edad ni los pesares.

OTELO.

Es indicio de un alma apasionada. Es húmeda y ardiente. Requiere oracion, largo ayuno, mucha peni-
tencia y recogimiento, para que el diablillo de la carne
no se subleve. Mano tierna, franca y generosa.

DESDÉMONA.

Y tú puedes decirlo, pues con esa mano te di toda
el alma.

OTELO.

¡Qué mano tan dadivosa! En otros tiempos el alma

hacia el regalo de la mano. Hoy es costumbre dar manos sin alma.

DESDÉMONA.

Nada sé de eso. ¿ Te has olvidado de tu palabra ?

OTELO.

¿ Qué palabra ?

DESDÉMONA.

He mandado á llamar á Casio para que hable contigo.

OTELO.

Tengo un fuerte resfriado. Dáme tu pañuelo.

DESDÉMONA.

Tómale, esposo mio.

OTELO.

El que yo te dí.

DESDÉMONA.

No le tengo aquí.

OTELO.

¿ No ?

DESDÉMONA.

No, por cierto.

OTELO.

Falta grave es esa, porque aquel pañuelo se lo dió á mi madre una sábia hechicera, muy hábil en leer las voluntades de las gentes, y díjole que mientras le conservase, siempre seria suyo el amor de mi padre, pero si perdia el pañuelo, su marido la aborreceria y buscaria otros amores. Al tiempo de su muerte me lo entregó, para que yo se le regalase á mi esposa el dia que llegara á casarme. Hícelo así, y repito que debes

guardarle bien y con tanto cariño cómo á las niñas de
tus ojos, porque igual desdicha seria para ti perderlo
que regalarlo.

DESDÉMONA.

¿ Será verdad lo que cuentas ?

OTELO.

Indudable. Hay en esos hilos oculta y maravillosa
virtud ; como que los tejió una sibila agitada de divina
inspiracion. Los gusanos que hilaron la seda eran asi-
mismo divinos. Licor de momia y corazon de vírgen
sirvieron para el hechizo.

DESDÉMONA.

¿ Dices verdad ?

OTELO.

No lo dudes. Y haz por no perderle.

DESDÉMONA.

¡ Ojalá que nunca hubiera llegado á mis manos !

OTELO.

¿ Por qué ? ¿ Qué ha sucedido ?

DESDÉMONA.

¿ Por qué hablas con tal aceleramiento ?

OTELO.

¿ Le has perdido ? ¿ Dónde ? Contéstame.

DESDÉMONA.

¡ Favor del cielo !

OTELO.

¿ Qué estás diciendo ?

DESDÉMONA.

No le perdí. Y si por casualidad le hubiera perdido...

OTELO.

¿Perderle?

DESDÉMONA.

Te juro que no le perdí.

OTELO.

Pues dámele, para que yo le vea.

DESDÉMONA.

Ahora mismo podria dártele, pero no quiero hacerlo, porque tú no accedes á mis ruegos, ni vuelves su empleo á Casio.

OTELO.

Muéstrame el pañuelo. Mis sospechas crecen.

DESDÉMONA.

Hazme ese favor, Otelo. Nunca hallarás hombre más hábil é inteligente.

OTELO.

¡El pañuelo!

DESDÉMONA.

Hablemos de Casio.

OTELO.

¡El pañuelo!

DESDÉMONA.

Casio que en todo tiempo fué amigo y protegido tuyo, que á tu lado corrió tantas aventuras...

OTELO.

¡El pañuelo!

DESDÉMONA.

Grande es tu impaciencia.

OTELO.

¡Aparta!   (*Se va.*)

EMILIA.

¿Estará celoso?

DESDÉMONA.

Es la primera vez que le veo así. Sin duda aquel pañuelo está encantado. ¡Cuánto siento haberlo perdido!

EMILIA.

No bastan un año ni dos, para conocer el carácter de un hombre. Son abismos que á nosotras nos devoran, y cuando se hartan, nos arrojan de sí. Aquí vienen mi marido y Casio.   (*Salen Casio y Yago.*)

YAGO.

Ya no queda otro recurso. Ella es quien ha de hacerlo. Allí está. ¡Oh fortuna! Id á rogárselo.

DESDÉMONA.

¿Qué noticias traes, Casio?

CASIO.

Nada, sino mi antigua pretension, señora. Deseo, merced á vuestra generosa intercesion, volver á la luz, á la vida, á la amistad del hombre á quien tanto respeto y agradecimiento debo. Sólo os suplico que intercedais con mucha eficacia, y si mi culpa es tan grande que ni mis servicios pasados, ni mi infortunio presente, ni mis méritos futuros bastan á que sea perdonada, sépalo yo de cierto, y alegrándome, con forzada alegría, de saberlo, pediré limosna á la fortuna por otro camino.

DESDÉMONA.

¡Ay, buen señor Casio! Mis ruegos no suenan ya bien en los oidos de mi señor. Mi esposo no es el de antes. Si su rostro hubiera cambiado tanto como su índole, de fijo que yo no le conoceria. Todos los santos me sean testigos de que le he suplicado en favor tuyo con cuanto empeño he podido, hasta incurrir en su indignacion por mi atrevimiento y tenacidad. Es preciso dar tiempo al tiempo. Yo haré lo que pueda, y más que si se tratase de negocio mio.

YAGO.

¿Se enojó contra tí el general?

EMILIA.

Ahora acaba de irse de aquí, con ceño muy torvo.

YAGO.

¿Será verdad? Grave será el motivo de su enojo, porque nunca le he visto inmutarse, ni siquiera cuando á su lado una bala de cañon mató á su hermano. Voy á buscar á Otelo. (*Vase.*)

DESDÉMONA.

Será sin duda algun negocio político, del gobierno de Venecia, ó alguna conspiracion de Chipre lo que ha turbado la calma de mi marido. Cuando los hombres por cualquier motivo grave se enojan, riñen hasta sobre las cosas más insignificantes. De la misma suerte, con un dedo que nos duela, todos los demas miembros se resienten. Los hombres no son dioses, ni tenemos derecho para pedirles siempre ternura. Bien haces, Emilia, en reprenderme mi falta de habilidad. Cuando ya bien á las claras mostraba su ánimo el enojo, yo misma soborné á los testigos, levantándole falso testimonio..

27

EMILIA.

Quiera Dios que sean negocios de Estado, como sospechais, y no vanos recelos y sospechas infundadas.

DESDÉMONA.

¡Celos de mí! ¿Y por qué causa, si nunca le he dado motivo?

EMILIA.

No basta eso para convencer á un celoso. Los celos nunca son razonados. Son celos porque lo son: mónstruo que se devora á sí mismo.

DESDÉMONA.

Quiera Dios que nunca tal mónstruo se apodere del alma de Otelo.

EMILIA.

Así sea, señora mia.

DESDÉMONA.

Yo le buscaré. No te alejes mucho, amigo Casio. Y si él se presenta propicio, redoblaré mis instancias, hasta conseguir lo que deseas.

CASIO.

Humildemente os lo agradezco, reina. (*Vanse Emilia y Desdémona.*)   (*Sale Blanca.*)

BLANCA.

Buenos dias, amigo Casio.

CASIO.

¿Cómo has venido, hermosa Blanca? Bien venida seas siempre. Ahora mismo pensaba ir á tu casa.

BLANCA.

Y yo á tu posada, Casio amigo. ¡Una semana sin

Casio y Blanca.

verme! ¡Siete dias y siete noches! ¡Veinte veces ocho horas, más otras ocho! ¡Y horas más largas que las del reloj, para el alma enamorada. ¡Triste cuenta!

CASIO.

No te enojes, Blanca mia. La pena me ahogaba. En tiempo más propicio pagaré mi deuda. Hermosa Blanca, cópiame la labor de este pañuelo.   (*Se le da.*)

BLANCA.

Casio, ¿de dónde te ha venido este pañuelo? Sin duda de alguna nueva querida. Si antes lloré tu ausencia, ahora debo llorar más el motivo.

CASIO.

Calla, niña. Maldito sea el demonio que tales dudas te inspiró. Ya tienes celos y crees que es de alguna dama. Pues no es cierto, Blanca mia.

BLANCA.

¿De quién es?

CASIO.

Lo ignoro. En mi cuarto lo encontré, y porque me gustó la labor, quiero que me la copies, antes que vengan á reclamármelo. Hazlo, bien mio, te lo suplico. Ahora véte.

BLANCA.

¿Y por qué he de irme?

CASIO.

Porque va á venir el general, y no me parece bien que me encuentre con mujeres.

BLANCA.

¿Y por qué?

CASIO.

No porque yo no te adore.

BLANCA.

Porque no me amas. Acompáñame un poco. ¿ Vendrás temprano esta noche ?

CASIO.

Poco tiempo podré acompañarte , porque estoy de espera. Pero no tardaremos en vernos.

BLANCA.

Bien está. Es fuerza acomodarse al viento.

ACTO IV.

ESCENA PRIMERA.

Plaza delante del castillo.

Salen OTELO y YAGO.

YAGO.

Ué pensais?

OTELO.

¿Qué he de pensar, Yago?

YAGO.

¿Qué os parece de ese beso?

OTELO.

Beso ilícito.

YAGO.

Puede ser sin malicia.

OTELO.

¿Sin malicia? Eso es hipocresía y querer engañar al demonio. Arrojarse á tales cosas sin malicia es querer tentar la omnipotencia divina.

YAGO.

Con todo es pecado venial. Y si yo hubiera dado á mi mujer un pañuelo...

OTELO.

¿Qué?

YAGO.

Señor: en dándosele yo, suyo es, y puede regalár-sele á quien quiera.

OTELO.

Tambien es suyo mi honor, y sin embargo no pue-de darle.

YAGO.

El honor, general mio, es cosa invisible, y á veces le gasta más quien nunca le tuvo. Pero el pañuelo...

OTELO.

¡Por Dios vivo! Ya le hubiera yo olvidado. Una cosa que me dijiste anda revoloteando sobre mí como el grajo sobre techo infestado de pestilencia. Me dijiste que Casio habia recibido ese pañuelo.

YAGO.

¿Y qué importa?

OTELO.

Pues no me parece nada bien.

YAGO.

¿Y si yo os dijera que presencié vuestro agravio, ó á lo menos que le he oido contar, porque hay gentes que apenas han logrado, á fuerza de importunidades, los favores de una dama, no paran hasta contarlo?

OTELO.

¿Y él ha dicho algo?

YAGO.

Sí, general mio. Pero tranquilizaos, porque todo lo desmentirá.

OTELO.

¿Y qué es lo que dijo?

YAGO.

Que estuvo con ella... No sé qué más dijo.

OTELO.

¿Con ella?

YAGO.

Sí, con ella.

OTELO.

¡Con ella! ¡Eso es vergonzoso, Yago! ¡El pañuelo... confesion... el pañuelo! ¡Confesion y horca! No: ahorcarle primero y confesarle despues... Horror me da el pensarlo. Horribles presagios turban mi mente. Y no son vanas sombras, no... Oidos, labios... ¿Será verdad?... Confesion, pañuelo... (*Cae desmayado.*)

YAGO.

¡Sigue, sigue, eficaz veneno mio! El mismo se va enredando incauta y desatentadamente. Así vienen á perder su fama las más castas matronas, sin culpa suya. ¡Levantaos, señor, levantaos! ¿Me ois, Otelo? ¿Qué sucede, Casio? (*A Casio que entra.*)

CASIO.

¿Qué ha pasado?

YAGO.

El general tiene un delirio convulsivo, lo mismo que ayer.

CASIO.

Frótale las sienes.

YAGO.

No: es mejor dejar que la naturaleza obre y el delirio pase, porque si no, empezará á echar espumarajos por la boca, y caerá en un arrebato de locura. Ya empieza á moverse. Retírate un poco. Pronto volverá de su accidente. Despues que se vaya, te diré una cosa muy importante. (*Se va Casio.*) General, ¿os duele aún la cabeza?

OTELO.

¿Te estás burlando de mí?

YAGO.

¿Burlarme yo? No lo quiera Dios. Pero quiero que resistais con viril fortaleza vuestro infeliz destino.

OTELO.

Marido deshonrado, más que hombre, es una bestia, un mónstruo.

YAGO.

Pues muchas bestias y muchos mónstruos debe de haber en el mundo.

OTELO.

¿Él lo dijo?

YAGO.

Tened valor, general, pensando que casi todos los que van sujetos al yugo, pueden tirar del mismo carro que vos. Infinitos maridos hay que, sin sospecha, descansan en tálamos profanados por el adulterio, aunque ellos se imaginan tener la posesion exclusiva. Mejor ha sido vuestra fortuna. Es gran regocijo para el demonio, el ver á un honrado varon tener por casta á la consorte infiel. En cambio, al que todo lo sabe, fácil le es tomar venganza de su injuria.

OTELO.

Bien pensado, á fe mia.

YAGO.

Acéchalos un rato y ten paciencia. Cuando más rendido estabais al peso de la tristeza, llegó á este aposento Casio. Yo le despedí, dando una explicacion plausible de vuestro desmayo. Prometió venir luego á hablarme. Ocultaos, y reparad bien sus gestos, y la desdeñosa expresion de su semblante. Yo le haré contar otra vez el lugar, ocasion y modo con que triunfó de vuestra esposa. Reparad su semblante, y tened paciencia, porque si no, diré que vuestra ira es loca é impropia de hombre racional.

OTELO.

¿Lo entiendes bien, Yago? Ahora, por muy breve tiempo, voy á hacer el papel de sufrido, luego el de verdugo.

YAGO.

Dices bien, pero no conviene que te precipites. Ahora escóndete. (*Se aleja Otelo.*) Para averiguar dónde está Casio, lo mejor es preguntárselo á Blanca, una infeliz á quien Casio mantiene, en cambio de su venal amor. Tal es el castigo de las rameras: engañar á muchos, para ser al fin engañadas por uno solo. Siempre que le hablan de ella, se rie estrepitosamente. Pero aquí viene el mismo Casio. (*Sale Casio.*) Su risa provocará la ira de Otelo. Toda la alegría y regocijo del pobre Casio la interpretará con la triste luz de sus celos. ¿Qué tal, teniente mio?

CASIO.

Mal estoy, cuando te oigo saludarme con el nombre de ese cargo, cuya pérdida tanto me afana.

YAGO.

Insistid en vuestros ruegos, y Desdémona lo conseguirá. (*En voz baja.*) Si de Blanca dependiera el conseguirlo, ya lo tendriais.

CASIO.

¡ Pobre Blanca !

OTELO.

(*Aparte.*) ¡ Qué risa la suya !

YAGO.

Está locamente enamorada de tí.

CASIO.

¡ Ah , sí ! ¡ pobrecita ! Pienso que me ama de todas veras.

OTELO.

(*Aparte.*) Hace como quien lo niega , y al mismo tiempo se rie.

YAGO.

Óyeme, Casio.

OTELO.

(*Aparte.*) Ahora le está importunando para que repita la narracion. ¡ Bien ! ¡ cosa muy oportuna !

YAGO.

¿ Pues no dice que os casareis con ella ? ¿ Pensais en eso ?

CASIO.

¡ Oh qué linda necedad !

OTELO.

(*Aparte.*) ¿ Triunfas, triunfas ?

CASIO.

¡ Yo casarme con ella ! ¿ Yo con una perdida ? No me creas capaz de semejante locura. ¡ Ah , ah !

OTELO.

(*Aparte.*) ¡ Cómo se rie este truhan afortunado !

YAGO.

Pues la gente dice que os vais á casar con ella.

CASIO.

Dime la verdad entera.

YAGO.

Que me emplumen , si no la digo.

OTELO.

¿ Con que me han engañado ? Está bien.

CASIO.

Ella misma es la que divulga esa necedad , pero yo no le he dado palabra alguna.

OTELO.

Yago me está haciendo señas. Ahora va á empezar la historia.

CASIO.

Ahora poco la he visto : en todas partes me sigue. Dias pasados estaba yo en la playa hablando con unos venecianos , cuando ella me sorprende y se arroja á mi cuello...

OTELO.

(*Aparte.*) Y te diria : « hermoso Casio » ó alguna cosa por el estilo.

CASIO.

Y me abrazaba llorando, y se empeñaba en llevarme consigo.

OTELO.

Y ahora contará cómo le llevó á mi lecho. ¿ Por qué, por qué estaré yo viendo las narices de ese infame, y no el perro á quien he de arrojárselas ?

CASIO.

Tengo que dejarla.

YAGO.

Mírala : allí viene.

CASIO.

¡ Y qué cargada de perfumes ! (*Sale Blanca.*) ¿ Por qué me persigues sin cesar ?

BLANCA.

¡ El diablo es quien te persigue ! ¿ Para qué me has dado, hace poco, ese pañuelo ? ¡ Qué necia fuí en tomarle ! ¿ Querias que yo te copiase la labor ? ¡ Qué inocencia ! Encontrarle en su cuarto, y no saber quién le dejó. Será regalo de alguna querida, ¿ y tenias empeño en que yo copiase la labor ? Aquí te lo devuelvo : dásele : que no quiero copiar ningun dibujo de ella.

CASIO.

Pero, Blanca, ¿ qué te pasa ? Calla, calla.

OTELO.

¡ Poder del cielo ! ¿ No es ese mi pañuelo ?

BLANCA.

Vente conmigo, si quieres cenar esta noche. Si no, ven cuando quieras. (*Vase.*)

YAGO.

Síguela.

CASIO.

Tengo que seguirla. Si, no, alborotará á las gentes.

YAGO.

¿Y cenarás con ella?

CASIO.

Pienso que sí.

YAGO.

Allí os buscaré, porque tengo que hablaros.

CASIO.

¿Vendreis á cenar con nosotros?

YAGO.

Iré.

OTELO.

(*A Yago.*) ¿Qué muerte elegiré para él, Yago?

YAGO.

Ya visteis con qué algazara celebraba su delito.

OTELO.

¡Ay, Yago!

YAGO.

¿Visteis el pañuelo?

OTELO.

¡Era el mio!

YAGO.

El mismo. Y ya vereis qué amor tiene á vuestra insensata mujer. Ella le regala su pañuelo, y él se le da
á su querida.

OTELO.

Nueve años seguidos quisiera estarla matando. ¡Oh, qué divina y admirable mujer!

YAGO.

No os acordeis de eso.

OTELO.

Esta noche ha de bajar al infierno. No quiero que viva ni un dia más. Mi corazon es de piedra: al herirle me hiero la mano. ¡Oh, qué hermosa mujer! No la hay igual en el mundo. Merecia ser esposa de un emperador que la obedeciese como siervo.

YAGO.

No os acordeis de eso.

OTELO.

¡Maldicion sobre ella! Pero ¿quién negará su hermosura? ¡Y qué manos tan hábiles para la labor! ¡Qué voz para el canto! Es capaz de amansar las fieras. ¡Qué gracia, qué ingenio!

YAGO.

Eso la hace mil veces peor.

OTELO.

Sí, ¡mil veces peor! Y es, ademas, tan dulce, tan sumisa.

YAGO.

Demasiado blanda de condicion.

OTELO.

Dices verdad. Pero, á pesar de todo, amigo Yago, ¡qué dolor, qué dolor!

YAGO.

Si tan enamorado estais de ella, á pesar de su alevosía, dejadla pecar á rienda suelta. Para vos es el mal: si os dais por contento, ¿á los demas qué nos importa?

OTELO.

Pedazos quiero hacerla. ¡Engañarme á mí!

YAGO.

¡Oh, perversa mujer!

OTELO.

¡Enamorarse de mi teniente!

YAGO.

Eso es todavía peor.

OTELO.

Búscame un veneno, Yago, para esta misma noche. No quiero hablarla, no quiero que se disculpe, porque me vencerán sus hechizos. Para esta misma noche, Yago.

YAGO.

No estoy por el veneno. Mejor es que la ahogueis sobre el mismo lecho que ha profanado.

OTELO.

¡Admirable justicia! Lo encuentro muy bien.

YAGO.

De Casio yo me encargo. Allá á las doce de la noche sabreis lo demas.

OTELO.

¡Admirable plan! ¿Pero qué trompeta es la que suena?

YAGO.

Alguna embajada de Venecia, enviada por el Dux.
Allí veo á Ludovico acompañado de vuestra mujer.

(*Salen Ludovico, Desdémona, etc.*)

LUDOVICO.

General, os saludo respetuosamente.

OTELO.

Bien venido seais.

LUDOVICO.

Os saludan el Dux y Senadores de Venecia.

(*Le da una carta.*)

OTELO.

Beso la letra, expresion de su voluntad. (*Besa la carta.*)

DESDÉMONA.

¿ Qué pasa por Venecia, primo mio Ludovico ?

YAGO.

Caballero, mucho me alegro de veros en Chipre.

LUDOVICO.

Gracias, hidalgo, ¿y dónde está el teniente Casio?

YAGO.

Vivo y sano.

DESDÉMONA.

Entre él y mi marido ha habido ciertas disensiones,
pero vos los pondreis en paz, de seguro.

OTELO.

¿ Así lo crees ?

DESDÉMONA.

¿ Qué dices , esposo mio ?

OTELO.

(*Leyendo.*) « Es preciso cumplirlo sin demora. »

LUDOVICO.

No os oye: está ocupado en la lectura: ¿Con que, han reñido él y Casio?

DESDÉMONA.

Sí, y no sé cuánto hubiera yo dado por hacer las paces entre ellos, porque tengo buena voluntad á Casio.

OTELO.

¡Rayos y centellas!

DESDÉMONA.

¡Esposo mio!

OTELO.

¿Piensas lo que estás diciendo?

DESDÉMONA.

¿Cómo? ¿Está furioso?

LUDOVICO.

Puede ser que le haya hecho mal efecto la carta, porque (si no me equivoco) se le manda en ella volver á Venecia, dejando en el gobierno á Casio.

DESDÉMONA.

Mucho me alegro.

OTELO.

¿Te alegras?

DESDÉMONA.

¡Esposo mio!

OTELO.

Pláceme verte loca.

DESDÉMONA.

¿ Qué dices, esposo ?

OTELO.

¡ Aparta, demonio !

DESDÉMONA.

¿ Tal he merecido ?

LUDOVICO.

Ni con juramento lo creeria nadie en Venecia. ¡ Qué ultraje tan brutal ! ¿ No veis cómo está llorando ?

OTELO.

¡ Víbora ! Si el llanto de las mujeres pudiera fecundar la tierra, de cada gota naceria un cocodrilo. ¡ Lejos, lejos de aquí !

DESDÉMONA.

Me iré por no verte enojado.

LUDOVICO.

¡ Qué humildad y modestia ! Compadeceos de ella, señor gobernador. Volvedla á llamar.

OTELO.

Venid aquí, señora.

DESDÉMONA.

¿ Qué me quereis, esposo mio ?

OTELO.

¿ Qué la quereis vos ?

LUDOVICO.

Nada, señor.

OTELO.

Sí. ¿ Qué la quereis ? ¿ No me deciais que la llamase ?

Sí, sí, ella volverá y llorará, porque sabe llorar, caballero, sabe llorar, y es muy humilde, muy sumisa, como antes deciais. Llora, llora más. — Esta carta me manda volver... ¡Oh perfidia astuta! — Me mandan volver. — Retírate. Luego nos veremos. — Obedezco. Volveré á Venecia. ¡Lejos, lejos de aquí, Desdémona! (*Se va Desdémona.*) Casio me ha de suceder. Esta noche venid á cenar conmigo. Bien venido seais á Chipre. (*Aparte.*) ¡Monos lascivos, esposos sufridos!

(*Se va.*)

LUDOVICO.

¿Y este es aquel moro, de quien tantas ponderaciones oí en el Senado? ¿Este el de alma severa, firme é imperturbable contra los golpes de la suerte ó los furores de la pasion?

YAGO.

Parece otro.

LUDOVICO.

¿Estará sano? ¿Habrá perdido la cabeza?

YAGO.

Es lo que es. No está bien que yo os diga más. ¡Ojalá que volviera á ser lo que ha sido!

LUDOVICO.

¿Cómo podrá haberse arrebatado hasta el extremo de golpear á su mujer?

YAGO.

Mal ha hecho, pero ojalá sea el último ese golpe.

LUDOVICO.

¿Es costumbre suya, ó efecto de la lectura de la carta?

YAGO.

¡Cuánto lo deploro! Pero estaria mal en mí el descubriros lo que sé. Vos mismo lo ireis viendo, y en sus actos lo descubrireis, de tal modo que nada os quede que saber ni que preguntarme.

LUDOVICO.

Yo le creia de muy diverso carácter. ¡Qué lástima!

ESCENA II.

Sala del castillo.

OTELO y EMILIA.

OTELO.

¿Nada has visto?

EMILIA.

Ni oido ni sospechado.

OTELO.

Pero á Casio y á ella los has visto juntos.

EMILIA.

Pero nada sospechoso he advertido entre ellos, y eso que ni una sola de sus palabras se me ha escapado.

OTELO.

¿Nunca han hablado en secreto?

EMILIA.

Jamas, señor.

OTELO.

¿Nunca te mandaron salir?

EMILIA.

Nunca.

OTELO.

¿Nunca te han enviado á buscar los guantes ó el velo ó cualquier otra cosa ?

EMILIA.

Jamas.

OTELO.

Rara cosa.

EMILIA.

Me atreveria á jurar que es fiel y casta. Desterrad de vuestro ánimo toda sospecha contra ella. Maldito sea el infame que os la haya infundido. Caiga sobre él el anatema de la serpiente. Si ella no es mujer de bien, imposible es que haya mujer honrada ni esposo feliz.

OTELO.

Llámala. Dile que venga pronto. (*Vase Emilia.*) Ella habla claro, pero si fuera confidente de sus amores, ¿ no diria lo mismo ? Es moza ladina y quizá oculta mil horribles secretos. Y sin embargo, yo la he visto arrodillada y rezando. (*Salen Desdémona y Emilia.*)

DESDÉMONA.

¿ Qué mandais, señor ?

OTELO.

Ven, amada mia.

DESDÉMONA.

¿ Qué me quieres ?

OTELO.

Verte los ojos. Mírame á la cara.

DESDÉMONA.

¿ Qué horrible sospecha ?...

OTELO.

(*A Emilia.*) Aléjate , déjanos solos, y cierra la puerta. Si álguien se acerca, haznos señal tosiendo. Mucha cautela. Véte.   *(Se va Emilia.)*

DESDÉMONA.

Te lo suplico de rodillas. ¿ Qué pensamientos son los tuyos ? No te entiendo, pero pareces loco furioso.

OTELO.

¿ Y tú qué eres ?

DESDÉMONA.

Tu fiel esposa.

OTELO.

Si lo juras, te condenas eternamente, aunque puede

que el demonio, al ver tu rostro de ángel, dude en apoderarse de tí. Vuelve, vuelve á condenarte : júrame que eres mujer de bien.

DESDÉMONA.

Dios lo sabe.

OTELO.

Dios sabe que eres tan falsa como el infierno.

DESDÉMONA.

¿Falsa yo? ¿con quién? ¿Por qué, esposo mio? ¿Yo falsa?

OTELO.

¡Lejos, lejos de aquí, Desdémona!

DESDÉMONA.

¡Dia infausto! ¿Por qué lloras, amado mio? ¿Soy yo la causa de tus lágrimas? No me eches la culpa de haber perdido tu empleo, quizá por odio de mi padre. Lo que tú pierdes, lo pierdo yo tambien.

OTELO.

¡Ojalá que el cielo agotara sobre mi fortaleza todas las calamidades! ¡Ojalá que vertiese sobre mi frente dolores y vergüenzas sin número, y me sepultara en el abismo de toda miseria, ó me encerrara en cautiverio fierísimo y sin esperanza! Todavía encontraria yo en algun rincon de mi alma una gota de paciencia. ¡Pero convertirme en espantajo vil, para que el vulgo se mofe de mí y me señale con el dedo! ¡Y aún esto podria yo sufrirlo! Pero encontrar cegada y seca para siempre la que juzgué fuente inagotable de vida y de afectos, ó verla convertida en sucio pantano, morada de viles renacuajos, en nido de infectos amores, ¿quién lo resistirá? ¡Angel de labios rojos! ¿por qué me muestras ceñudo como el infierno tu rostro?

DESDÉMONA.

Creo que me tiene por fiel y honrada mi esposo.

OTELO.

Fiel como las moscas que en verano revolotean por una carnicería. ¡Ojalá nunca hubieras brotado, planta hermosísima, y envenenadora del sentido!

DESDÉMONA.

¿Pero qué delito es el mio?

OTELO.

¿Por qué en tan bello libro, en tan blancas hojas, sólo se puede leer esta palabra: «ramera?» ¿Qué delito es el tuyo, me preguntas? Infame cortesana, si yo me atreviera á contar tus lascivas hazañas, el rubor subiria á mis mejillas, y volaria en cenizas mi modestia. ¿Qué delito es el tuyo? El mismo sol, la misma luna se escandalizan de él, y hasta el viento que besa cuanto toca, se esconde en los más profundos senos de la tierra, por no oirlo. ¿Cuál es tu delito? ¡Infame meretriz!

DESDÉMONA.

¿Por qué me ofende así?

OTELO.

Pues qué, ¿no eres mujer ramera?

DESDÉMONA.

No: te lo juro como soy cristiana. Yo me he conservado tan pura é intacta como el vaso que sólo tocan los labios del dueño.

OTELO.

¿No eres infiel?

DESDÉMONA.

No : así Dios me salve.

OTELO.

¿De veras lo dices?

DESDÉMONA.

¡Piedad, Dios mio!

OTELO.

Perdonadme, señora : os confundí con aquella astuta veneciana que fué esposa de Otelo. (*Levantando la voz.*) Tú que enfrente de san Pedro guardas la puerta del infierno... (*Sale Emilia.*) Contigo hablaba. Ya está arreglado todo. Recoge tu dinero : cierra la puerta, y nada digas.   (*Se va Otelo.*)

EMILIA.

¿Qué sospecha atormenta á vuestro marido? ¿Qué os sucede, señora?

DESDÉMONA.

Me parece que estoy soñando.

EMILIA.

Señora, ¿qué le sucede á mi señor? decídmelo.

DESDÉMONA.

¿Y quién es tu señor?

EMILIA.

El vuestro, el moro.

DESDÉMONA.

Ya no lo es, Emilia, no hablemos más. No puedo llorar, ni hablar sin llorar. Esta noche ataviarás mi lecho con las galas nupciales. Di á Yago que venga.

EMILIA.

¡Qué alteracion es esta!   (Se va.)

DESDÉMONA.

¿Será justo lo que hace conmigo? ¿Habré andado alguna vez poco recatada, dando ocasion á sus sospechas?   (Salen Emilia y Yago.)

YAGO.

¿Me llamabais? ¿Estais sola, señora?

DESDÉMONA.

No lo sé. El que reprende á un niño debe hacerlo con halago y apacible manera, y yo soy como un niño.

YAGO.

¿Pues qué ha sido, señora mia?

EMILIA.

¡Ay, Yago! El moro la ha insultado, llamándola ramera y otros vocablos groseros y viles, intolerables para todo pecho bien nacido.

DESDÉMONA.

¿Y yo merecia eso?

YAGO.

¿Qué, señora mia?

DESDÉMONA.

Lo que él me ha dicho.

YAGO.

¡Llamarla ramera! No dijera tal un pícaro en la taberna, hablando de su querida.

EMILIA.

¿ Y todo por qué ?

DESDÉMONA.

Lo ignoro. Pero yo no soy lo que él ha dicho.

YAGO.

Serenaos, por Dios. No lloreis. ¡ Dia infeliz !

EMILIA.

¡ Para eso ha dejado su patria y á su padre y á tantos ventajosos casamientos ! ¡ Para que la llamen « ramera.» Ira me da el pensarlo.

DESDÉMONA.

Esa es mi desdicha.

YAGO.

¡ Ira de Dios caiga sobre él ! ¿ Quién le habrá infundido tan necios recelos ?

DESDÉMONA.

Dios lo sabe, Yago.

EMILIA.

Maldita sea yo, si no es algun malsin calumniador, algun vil lisonjero quien ha tramado esta maraña, para conseguir de él algun empleo. Ahorcada me vea yo, si no acierto.

YAGO.

No hay hombre tan malvado. Dices un absurdo. Cállate.

DESDÉMONA.

Y si le hay, Dios le perdone.

EMILIA.

¡ Perdónele la cuchilla del verdugo ! ¡ Roa Satanas

sus huesos! ¡Llamarla ramera! ¿Con qué gentes ha tratado? ¿Qué sospecha, áun la más leve, ha dado? ¿Quién será el traidor bellaco que ha engañado al moro? ¡Dios mio! ¿por qué no arrancas la máscara á tanto infame? ¿Por qué no pones un látigo en la mano de cada hombre honrado, para que á pencazos batanee las desnudas espaldas de esa gavilla sin ley, y los persiga hasta los confines del orbe?

YAGO.

No grites tanto.

EMILIA.

¡Infames! De esa laya seria el que una vez te dió celos, fingiendo que yo tenia amores con el moro.

YAGO.

¿Estás en tu juicio? Cállate.

DESDÉMONA.

Yago, amigo Yago, ¿qué haré para templar la indignacion de Otelo? Dímelo tú. Te juro por el sol que nos alumbra que nunca ofendí á mi marido, ni áun de pensamiento. De rodillas te lo digo: huya de mi todo consuelo y alegría, si alguna vez le he faltado en idea, palabra ú obra; si mis sentidos han encontrado placer en algo que no fuera Otelo: si no le he querido siempre como ahora le quiero, como le seguiré queriendo, aunque con ingratitud me arroje lejos de sí. Ni la pérdida de su amor aunque baste á quitarme la vida, bastará á despojarme del afecto que le tengo. Hasta la palabra «adúltera» me causa horror, y ni por todos los tesoros y grandezas del mundo cometeria yo tal pecado.

YAGO.

Calma, señora; el moro es de carácter violento, y

ademas está agriado por los negocios políticos, y descarga en vos el peso de sus iras.

DESDÉMONA.

¡Ojalá que así fuera! Pero mi temor es...

YAGO.

Pues la causa no es otra que la que os he dicho. Podeis creerlo. *(Tocan las trompetas.)* ¿Ois? Ha llegado la hora del festin. Ya estarán aguardando los enviados de Venecia. No os presenteis llorando, que todo se remediará. *(Vanse Emilia y Desdémona.) (Sale Rodrigo.)* ¿Qué pasa, Rodrigo?

RODRIGO.

Pienso que no procedes de buena fe conmigo.

YAGO.

¿Y por qué?

RODRIGO.

No hay dia que no me engañes, y más parece que dificultas el éxito de mis planes, que no que le allanas; y á fe mia, que ya no tengo paciencia ni sufriré más, porque fuera ser necio.

YAGO.

¿Me oyes, Rodrigo?

RODRIGO.

Demasiado te he oido, porque tienes tan buenas palabras como malas obras.

YAGO.

Ese cargo es muy injusto.

RODRIGO.

Razon me sobra. He gastado cuanto tenia. Con las

joyas que he regalado á Desdémona, bastaba para haber conquistado á una sacerdotisa de Vesta. Tú me has dicho que las ha recibido de buen talante : tú me has dado todo género de esperanzas, prometiéndome su amor muy en breve. Todo inútil.

YAGO.

Bien está, muy bien ; prosigue.

RODRIGO.

¡ Qué está muy bien, dices! Pues no quiero proseguir. Nada está bien, sino todo malditamente, y empiezo á conocer que he sido un insensato y un majadero.

YAGO.

Está bien.

RODRIGO.

Repito que está muy mal. Voy á ver por mí mismo á Desdémona, y con tal que me vuelva mis joyas, renunciaré á todo amor y á toda loca esperanza. Y si no me las vuelve, me vengaré en tí.

YAGO.

¿ Y eso es todo lo que se te ocurre ?

RODRIGO.

Sí, y todas mis palabras las haré buenas con mis obras.

YAGO.

Veo que eres valiente, y desde ahora te estimo más que antes. Dáme la mano Rodrigo. Aunque no me agradan tus sospechas, algun fundamento tienen, pero yo soy inocente del todo.

RODRIGO.

Pues no lo pareces.

YAGO.

Así es en efecto, y lo que has pensado no deja de tener agudeza y discrecion. Pero si tienes, como has dicho ahora, y ya lo voy creyendo, corazon y brios y mano fuerte, esta noche puedes probarlo, y si mañana no logras la posesion de Desdémona, consentiré que me mates, aunque sea á traicion.

RODRIGO.

¿ Lo que me propones es fácil, ó á lo menos posible?

YAGO.

Esta noche se han recibido órdenes del Senado, para que Otelo deje el gobierno, sustituyéndole Casio.

RODRIGO.

Entonces Otelo y Desdémona se irán juntos á Venecia.

YAGO.

No : él se irá á Levante, llevando consigo á su mujer, si algun acontecimiento imprevisto no lo impide, es decir si Casio no desaparece de la escena.

RODRIGO.

¿ Qué quieres decir con eso ?

YAGO.

Que convendria quitarle de en medio.

RODRIGO.

¿ Y he de ser yo quien le mate ?

YAGO.

Tú debes de ser, si quieres conseguir tu objeto, y satisfacer tu venganza. Casio cena esta noche con su querida y conmigo. Todavía no sabe nada de su nombramiento. Espérale á la puerta: yo haré que salga á eso de las doce de la noche, y te ayudaré á matarle. Sígueme: no te quedes embobado. Yo te probaré clarísimamente la necesidad de matarle. Ya es hora de cenar. No te descuides.

RODRIGO.

Dáme alguna razon más que me convenza.

YAGO.

Ya te la daré.   *(Vanse.)*

ESCENA III.

Sala del castillo.

OTELO, LUDOVICO, DESDÉMONA, EMILIA.

LUDOVICO.

Señor: no os molesteis en acompañarme.

OTELO.

No: me place andar en vuestra compañía.

LUDOVICO.

Adios, señora. Os doy muy cumplidas gracias.

OTELO.

Y yo me felicito de vuestra venida.

LUDOVICO.

¿Vamos, caballero? ¡Oh! aquí está Desdémona.

DESDÊMONA.

¡ Esposo mio !

OTELO.

Retírate pronto á acostar. No tardaré en volver. Despide á la criada, y obedéceme.

DESDÉMONA.

Así lo haré, esposo mio.

(*Vanse todos menos Emilia y Desdémona.*)

EMILIA.

¿Qué tal? ¿Se ha amansado en algo el mal humor de tu marido?

DESDÉMONA.

Me prometió volver pronto, y me mandó que me acostase, despidiéndose en seguida.

EMILIA.

¿Y por qué dejarte sola?

DESDÉMONA.

Él lo mandó y sólo me toca obedecer, y no resistirme en nada. Dáme la ropa de noche, y aléjate.

EMILIA.

¡Ojalá no le hubieras conocido nunca!

DESDÉMONA.

Nunca diré yo eso. Le amo con tal extremo que hasta sus celos y sus furores me encantan. Desátame las cintas.

EMILIA.

Ya está; ¿adorno vuestro lecho con las ropas nupciales como me dijisteis?

DESDÉMONA.

Lo mismo da. ¡Qué fáciles somos en cambiar de

29

pensamientos! Si muero antes que tú, amortájame con esas ropas.

EMILIA.

¡Pensar ahora en morirte! ¡Qué absurdo!

DESDÉMONA.

Bárbara se llamaba una doncella de mi madre. Su amante la abandonó, y ella solia entonar una vieja cancion del sauce, que expresaba muy bien su desconsuelo. Todavía la cantaba al tiempo de morir. Esta noche me persigue tenazmente el recuerdo de aquella cancion, y al repetirla siento la misma tristeza que Bárbara sentia. No te detengas... ¡Es agradable Ludovico!

EMILIA.

Mozo gallardo.

DESDÉMONA.

Y muy discreto en sus palabras.

EMILIA.

Dama veneciana hay, que iria de buen grado en romería á Tierra Santa sólo por conquistar un beso de Ludovico.

DESDÉMONA (canta).

«Llora la niña al pié del sicomoro. Cantad el sauce: cantad su verdor. Con la cabeza en la rodilla y la mano en el pecho, llora la infeliz. Cantad el fúnebre y lloroso sauce. La fuente corria repitiendo sus quejas. Cantad el sauce y su verdor. Hasta las piedras se movian á compasion de oirla.»

Recoge esto.

«Cantad el sauce, cantad su verdor.»

Véte, que él volverá muy pronto. (Canta.)

« Tejed una guirnarda de verde sauce. No os quejeis de él, pues su desden fué justo. »

No, no es así el cantar. Alguien llama.

EMILIA.

Es el viento.

DESDÉMONA.

(*Canta.*) «Yo me quejé de su inconstancia, y él¿qué me respondió? Cantad el sauce, cantad su verdor. Si yo me miro en la luz de otros ojos, busca tú otro amante. »

Buenas noches. Los ojos me pican. ¿ Será anuncio de lágrimas?

EMILIA.

No es anuncio de nada.

DESDÉMONA.

Siempre lo he oido decir. ¡Qué hombres! ¿ Crees, Emilia, que existen mujeres que engañen á sus maridos de tan ruin manera?

EMILIA.

Ya lo creo que existen.

DESDÉMONA.

¿ Lo harias tú, Emilia, aunque te diesen todos los tesoros del mundo?

EMILIA.

¿ Y tú qué harias?

DESDÉMONA.

Nunca lo haria, te lo juro por esa luz.

EMILIA.

Yo no lo haria por esa luz, pero quizá lo haria á oscuras.

DESDÉMONA.

¿ Lo harias, si te dieran el mundo entero ?

EMILIA.

Grande es el mundo, y comparado con él, parece pequeño ese delito.

DESDÉMONA.

Yo creo que no lo harias.

EMILIA.

Sí que lo haria, para deshacerlo despues. No lo haria por un collar ni por una sortija ni por un manto, pero si me daban el mundo, y podia yo hacer rey á mi marido, ¿ cómo habia de dudar ?

DESDÉMONA.

Pues yo, ni por todo el mundo haria tal ofensa á mi marido.

EMILIA.

Es que el mundo no la juzgaria ofensa, y si os daban el mundo, como la ofensa era en vuestro mundo, fácil era convertirla en bien.

DESDÉMONA.

Pues yo no creo que haya tales mujeres.

EMILIA.

Más de una y más de veinte : tantas que bastarian para llenar un mundo. Pero la culpa es de los maridos. Si ellos van á prodigar con otras el amor que es nuestro, ó nos encierran en casa por ridículos celos, ó nos golpean, ó gastan malamente nuestra hacienda, ¿ no hemos de enfurecernos tambien ? Cierto que somos benignas de condicion, pero capaces de ira. Y sepan los maridos que las mujeres tienen sentidos lo mismo que ellos, y ven y tocan y saborean, y saben distinguir lo dulce de lo amargo. Cuando ellos abandonan á su mujer por otra, ¿qué es lo que buscan sino el placer? ¿qué les domina sino la pasion? ¿qué les vence sino la flaqueza? ¿nosotras no tenemos tambien apetitos, pasiones y flaquezas? Conforme nos traten, así seremos.

DESDÉMONA.

Adios. El Señor me ampare, y haga que el maltrato de mi marido produzca en mí virtudes, y no vicios.

ACTO V.

ESCENA PRIMERA.

Calle.

YAGO y RODRIGO.

YAGO.

Scóndete, que ahora viene ; en cuanto aparezca, desenvaina la espada, y ¡á él sin miedo! Yo te guardaré las espaldas. Es cuestion de vida ó muerte. Decídete, pues, y ten resolucion.

RODRIGO.

No te alejes, por si me sale mal mi intento.

YAGO.

Estaré detras de tí. En guardia.   (*Se va.*)

RODRIGO.

Del resultado no tengo confianza, y sin embargo, las razones que me da me convencen. Que muera uno ¿qué importa ?   (*Se retira.*)

YAGO.

Tanto me he burlado de este necio que ya empieza

á conocerlo. Mate él á Casio, mátele Casio á él ó mueran los dos, siempre saldré ganando. Si Rodrigo escapa, comenzará á pedirme el dinero y las joyas que le he sacado, so pretexto de seducir á Desdémona. Y si se salva Casio, su presencia será un perpétuo acusador contra mí, y ademas el moro podrá referir á Casio lo que ha pasado entre nosotros, y ponerme en grave peligro. Muera, pues. Le siento llegar. (*Sale Casio.*)

RODRIGO.

Él es. Le conozco. ¡Muere, traidor!

(*Le da una estocada.*)

CASIO.

La vida me hubiera costado esta estocada, á no traer el jubon tan bien aforrado. Veamos cómo está el tuyo.

(*Hiere á Rodrigo.*)

RODRIGO.

¡Confesion! ¡Muerto soy!

(*Yago hiere en las piernas á Casio y huye luego.*)

CASIO.

¡Me han dejado cojo para siempre! ¡Asesino! ¡Favor!   (*Sale Otelo.*)

OTELO.

Voz es de Casio. Yago ha cumplido bien su palabra.

RODRIGO.

¡Qué infame he sido!

OTELO.

Sí, él es: no hay duda.

CASIO.

¡Favor! ¡Luces! ¡Un cirujano!

OTELO.

Es Casio, es Casio. ¡Oh valeroso Yago, que has sentido como propia la afrenta de un amigo, tú me muestras el camino de la venganza! ¡Adúltera mujer! Ya ha sucumbido tu amante, y se acerca tu última hora. Voy á buscarte, borrando de mi corazon hasta el último recuerdo de tus hechizos y de la luz de tus ojos. Sangre de tu torpe corazon ha de purificar nuestro lecho mancillado por tí. (*Se va.*) (*Salen Ludovico y Graciano.*)

CASIO.

¿Dónde está la ronda? ¿Nadie acude? ¡Favor! ¿Por qué no prendeis al asesino?

GRACIANO.

¡Oh qué desgracia! ¡Qué espanto causan en mí esas voces!

CASIO.

¡Ayuda!

LUDOVICO.

¡Silencio!

RODRIGO.

¡Infame!

LUDOVICO.

Oigo los gemidos de dos ó tres personas. ¡Infausta noche! ¿Será alguna zalagarda? Procedamos con cautela. ¿Quién se arroja á darles auxilio sin la ronda?

RODRIGO.

Socorredme, que me desangro.

LUDOVICO.

¿No lo oyes? (*Sale Yago en cuerpo y con una luz.*)

GRACIANO.

Ahí viene un hombre medio desnudo, con armas y luz.

YAGO.

¿Quién es? ¿Quién grita «asesino»?

LUDOVICO.

No lo sabemos.

YAGO.

¿No habeis oido voces?

CASIO.

¡Favor de Dios! ¡Por aquí, por aquí!

YAGO.

¿Qué sucede?

GRACIANO.

Si no me equivoco, es la voz del alférez de Otelo.

LUDOVICO.

No tiene duda. Y es Valentin tu mancebo.

YAGO.

¿Quién eres tú que tan amargamente te quejas?

CASIO.

Yago, me han acometido unos asesinos, dame favor.

YAGO.

¡Dios mio! ¡Mi teniente! ¿Quién os ha puesto de esa manera?

CASIO.

Uno de ellos está herido cerca de mí, y no puede huir.

YAGO.

¡Villanos, alevosos! ¿Quién sois? ¡Favor, ayuda!

RODRIGO.

¡Favor, Dios mio!

CASIO.

Uno de ellos es aquel.

YAGO.

¡Traidor, asesino! (*Saca el puñal y hiere á Rodrigo.*)

RODRIGO.

¡Maldito Yago! ¡Perro infernal!

YAGO.

¡Asaltarle de noche y á traicion! ¡Bandidos! ¡Qué silencio, qué soledad! ¡Muerte! ¡Socorro! ¿Y vosotros veniais de paz ó en son de combate?

LUDOVICO.

Por nuestros hechos podeis conocerlo.

YAGO.

¡Ilustre Ludovico!

LUDOVICO.

El mismo soy.

YAGO.

Perdon os pido. Ahí yace Casio á manos de traidores.

GRACIANO.

¡Casio!

YAGO.

¿Qué tal, hermano?

CASIO.

Tengo herida la pierna.

YAGO.

¡No lo quiera Dios! ¡Luz, luz! Yo vendaré las heridas con mi ropa. (*Sale Blanca.*)

BLANCA.

¿Qué pasa? ¿Qué voces son esas?

YAGO.

¿De quién son las voces?

BLANCA.

¡Casio, mi amado Casio, mi dulce Casio!

YAGO.

¡Ramera vil! Amigo Casio, ¿y ni áun sospechais quién pudo ser el agresor?

CASIO.

Lo ignoro.

GRACIANO.

¡Cuánto me duele veros así! Venia á buscaros.

YAGO.

¡Dadme una venda! Gracias. ¡Oh si yo tuviera una silla de manos, para llevarle á casa!

BLANCA.

¡Ay que pierde el sentido! ¡Casio, mi dulce Casio!

YAGO.

Amigos mios, yo tengo mis recelos de que esta jóven tiene parte no escasa en el delito. Esperad un momento. Que traigan luces, á ver si podremos conocer al muerto. ¡Amigo y paisano mio, Rodrigo! ¡No, nó es! Sí, sí, ¡Rodrigo! ¡Qué suceso más extraño!

GRACIANO.

¿ Rodrigo el de Venecia ?

YAGO.

El mismo, caballero. ¿ Le conociais vos ?

GRACIANO.

Ya lo creo que le conocia.

YAGO.

¡ Amigo Graciano ! perdonadme. Con este lance estoy tan turbado que no sé lo que me sucede.

GRACIANO.

Mucho me place el veros.

YAGO.

¿ Cómo os sentís, Casio ? ¡ Qué traigan una silla de manos !

GRACIANO.

¡ Rodrigo !

YAGO.

No cabe duda que es él. Lo deploro. Venga la litera. Llevadle despacio á casa de alguna persona caritativa. Me iré á llamar al médico de Otelo. No tengais cuidado, señora. El desdichado que ahí yace muerto, fué muy amigo mio. ¿ Cuál seria la causa de la pendencia ?

CASIO.

Ciertamente que no lo sé. Ni siquiera le conozco.

YAGO.

(A Blanca.) ¿ Perdeis el color ? Retirad el cadáver. No me abandoneis, caballeros. Mucho palideceis, señora mia. ¿ No veis qué asustada y sin sosiego está ?

Creo que ella podria decirnos algo. Miradla, miradla de espacio. ¿No lo advertis, caballeros? La lengua calla, pero la conciencia habla á gritos. (*Sale Emilia.*)

EMILIA.

¿Qué pasa? ¡Ay, esposo mio!

YAGO.

A traicion han acometido á Rodrigo. Algunos se han escapado. Él queda muerto y Casio herido.

EMILIA.

¡Infeliz Casio! ¡Pobre caballero!

YAGO.

¡Fruto natural de la vida que él traia! Véte, Emilia, y pregunta á Casio dónde cenó esta noche. (*A Blanca.*) ¿Por qué temblais, señora?

BLANCA.

En mi casa cenó, pero no tiemblo por eso.

YAGO.

¿Con que en tu casa? Pues ven conmigo.

EMILIA.

¡Mala mujer, ramera!

BLANCA.

Soy tan honrada como vos. No me insulteis.

EMILIA.

¡Tan honrada como yo! ¡Perdida!

YAGO.

Vamos á cuidar de Casio, amigos mios. Señora, venid, que pronto hablareis de otra manera. Emilia, véte á toda prisa al castillo , refiéreselo todo al moro y á Desdémona. Venid conmigo. (*Aparte.*) Esta noche será la de mi felicidad ó la de mi ruina. (*Se van.*)

ESCENA II.

Alcoba en el castillo.

DESDÉMONA dormida. Á su lado una luz.

(*Sale Otelo.*)

OTELO.

Con razon lo hago, con razon ¡alma mia! No os lo quiero contar, castas estrellas. Tampoco quiero derramar la sangre de ella , ni ajar su cútis más blanco que la nieve, y más tierno que mármol sepulcral. Y con todo eso, tengo que matarla, para que no engañe á otros hombres. Apagaré esta luz... y luego aquella. Si apago esta luz y luego me arrepiento, puedo volver á encenderla, pero si te apago á tí, luz clarísima, primor y ejemplar de la naturaleza, ¿dónde hallaré el fuego de Prometeo, para volverte á dar la vida? Si arranco la flor de su tallo, ¿cómo he de restituirla su frescura y lozanía? Necesario es que se marchite. Quiero respirar por la última vez su deleitoso aroma. (*La besa.*) ¡Oh regalado aliento de su boca, casi bastas para arrancar el hierro de la mano de la justicia! Otro beso y nada más. ¡Quédate así, cuando yo te mate : que muerta y todo te he de amar! Otro beso, el último. Nunca le hubo más delicioso ni más fatal : lloremos. Mi llanto es feroz, y mi ira es como la de Dios, que hiere donde más ama. Ahora se despierta.

Muerte de Desdémona.

DESDÉMONA.

(Despertándose.) ¿ Eres tú, Otelo ?

OTELO.

Yo soy, Desdémona.

DESDÉMONA.

Esposo mio, ¿ quieres descansar ?

OTELO.

¿ Has rezado esta noche , Desdémona ?

DESDÉMONA.

Sí.

OTELO.

Pues pide á Dios perdon , si te acuerdas de algun crímen, que Dios no te haya perdonado todavía.

DESDÉMONA.

¡ Dios mio ! ¿ Qué me quieres decir, esposo ?

OTELO.

Hazlo, y pronto. Yo me alejaré entre tanto. No quiero que mueras sin confesion. No quiero condenar tu alma.

DESDÉMONA.

¿ Qué ? ¿ Quieres matarme ?

OTELO.

Sí, por cierto.

DESDÉMONA.

¡ Perdon, Dios mio !

OTELO.

¡ Así sea ! Dilo con todas las fuerzas de tu alma.

DESDÉMONA.

Tú que así hablas no puedes matarme.

OTELO.

¿Qué?

DESDÉMONA.

Con todo eso, te tiemblo. Tu mirada me aterra. Y no sé por qué es mi temor, pues de ningun crímen me reconozco culpable. Y sin embargo, tiemblo.

OTELO.

Acuérdate de tus pecados.

DESDÉMONA.

Será el amor que te profeso.

OTELO.

Por ese amor te mato.

DESDÉMONA.

¿Matarme porque te amo? ¡Oh indigna muerte! ¿Por qué te muerdes los labios? ¡Ciega pasion te descamina! Agüeros son de mal suceso; pero yo espero que no me amenazan á mí.

OTELO.

¡Calla, calla!

DESDÉMONA.

Sí callaré, ¿pero qué pasa?

OTELO.

¿Tú diste á Casio aquel pañuelo, regalo mio y que yo tanto apreciaba?

DESDÉMONA.

¡No, te lo juro por mi vida! Pregúntaselo á él.

OTELO.

No jures en falso, amada mia, que ya estás en el tálamo de la muerte.

DESDÉMONA.

¿ Tan pronto ?

OTELO.

En seguida. Confiesa, pues, tus culpas, una por una, que aunque las niegues con los más firmes juramentos, no has de disminuir en un ápice mi firme conviccion. De todas maneras, morirás.

DESDÉMONA.

Entonces, Dios tenga compasion de mí.

OTELO.

Así sea.

DESDÉMONA.

Y tenla tú tambien. Jamás te falté, ni áun de pensamiento. Nunca puse mi corazon en Casio ní le dí prenda alguna de amor. Quísele sólo con la amistad que Dios aprueba.

OTELO.

¡'Dios mio! ¡ Y yo que he visto el pañuelo en sus manos ! ¡ Tú quieres volverme loco, y hacer que trueque en asesinato lo que quiero que sea sacrificio ! Yo he visto el pañuelo.

DESDÉMONA.

Él lo encontró en el suelo. Yo no se le dí. Que él venga y nos declare la verdad.

OTELO.

Ya la ha confesado.

30

DESDÉMONA.

¿ Y qué confesó ?

OTELO.

Que alcanzó favores tuyos.

DESDÉMONA.

¿ Ilícitos ?

OTELO.

Sí.

DESDÉMONA.

Falso. No lo repetirá delante de mí.

OTELO.

No, porque Yago le ha cerrado la boca.

DESDÉMONA.

¡ Ah ! Tiemblo. ¿ Casio ha muerto ?

OTELO.

¡ Ojalá hubiera tenido tantas vidas como cabellos, para que mi venganza las hubiera devorado una por una !

DESDÉMONA.

¡ Calumnia, calumnia atroz, que nos ha perdido !

OTELO.

¡ Infame ! ¿ Y te atreves á llorarle delante de mí ?

DESDÉMONA.

¡ Esposo mio, destiérrame de tu presencia, pero no me mates !

OTELO.

Apártate, vil adúltera.

DESDÉMONA.

Déjame vivir siquiera esta noche. Mátame mañana.

OTELO.

¿ Aun te defiendes?

DESDÉMONA.

Siquiera una hora de vida.

OTELO.

La hora inevitable ha llegado.

DESDÉMONA.

Dejadme rezar una oracion.

OTELO.

Ya es tarde.

(La estrangula.)

EMILIA.

(Dentro.) ¡ Abrid, señor, abrid !

OTELO.

¿ Quién llama? ¿ Estará muerta del todo? En medio de todo, la tengo lástima, y no quiero alargar su agonía.

EMILIA.

(Dentro.) ¡ Abrid, señor !

OTELO.

¿ Quién es?

EMILIA.

(Dentro.) Señor, dejadme deciros dos palabras.

OTELO.

Es Emilia. — Voy á abrirla. — Ya ha muerto Desdémona. — ¿ Vendrá Emilia á contarme la muerte de Casio? — Aquí era el ruido. — Está inmóvil, yerta como la losa de un sepulcro. —¿Abriré? ¿Será una imprudencia? —¡Me parece que se mueve! —No es nada. —¿Qué haré? Si entra, preguntará por mi mujer. ¡Mi mujer, mi mujer! —¿Y quién es mi mujer? Yo no la tengo. ¡Hora tristísima! ¡Ojalá hubiese ahora un eclipse de sol y de luna, y se abriera el centro de la tierra!

EMILIA.

¡Abrid, señor! Que es muy importante lo que tengo que deciros.

OTELO.

Ya no me acordaba de tí, Emilia. Entra, pero despacio. Voy á cerrar las cortinas del lecho.

(*Abre la puerta.*) (*A Emilia.*)

¿Qué nuevas traes? Dímelas.

EMILIA.

Señor, cerca de aquí acaban de matar á uno.

OTELO.

En este instante.

EMILIA.

Ahora mismo.

OTELO.

Influjos son de la luna, que anda ahora muy cerca de la tierra, y hace sentir aquí sus efectos.

EMILIA.

Casio ha dado muerte á un mancebo veneciano llamado Rodrigo.

OTELO.

¿Muerto Rodrigo? Y Casio muerto tambien.

EMILIA.

No. Casio no ha muerto.

OTELO.

¡Casio no ha muerto! Entonces ese homicidio, lejos de serme grato, me es aborrecible.

DESDÉMONA.

¡Oh muerte cruel!

EMILIA.

¿Qué grito ha sonado?

OTELO.

¿Grito? ¿Dónde?

EMILIA.

Grito de mi señora. Amparadme, por Dios. Decidme algo, señora, amada Desdémona.

OTELO.

Muere sin culpa.

EMILIA.

¿Y quién la mató?

DESDÉMONA.

Nadie. Yo me maté. Que Otelo me conserve en su recuerdo. Adios, esposo mio.

OTELO.

¿Pues cómo ha muerto?

EMILIA.

¿Quién lo sabe?

OTELO.

Ya has oido que ella misma dice que yo no fuí.

EMILIA.

Vos fuisteis. Y es preciso que digais la verdad.

OTELO.

Por la mentira se ha condenado y baja al infierno. Yo la maté.

EMILIA.

¡Ella era un ángel, vos sois un demonio!

OTELO.

Ella fué pecadora y adúltera.

EMILIA.

La estais calumniando infame y diabólicamente.

OTELO.

Fué falsa y mudable como el agua que corre.

EMILIA.

Y tú violento y rápido como el fuego. Siempre te guardó fidelidad, y fué tan casta como los ángeles del cielo.

OTELO.

Casio gozó de su amor. Que te lo cuente tu marido. ¡Oh, merecería yo pagar mi necio crímen en lo más hondo del infierno, si antes de arrojarme á la venganza, no hubiera examinado bien la justicia de los motivos! Yago lo averiguó.

EMILIA.

¿Mi marido?

OTELO.

Tu marido.

EMILIA.

¿Él averiguó que Desdémona te habia sido infiel?

OTELO.

Sí, con Casio. Y si no me hubiera sido traidora, te juro que no la hubiera trocado ni por un mundo que el cielo hubiese fabricado para mí de un crisólito íntegro y sin mancha.

EMILIA.

¡Mi marido!

OTELO.

Él me lo descubrió todo. Es hombre de bien, y aborrece toda infamia y torpeza.

EMILIA.

¡Mi marido!

OTELO.

¿Por qué repites tanto: « mi marido? »

EMILIA.

¡Ay pobre señora mia, cómo la maldad se burla del amor! ¡Qué negra iniquidad! ¿Y mi marido te dijo que ella habia sido infiel?

OTELO.

Sí, tu marido. ¿Lo entiendes bien ahora? Yago, mi fiel amigo Yago.

EMILIA.

Pues si tales cosas te ha dicho, consúmase su alma, un átomo cada dia. ¡Ha mentido como un infame! Bien deseaba el puesto que tan caro ha comprado.

OTELO.

¡Por Dios vivo!...

EMILIA.

Puedes matarme: será un hecho tan indigno de memoria como lo eres tú.

OTELO.

Debias callar.

EMILIA.

Áun mayor que tu poder es mi valor. ¡ Necio, más estúpido que el polvo de la tierra ! ¡ Vaya una bravata! Me rio de tu acero. Voy á contar á gritos quién eres, aunque me cueste la vida y cien vidas. ¡ Socorro, que el moro ha asesinado á mi señora ! ¡ Socorro !

MONTANO.

¿ Qué pasa, general ?

EMILIA.

¿ Ahí estás, Yago ? ¡ Qué habilidad tienes ! ¡ Dejar que un infame te acuse para disculpar sus crímenes !

GRACIANO.

¿ Pero qué ha pasado ?

EMILIA.

Si eres hombre, desmiéntele. Él cuenta que tú le dijiste que su mujer le era infiel. Yo sé bien que no lo has dicho, porque no eres tan malvado. Habla, respóndele, que el corazon quiere saltárseme.

YAGO.

Le dije lo que yo tenia por cierto, y lo que luego él ha averiguado.

EMILIA.

¿ Y tú le dijiste que mi señora no era honrada ?

YAGO.

Sí que se lo dije.

EMILIA.

Pues dijiste una mentira odiosa, infernal y diabólica.

¡Poder de Dios! ¿ Y le dijiste que era infiel con Casio, con Casio?

YAGO.

Sí, con Casio. Cállate, mujer.

EMILIA.

No he de callar. Es necesario que yo hable. Mi pobre señora yace muerta en su lecho.

TODOS.

¡ No lo consienta Dios !

EMILIA.

Y tus delaciones son causa de su muerte.

OTELO.

No os asombreis, señores. Así ha sucedido.

GRACIANO.

¡ Horrenda verdad !

MONTANO.

¡ Espantoso crímen !

EMILIA.

Aquí se esconde alguna infernal añagaza... Y empiezo á sospechar... ¡ Ah, sí : ya caigo !... Lo que siempre recelé... ¡ Infame ! ¡ Me ahoga la ira ! ¡ Oh trama inicua !

YAGO.

¿ Estás loca ? Véte á casa. Te lo mando.

EMILIA.

Caballeros, dejadme hablar. Otra vez le obedeceré, no ahora. Y quizá nunca volveré á tu casa, Yago.

OTELO.

¡ Ay ! ¡ Ay !

EMILIA.

¿Al fin lo sientes? Ruge, ruge. Has asesinado á la más santa y hermosa criatura que ha visto nunca la luz del sol.

OTELO.

(*Levantándose.*) ¡Fué adúltera! No os habia conocido, tio. (*A Graciano.*) Ahí teneis muerta á vuestra sobrina, y muerta á mis manos. Sé que esto os parecerá horrible...

GRACIANO.

¡Pobre Desdémona! Cuán feliz es tu padre en haber pasado ya de esta vida. Tu boda le mató: el pesar de ella bastó á cortar el hilo de sus dias. Pero si hoy viviera, y la viese muerta, pienso que habia de maldecir hasta de su ángel de guarda, provocando la indignacion del cielo.

OTELO.

¡Qué dolor! Pero Yago sabe que ella mil veces se entregó á Casio. El mismo Casio lo confesaba, y ademas recibió de ella, en pago de su amor, el pañuelo, el regalo nupcial que yo le hice, un pañuelo que mi padre habia dado á mi madre. Yo mismo le he visto en manos de Casio.

EMILIA.

¡Dios poderoso! ¡Dios de bondad!

YAGO.

¡Calla, te digo!

EMILIA.

No: no puedo callar, no quiero. Hablaré libre como el viento, aunque me condenen Dios y los hombres y el infierno. No callaré: debo hablar.

YAGO.

No digas locuras. A casa, á casa.

EMILIA.

Jamas iré.   (*Yago la amenaza.*)

GRACIANO.

¿Qué? ¿La espada sacais contra una débil mujer?

EMILIA.

¡Perverso Otelo! Yo encontré aquel pañuelo: yo misma se le dí á mi marido, porque con muchas instancias me habia pedido que lo robara.

YAGO.

¡Infame prostituta!

EMILIA.

¿Que ella se lo dió á Casio? No: ¡si le encontré yo, y se le di á mi marido!

YAGO.

Mientes, malvada.

EMILIA.

No miento, no. Caballeros, no miento. ¡Bestia cruel! ¡Estúpido! ¿Cómo habias tú de poder contra esa santa?

OTELO.

¡Monstruo! ¿No hay rayos en el cielo, ó es que el trueno se los apropió todos?

(*Se arroja sobre Yago, pero este hiere á Emilia y huye.*)

GRACIANO.

Sin duda ha muerto á su mujer.

EMILIA.

Sí: muerta soy: colocadme al lado de mi ama.

GRACIANO.

Él ha huido dejándola muerta.

MONTANO.

¡ Infame asesino ! Toma tú esta espada que he quitado de manos del moro. Guardad la puerta : no le de-

jeis salir, aunque sea preciso matarle. Yo iré detrás de ese malvado, el más abominable de cuantos existen en el mundo.   (*Vanse Montano y Graciano*.)

OTELO.

Hasta el valor he perdido : un niño podria desarmarme. Pero ¿ qué importa ? ¡ Vaya con la virtud la honra! ¡ Húndase todo !

EMILIA.

Quiero acordarme de las palabras de tu canto, se-

ñora mia, óyeme, si es que aún tienes oidos. Moriré
cantando como el cisne :

Cantad el sauce, y su verdor cantad.

Moro : ella fué honesta.

Moro : ella te amaba.

Verdad es : así yo me salve. Muero diciendo la verdad. Muero. *(Cae.)*

OTELO.

Otra arma tengo aquí : una hoja española, recia-
mente templada en las aguas del Tajo. Ahora es cuando debo desnudarla, amado tio.

GRACIANO.

(Dentro.) Vana empresa será el defenderte : no tienes
armas, has de ceder.

OTELO.

Entra, y óyeme, ó embestiré desnudo como estoy.

(Sale Graciano.)

GRACIANO.

¿ Qué sucede ?

OTELO.

Espada tengo, la mejor que ciñó ningun guerrero :
esta hoja y este brazo han allanado obstáculos veinte
veces mayores que tu resistencia. Pero ¡ qué insensato
alarde ! ¿ Quién lidia contra la fortuna ? Todo ha cambiado : no me temes aunque me ves con armas. Este
es el término de mi viaje, la bahía y el puerto. ¿ Te re-
tiras tembloroso ? ¿ A qué ese miedo? Aunque ataques
á Otelo con una débil caña, Otelo cederá. ¿ Y á dónde
ha de ir Otelo ? Déjame ver tu rostro por última vez,
infeliz esposa mia. Tan pálido está como tu vestidura.
Cuando los dos comparezcamos ante el tribunal divino,
esa mirada tuya bastará a arrojar mi alma del cielo, y

los demonios harán presa en ella con sus uñas. ¡Ay de mí, siervo del pecado! ¡Furias, arrojadme del cielo con vuestros azotes! Demonios, arrastradme en vuestro gran torbellino, hacedme hervir en azufre ó en pilas de hirviente metal. ¡Desdémona, Desdémona!

(Salen Ludovico, Montano, Casio herido, y Yago preso.)

LUDOVICO.

¿Dónde está este infeliz temerario?

OTELO.

Aquí teneis al que fué Otelo.

LUDOVICO.

¿Dónde ese basilisco, ese horrible Yago?

OTELO.

¡Lástima que seas demonio, porque no podré matarte!   *(Le hiere.)*

LUDOVICO.

Desarmadle.

YAGO.

Me has herido, pero no de muerte.

OTELO.

Y no lo siento. Quiero que vivas, porque el morir es una dicha.

LUDOVICO.

Otelo, tú que antes fuiste tan bueno y generoso, ¿cómo has caido en los lazos de este traidor artero? ¿Qué dirán de tí?

OTELO.

Cuanto quieran, si así lo creeis; seré un delincuente honrado. Por honor la maté, no por odio.

LUDOVICO.

En parte ya ha confesado su crímen. ¿Los dos concertasteis la muerte de Casio?

OTELO.

Sí.

CASIO.

Y sin razon ninguna.

OTELO.

Téngolo por cierto y te pido perdon. Preguntad á ese demonio, que motivo le pudo inducir á infernar de ese modo mi cuerpo y y mi alma.

YAGO.

No me pregunteis nada, no he de responder. Todo lo sabeis. Desde ahora no he de hablar.

LUDOVICO.

¿Ni siquiera para rezar?

GRACIANO.

El tormento te obligará á mover la lengua.

OTELO.

Bien harás.

LUDOVICO.

Sabedlo todo, pues aún hay algo que no ha llegado á vuestra noticia. En el bolsillo de Rodrigo se han encontrado dos cartas. Una de ellas explica cómo Rodrigo se encargó de dar muerte á Casio.

OTELO.

¡Cobarde!

CASIO.

¡Infame!

LUDOVICO.

La otra carta contiene mil quejas contra Yago, pero se conoce que antes de enviarle Rodrigo la carta, encontró á Yago, y éste resolvió todas sus dudas y le decidió á lo que hizo.

OTELO.

¡Perro traidor! ¿Y cómo llegó á tus manos, Casio, aquel pañuelo de mi mujer?

CASIO.

Le hallé en mi aposento, y el mismo acaba de confesar que le dejó allí con este intento.

OTELO.

¡Necio, mentecato!

CASIO.

En la misma carta le echa en cara Rodrigo, entre otras mil acusaciones, el haberle excitado en el cuerpo de guardia á que riñese conmigo, de cuya riña resultó el perder yo mi empleo. Y èl ha dicho antes de morir que Yago le acusó y le hirió.

LUDOVICO.

Necesario es que vengais con nosotros sin demora. El gobierno queda en manos de Casio. Y en cuanto á Yago creed que si hay algun tormento que pueda hacerle padecer eternamente sin matarle, á él se aplicará. Vos estareis preso, hasta que sentencie vuestra causa el Senado de Venecia.

OTELO.

Oidme una palabra, nada más, y luego os ireis. He servido bien y lealmente á la República, y ella lo sabe, pero no tratemos de eso. Sólo os pido por favor una cosa: que cuando en vuestras cartas al Senado refirais este lastimoso caso, no trateis de disculparme, ni de agravar tampoco mi culpa. Decid que he sido un desdichado: que amé sin discrecion y con furor, que aunque tardo en recelar, me dejé arrastrar como loco por la corriente de los celos: decid que fuí tan insensato como el indio que arroja al lodo una pieza preciosa que vale más que toda su tribu. Decid que mis ojos que antes no lloraban nunca, han destilado luego largo caudal de lágrimas, como destilan su balsámico jugo los árboles de Arabia. Contádselo todo así, y decid tambien que un dia que en Alepo un turco puso la mano en un veneciano, ultrajando la majestad de la República, yo agarré del cuello á aquel perro infiel y le maté así. (*Se hiere.*)

LUDOVICO.

¡Lastimosa muerte!

GRACIANO.

Vanas fueron nuestras palabras.

OTELO.

Esposa mia, quise besarte antes de matarte. Ahora te beso, y muero al besarte.   (*Muere.*)

CASIO.

Yo lo recelé, porque era de alma muy generosa, pero creí que no tenia armas.

LUDOVICO.

¡Perro ladron, más crudo y sanguinario que la muerte misma, más implacable que el mar alborotado! ¡Mira, mira los dos cadáveres que abruman ese lecho! Gózate en tu obra, cuyo solo espectáculo basta para envenenar los ojos. Cubrid el cadáver: haced

31

guardar la casa, Graciano. Haced inventario de los bienes del moro. Sois su heredero. Y á vos, gobernador, incumbe el castigar á este perro sin ley, fijando el modo y la hora del tormento. Y ¡ que sea cruel, muy cruel ! Yo con lágrimas en los ojos voy á llevar á Venecia la relacion del triste caso.

ÍNDICE.

From

The Estate of
Ramón Silva
Oct. 1993
[DONATION]

Lightning Source UK Ltd.
Milton Keynes UK
UKOW041319071111

181624UK00007B/53/P